규장각에서 찾은 조선의 명품들

신병주 지음

cum libro
책과함께

抄啓文臣題名錄

星湖先生僿說 卷一

北學議

李忠武公全書

聖上二十一年
芸閣活字
風謠續選
丁巳蒐輯
松石園藏

英宗大王實錄

漢陽歌

北學議

明成皇后殯殿魂殿都監儀軌

감사의 글

현재 서울대학교 안에 위치하고 있는 규장각은 선인들이 남긴 뛰어난 기록물과 문화전통을 오늘날까지 이어주는 보물창고다. 이 보물창고에는 《조선왕조실록》, 《승정원일기》, 《일성록》과 같은 국가의 공식 연대기 기록을 비롯하여 의궤와 같이 국가의 주요 행사를 기록과 그림으로 정리한 책, 국토의 모습을 사실적이고 회화적으로 그린 지도들, 청나라나 일본에 사신으로 다녀온 후 쓴 《해동제국기》, 《열하일기》와 같은 기행문, 개인의 일기나 문집, 생활사의 단면들을 보여주는 각종 고문서 등의 방대한 자료들이 소장되어 있다.

왕실에서부터 글 좀 읽는다는 사람에 이르기까지 자신의 기록물을 남기지 않은 이가 거의 없을 만큼 조선시대 사람들은 기록 정신이 투철했다. 이런 전통이 규장각이라는 기록문화의 보고를 탄생시킨 것이다.

필자는 15년가량 규장각에 소장된 자료들을 정리, 연구하고 전시, 홍보하는 일을 해왔다. 그 자료들에는 하나같이 선조들의 기품 있는 문화와 꼼꼼한 기록 정신이 담겨 있었다. 이제 그 중 대표적인 것들을 체계적으로 소개하고자 한다.

규장각에 소장된 '명품' 기록물에는 앞서 살았던 우리 선조들의 삶과 생각의 자취가 담겨 있을 뿐만 아니라 그 시대인들의 문화 역량이 함축되어 있다. 그들이 남긴 책, 지도, 서화첩 하나하나에 투철한 기록정신과 정성이 깃들어 있었다. 모두가 명품이라고 할 만한 가치를 지닌 자료들이다. 본 책의 제목을 《규장각에서 찾은 조선의 명품들》이라고 한 것은 이러한 이유에서다.

이 책이 출간될 수 있었던 가장 큰 힘은 선조들의 뛰어난 기록문화와 자료 보존 정신 때문이다. 어느 영화배우의 말처럼 필자는 선조들이 잘 차려놓은 밥상에 단지 숟가락 하나만 올려놓았는지 모른다. 무엇보다도 이러한 명품의 밥상을 풍성하게 차려준 선조들의 문화 역량과 기록 보존의 전통에 깊은 감사를 표한다.

이외에도 많은 분들의 도움이 있었기에 서투른 능력의 필자가 한 권의 책을 완성할 수 있었다. 규장각한국학연구원을 세계적인 한국학 중심 기관으로 키워가고 있는 김영식 원장님을 비롯하여, 규장각 관장직을 역임하셨던 한영우, 이상택, 정옥자, 송기중, 이성규 선생님은 필자의 연구에 큰 도움을 주셨다. 규장각에서 학문적 인연을 맺고 있는 선후배 학자들은 함께 우리 전통문화의 진수를 찾아나가는 동반자로서, 필자가 연구의 폭과 깊이를 확충하는 데 많은 힘이 되어 주셨다. 규장각 정보 자료관리부의 여러 선생님들은 자료 지원에 많은 도움을 주셨다.

필자를 늘 격려해주시는 대구의 부모님과 장인, 장모님은 이 책의 출간을 누구보다 흐뭇해하실 것이다. 귀여운 딸 해원이는 이제 아빠 책의 열렬한 애독자가 될 것으로 믿는다. 열심히 남편을 후원하는 아내 김윤진과도 출간의 기쁨을 함께 나누고 싶다.

2007년 수확의 계절에 서울대 규장각 연구실에서

신 병 주

정조가 규장각을 세운 뜻은?

우리 역사에서 정조 시대(재위 1776~1800)는 '왕조 중흥과 문화 중흥의 꽃이 활짝 핀 전성기이자 조선의 르네상스'로 평가받고 있다. 하지만 그 실상은 그리 간단하지 않다. 무엇보다 문제는 11세의 나이에 아버지의 죽음을 목격하고 힘겹게 왕위에 오른 정조의 불안한 위치에 있었다. 정치의 냉엄함을 뼈저리게 느낀 그는 자신의 왕권에 위협을 가하는 '죄인의 아들'이라는 멍에에서 벗어나기 위해 정치적 역량을 총집결시킨다. 이를 위해 정조는 '탕평蕩平', '정학正學'의 이념을 왕의 입장에서 해석한 '성왕론聖王論'이라는 새로운 정치이념으로 왕권 강화를 정당화했다. 여기서 성왕론은 왕을 정치의 핵심 주체이자 적극적인 정치가로 보는 입장으로서, 붕당朋黨이 공론 형성과 관련된 본래의 기능을 상실하고 각 당의 이해관계를 대변하는 전위 조직으로 전락했다는 부정적인 붕당관에서 나온 것이었다. 정조는 자신을 성인이 아니라 정치를 떠날 수 없는 정치가, 곧 성왕으로 이해하면서 중국의 성인 군주인 요, 순, 우를 모범으로 삼았다. 이것은 왕 중심의 개혁정치를 강력하게 추진하겠다는 의지를 내비친 것이다. 1798년 정조는 자신의 호를 '만천명월주인옹萬川明月主人翁(온 냇가에 비추는 밝은 달과 같은 존재)'이라 정하는데, 여기에는 성인 군주가 되겠다는 자신감이 깔려 있다.

정조는 왕위에 오르자 우선 왕권을 위협하는 세력을 정비하기 시작했다. 먼저 자신이 왕위에 오르는 데 누구보다도 든든한 힘이 되어주었던 홍국영을 함부로 권력을 휘두르며 파벌을 만든다는 이유로 축출했다. 왕권 강화를 위해서라면 자신의 외가도 예외일 수 없었다. 당시 막강한

규장각도 | 2층에 주합루, 아래층에 규장각이라는 현판을 걸었다. 가운데가 주합루. 왼쪽 건물은 책을 말리던 서향각.

권력자였던 외종조부 홍인한을 사사시키고 그를 뒷받침하고 있던 상당수 인물도 극형에 처해버렸다. 그리고 즉위 과정에서 여러 차례 신변의 위협을 느꼈던 터라 자신의 생명을 지켜줄 친위부대를 새로이 창설했으니, 장용영壯勇營이 바로 그것이었다.

왕권 강화와 함께 정조는 학문을 장려하고, 학문에 바탕을 둔 개혁정치를 구상했다. 규장각은 정조의 생각이 압축적으로 표출된 공간이었다. 세조 때에 양성지가 규장각 설립을 주장했으나 실현되지는 못했다. 숙종 대에 이르러 비로소 종정시宗正寺에 작은 건물을 별도로 지어 '규장각'이라 쓴 숙종의 친필 현판을 걸고 역대 왕들의 어제御製(왕이 직접 지은 글)나 어필御筆(왕이 쓴 글씨) 등을 보관하는 장소로 삼았다.

정조는 왕위에 오르기 전 경희궁에서 15년을 지내다가 즉위 후 처소를 창덕궁으로 옮겼다. 그리고 창덕궁에서 경관이 가장 아름다운 영화당 옆의 언덕을 골라 2층 누각을 짓고 어필로 '주합루宙合樓'라고 쓴 현판을 달았으며, 1층을 어제존각御製尊閣이라 하여 역대 선왕이 남긴 어제, 어필 등을 보관하게 하고 '규장각奎章閣'이라 이름 붙였다. 이때부터 규장각은 역대의 주요 전적을 보관하고 학문을 연구하는 중심 기관으로 자리매김하게 되었다.

그동안 유명무실한 존재에 불과했던 규장각이 정조가 즉위하면서 '계지술사繼志述事(선왕의 뜻을 계승하여 정사를 편다)'의 명분 아래 왕을 뒷받침할 정치세력 및 문화정책의 추진 기관으로 힘이 실리면서, 역대의 도서들을 수집하고 연구하는 학문 연구의 중심 기관이자 개혁정책을 추진하는 핵심 정치 기관으로 거듭나게 된 것이다.

정조는 당파나 신분에 구애받지 않고 젊고 참신하며 능력 있는 인재들을 규장각으로 속속 불러 모았다. 정약용을 비롯하여 박제가, 유득공, 이덕무 등 당대를 대표하는 학자들이 규장각에 나와 연구하면서 정조 개혁정치의 파트너가 되었다. 바야흐로 문화 중흥을 이끌어가는 두뇌집 단의 산실이 된 것이다. 규장각의 가장 중요한 업무는 역대의 글이나 책 등을 정리하고 이것을 바탕으로 개혁정치의 방향을 정하는 것이었다. '법고창신法古創新(전통을 본받아 새 것을 창출한다)'은 규장각을 설립한 취 지에 가장 부합하는 정신이었다.

'손님이 와도 일어나지 마라'

서울대학교 규장각 전시실에는 정조 시대 규장각에 하사한 네 개의 현판이 전시되어 있다. 이를 수교受敎 현판(정조의 교시를 받아 쓴 현판)이 라 하는데 각각의 내용은 다음과 같다.

객래불기客來不起: 손님이 와도 일어나지 마라 → 오로지 학문에만 전념 하라

각신재직대관좌의閣臣在職戴冠坐椅: 규장각 신하들은 재직 중에 관을 쓰고 의자에 앉는다 → 바른 복장과 바른 자세로 근무할 것을 당부함

각신재직비공사무득하청閣臣在職非公事毋得下廳: 규장각 신하는 재직 중 에 공무가 아니면 마루로 내려가지 마라 → 학문과 연구에만 전념할 것을 당부함

수대관문형비선생무득승당雖大官文衡非先生毋得升堂: 비록 고위 관리나 문형이라도 선생(규장각을 거쳐간 학자)이 아니면 규장각으로 올라올 수

教　上之五年九月受　未退　午退秋冬辰進　仕進春夏卯進　十五日三十日　五日二十日二　五日初十日十　提學以下每初

수교 현판 | 1781년(정조 5) 이문원에서 규장각 각신들의 근무일과 출퇴근 시간을 규정한 수교 현판. 각신들의 근무처인 이문원에 걸어두었다. 제학 이하(규장각 관원들은) 매 5일, 10일, 15일, 20일, 25일, 30일에 근무한다. 봄과 여름에는 묘시(오전 5시~7시)에 출근하여 오시(11시~오후 1시)에 퇴근하고, 가을과 겨울에는 진시(오전 7시~9시)에 출근하여 미시(오후 1시~3시)에 퇴근한다.

없다 → 정치적 간섭을 막아주는 동시에 규장각을 거쳐간 신하들을 우대함

정조는 규장각에 힘을 실어주기 위해 당대 최고의 인재들을 발탁했을 뿐만 아니라, 관직이 아무리 높은 신하라도 함부로 규장각에 들어올 수 없게 함으로써 외부의 정치적 간섭을 배제했다. '객래불기'와 같은 현판을 직접 내려서 규장각 신하들이 학문에만 전념할 수 있도록 배려했고, 때로는 정조 자신이 몸소 그들과 날 새는 줄 모르고 토론을 벌이기도 했다.

세종이 집현전을 설치하여 학문의 전당이자 유교 정치이념을 전파하

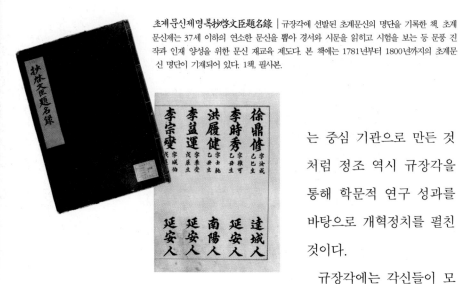

초계문신제명록抄啓文臣題名錄 | 규장각에 선발된 초계문신의 명단을 기록한 책. 초계문신제는 37세 이하의 연소한 문신을 뽑아 경서와 시문을 읽히고 시험을 보는 등 문풍 진작과 인재 양성을 위한 문신 재교육 제도다. 본 책에는 1781년부터 1800년까지의 초계문신 명단이 기재되어 있다. 1책, 필사본.

는 중심 기관으로 만든 것처럼 정조 역시 규장각을 통해 학문적 연구 성과를 바탕으로 개혁정치를 펼친 것이다.

규장각에는 각신들이 모여 연구하는 공간 이외에 여러 부속 건물이 있었다. 우선 창덕궁의 정문인 돈화문 근처에 사무실에 해당하는 이문원摛文院을 두었고, 역대 왕들의 초상화, 어필 등을 보관한 봉모당奉謨堂을 비롯하여 국내 서적을 보관한 서고西庫, 포쇄曝曬(서책을 정기적으로 햇볕이나 바람에 말리는 작업)를 위한 공간인 서향각西香閣, 중국에서 수입한 서적을 보관한 개유와皆有窩, 열고관閱古觀, 그리고 휴식 공간으로 부용정이 있었다. 개유와와 열고관에는 청나라에서 수입한 《고금도서집성》(5,022책) 등을 보관했는데, 이 책들은 청나라를 통해 들어온 서양 문물을 연구하는 데 큰 도움이 되었다.

규장각에서는 정조와 규장각 각신들의 학문적 열정이 담긴 수많은 책들이 간행되었다. 정조는 젊은 관리들이 규장각에서 재교육을 받는 제도인 초계문신抄啓文臣 제도를 새로 만들기도 했다. 이것은 이미 과거를 거친 사람 가운데 37세 이하의 젊은 인재를 뽑아 3년 정도 특별 교육을

시키는 제도로서, 이들은 매달 두 차례에 걸쳐 시험을 치르는 등 강도 높은 교육을 받으며 정조의 개혁정치 방향을 학습했다. 초계문신 제도는 1781년에 시작되어 정조가 사망한 1800년까지 19년 동안 10여 차례에 걸쳐 총 138명을 뽑았다. 대표적인 인물은 정약용, 서유구 등으로 이들은 정조의 개혁정치를 실천하는 중심으로 자리 잡아 나갔다.

정조 시대 규장각에서 수행된 저술 활동의 규모를 보여주는 대표적인 책으로 《군서표기群書標記》가 있다. 《군서표기》에 기록된 어제御製(왕이 직접 쓴 책)서와 명찬命撰(신하들에게 명령을 내려 쓴 책)서 151종 3,960권은 정조 시대의 왕성한 학문 활동을 잘 보여주고 있다(자료 1. 396참조).

외규장각의 영광과 수난

규장각은 조선시대 왕실 자료의 보관과 서적 수집, 출판 등 도서관의 기능과 더불어 문화정책 기구의 기능을 담당했다. 나아가 정조의 개혁 정치를 후원하는 중심 기관으로 자리를 잡았다.

1782년 2월, 그동안 정조의 비상한 관심 아래 추진돼온 '강화도 외규장 각의 공사 완공'을 알리는 강화유수의 보고가 올라왔다. 1781년 3월 정조가 강화도에 외규장각을 지을 것을 명령한 지 11개월이 지난 즈음이었다.

이를 계기로 강화도 외규장각에는 왕실의 자료들을 비롯하여 주요 서적들이 더 체계적으로 보관되었으며, 이후 100여 년간 외규장각은 조선 후기 왕실 문화의 보고로 자리 잡게 되었다. 1784년에 편찬된 《규장각 지奎章閣志》에 따르면, 외규장각은 6칸 크기의 규모로 강화 행궁의 동쪽에 자리를 잡았다고 한다.

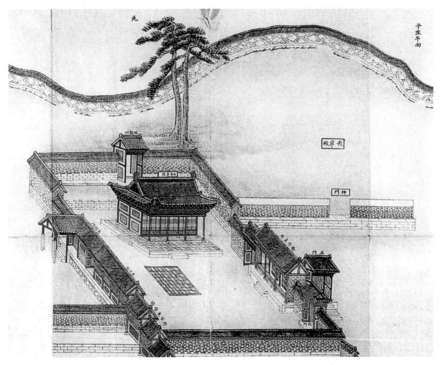

강화부궁전도 중 외규장각도(부분) | 강화부 행궁 터에 있었던 외규장각 건물은 최근 복원되었다.

외규장각은 인조 이래 강화도에 행궁과 전각이 세워지고 왕실 관련 자료들이 별고別庫에 보관된 것을 계기로, 더 안전하고 체계적으로 이들 자료들을 관리할 목적으로 세워졌다. 외규장각은 창덕궁에 위치하면서 조선 후기 문화운동을 선도했던 규장각의 분소와 같은 성격을 띠었다. 이곳을 '규장외각' 또는 '외규장각'이라 부른 것도 이러한 이유에서다.

규장각은 정조 이후 그 위상이 높아지면서 열성조의 어제, 어필을 비롯하여 국가의 주요 행사 기록을 담은 의궤, 각종 문집 등 조선 후기 문화의 정수를 보여주는 귀중한 자료들을 간행하고 보존해왔다. 외규장각

외규장각 주변의 프랑스 군인들 | 강화부의 관아와 행궁, 그리고 외규장각 주변을 행진하는 프랑스 군대. 1866년. 프랑스 해군장교 앙리 쥐베르 그림.

에는 그 중에서도 더욱 가치 있는 자료들이 보관되었다.

특히 왕이 친히 열람한 어람용御覽用 의궤 대부분은 외규장각에 보관되었다. 어람용 의궤는 왕이 친히 열람하는 만큼 사고史庫 등지에 보내는 일반 의궤보다 종이의 질이나 장정이 훨씬 뛰어났다. 초주지가 사용된 대부분의 의궤와는 달리 어람용 의궤에는 저주지가 사용되었으며 비단으로 된 표지, 놋쇠 변철, 국화 모양의 장식, 정교하게 그린 그림 등 품격 있는 외관은 문외한이라도 한눈에 어람용 의궤를 구별할 수 있다.

그러나 외규장각은 1866년 병인양요 때 프랑스 군의 침공으로 잿더미

현재 규장각 서고 내부

가 되었으며, 당시 프랑스 군이 약탈해간 의궤 297책은 현재 파리 국립
도서관에 보관되어 있다. 약탈된 의궤는 아픈 역사를 겪어야 했던 조선
왕조의 운명을 상징적으로 보여준다.

규장각은 1910년 한일합방으로 폐지되었다. 1908년 제실도서帝室圖書
로 명명되었던 규장각 도서들은 잠시 이왕직李王職(일제시대 궁내부)에서
관리하다가 1911년 11월 조선총독부 취조국으로 옮겨졌다. 규장각 도
서들이 일제의 관리하에 들어가는 불운이 시작된 것이다. 조선총독부는
규장각 도서를 경성제국대학에서 관리하게 했다. 일제는 조선을 영원한
식민지로 여겼기에 경성제국대학에 이관시켰을 것이다.

1945년 해방이 되자 규장각 도서 역시 일제의 관리에서 벗어나 '해방'
을 맞이했다. 규장각 도서는 1946년 경성제국대학을 승계한 서울대학교
부속도서관으로 이관되었으며, 서울대학교에서도 오랫동안 도서관 소속

으로 있다가 1992년 독립 건물을 지으면서 지금의 '서울대학교 규장각'의 모습을 갖추게 되었다. 2006년 서울대학교 규장각은 한국문화연구소의 한국학 연구 기능을 합쳐 '규장각한국학연구원'으로 출범하였다.

현재의 서울대학교 규장각한국학연구원은 국보 및 보물을 포함한 26만여 점의 고도서, 고문서, 고지도, 정부기록류, 책판 등을 소장하고 있다. 규장각은 자료를 보존, 관리함은 물론이고 한국학 자료를 체계적으로 조사, 연구하는 한편 자료의 데이터베이스화, 전시 및 교육과 홍보 등의 업무를 아울러 수행하고 있다. 연구소이자 도서관, 박물관, 그리고 세계적인 한국학 중심 기관이라는 종합적인 기능을 완비해나가고 있다. 최근 국내외에서 고조되고 있는 한국학에 대한 관심과 사회 여러 분야에서 확산되고 있는 민족문화의 보존과 계승에 대한 열의는 규장각의 중요성을 새삼 일깨워주고 있다.

규장각에서 찾은 왕실문화, 기록문화

규장각에는 《조선왕조실록》, 《승정원일기》와 같은 방대한 연대기 자료를 비롯하여 의궤, 《대동여지도》 등 이름 정도는 들어봤을 책들이 다수 소장되어 있다.

《조선왕조실록》은 왕의 동정을 중심으로 한 정치사 기록이 중심이지만 사회 · 경제 · 문화사적 내용뿐만 아니라, 조선에 온 코끼리 이야기, 홍길동은 연산군 때의 실존 도둑이었다는 것, 드라마 〈대장금〉의 모델이 된 실존 인물 '장금'에 대한 기록 등 흥미진진한 내용들을 기록하고 있다. 의궤에는 왕실 결혼식, 장례식 등 왕실의 주요 행사 장면을 담은

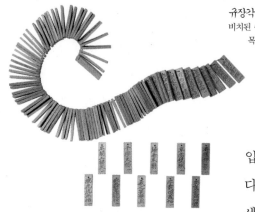

그림이 수록되어 있어서, 그 시대 사람들의 구체적인 생활상을 입체적이고 생동감 있게 접할 수 있다. 또한 전체 22첩을 모두 모으면 세로 6.7미터, 가로 3.3미터의 방대한 모습을 드러내는 《대동여지도》를 보고 있노라면 김정호를 왜 최고의 지도학자라 부르는지 실감하게 된다. 냉면집이 그려진 〈평양지도〉, 거북선이 그려진 〈해남지도〉 등 조선 후기의 지방지도에는 특색 있는 각 지방의 모습이 고스란히 담겨 있다. 얼굴이 까만 사람은 까맣게, 천연두를 앓은 사람은 곰보 자국까지 세밀하게 그린 선현들의 초상화첩에서는 시대를 이끌어간 인물들의 생생한 모습을 만날 수 있다.

규장각에는 조선이 동서양의 여러 나라들과 접촉한 상황을 보여주는 자료들도 많다. 조선과 주로 교류한 국가는 중국과 일본이었다. 중국에 사신으로 다녀온 후 그 여정을 상세하게 기록한 연행록과 일본에 파견된 통신사들의 기행문은 당시에 흔치 않았던 세계와의 만남을 생동감 있게 묘사하고 있다. 《지봉유설》이나 《성호사설》, 《오주연문장전산고》 등은 서양 각국의 정보들을 자세히 소개하고 있다. 《노걸대언해》, 《박통사언해》 등 외국어 학습서도 눈길을 끈다. 이들 자료를 보면 조선이라는 나라가 결코 폐쇄적인 방향으로만 나아가지 않았다는 것과 함께 세계와 부단히 접촉하고자 했던 지식인들의 선구적인 모습을 확인할 수 있다.

〈혼일강리역대국도지도〉,〈화동고지도〉,〈천하도지도〉 등의 세계지도에서는 선조들의 세계에 대한 인식의 변화를 읽을 수 있다. 조선 후기에 제작된 세계지도는 비록 서양 선교사들의 영향을 받은 것이기는 하지만 조선 사회가 세계사의 흐름에서 고립되지 않았음을 보여준다. 한역서학서에는 서양의 과학기술을 적극 수용하면서 근대로 나아가는 모습이 담겨 있다.

그 밖에도 규장각에는 한 인물의 사상과 행적을 살펴볼 수 있는 개인 문집, 당시 생활상을 보여주는 재산상속 관련 문서나 토지매매 문서를 비롯해 앞으로 각 분야 연구자들이 힘을 합쳐 연구해야 할 희귀본 자료들이 망라되어 있다.

또한 역사학, 한문학, 지리학, 언어학, 민속학, 군사학, 미술사, 복식사 등 각 분야의 관심사를 충족시켜줄 매력적인 자료들이 가득하다. 이 책에서 소개하는 대표적인 명품들은 그야말로 맛보기에 불과할지도 모른다. 그만큼 규장각은 무궁무진한 자료들의 보물창고다.

'법고창신'이 필요한 시대

선조들의 기록유산이 이처럼 많이 남아 있다는 것은 후대를 살아가는 우리에게는 큰 행운이다. 문집 한 책, 지도 한 점, 초상화 한 첩에 이르기까지 모두 당대의 노력이 들어가 있다. 필자는 규장각을 대표할 만한 자료들을 소개하면서 이들 자료가 갖는 가치와 현대적 의미에 대해 살

현재 서울대학교 규장각한국학연구원 전경

펴보고자 한다.

　정조가 규장각을 처음 설립할 때 가졌던 '법고창신'의 정신은 200여 년이 지난 지금에도 여전히 유효하다. 투철한 기록 정신은 공개성과 투명성을 전제로 한다. 정치 행위에서 벌어진 모든 사실을 기록으로 남김으로써 부정과 비리를 원천적으로 차단하는 것이다. 투철한 기록 정신은 자신의 시대를 떳떳하게 살아가겠다는 의지의 표현이기도 하다. 다양하고 방대한 기록물을 제작하고 철저하게 보관한 민족, 이 사실 하나만으로도 우리는 문화민족으로서의 긍지를 느낄 수 있다. 이제 이들 기록물의 가치를 공유해가면서, 미래를 살아가는 지혜의 원천으로 삼아볼 것을 권한다.

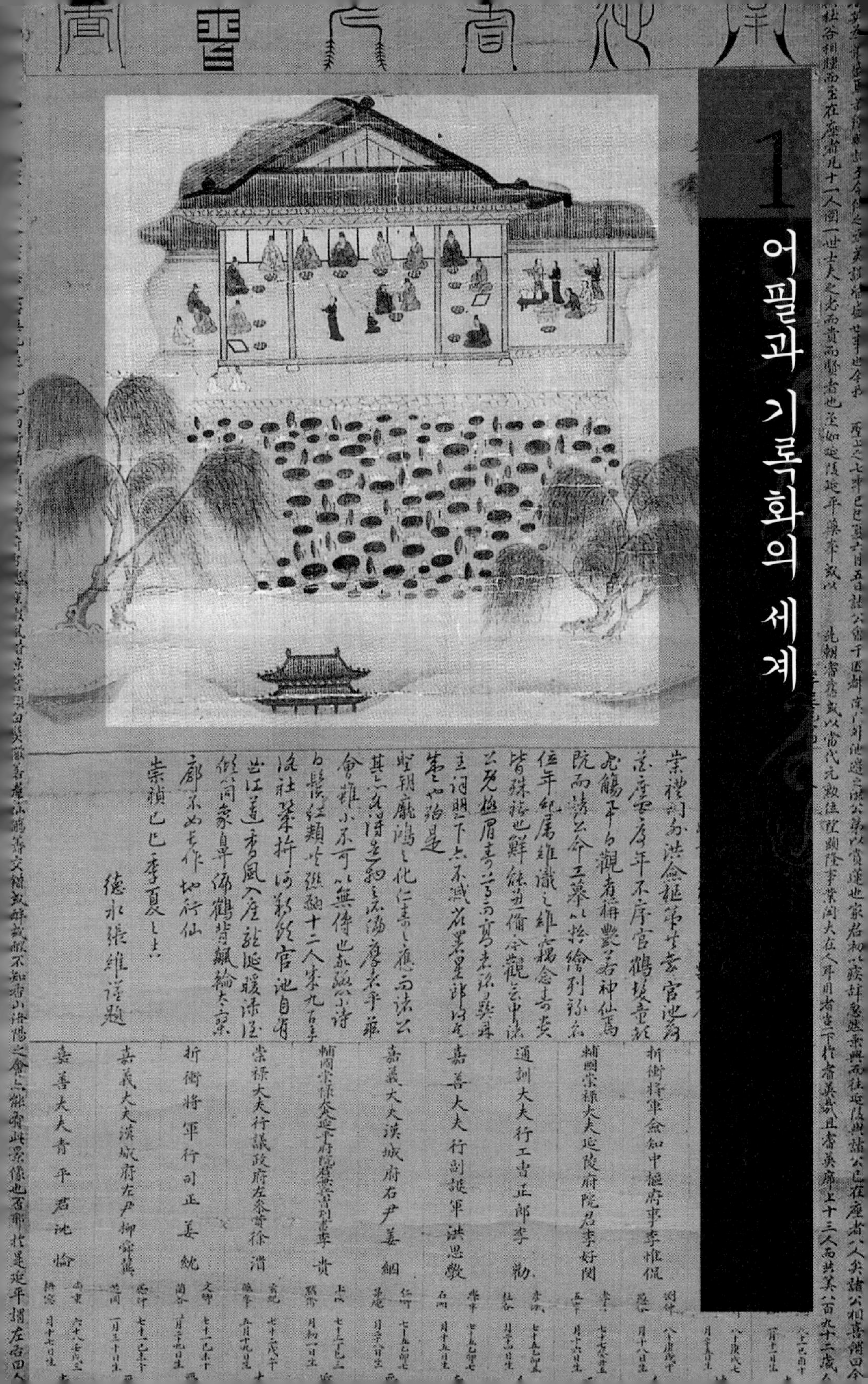

1 어필과 기록화의 세계

글씨로 느끼는 국왕의 숨결
어필

1776년(정조 즉위년)에 설치된 규장각은 본래 왕실의 도서관이었다. 따라서 규장각에는 왕실 관련 자료들이 주로 보관되었다. 왕의 글씨, 왕이 직접 지은 책, 왕실 족보, 왕실 행사를 기록한 의궤 등은 규장각이 품격 있는 왕실 도서관의 모습을 갖추는 데 중요한 자산이었다. 다양한 자료 중에서도 왕의 성품이나 분위기를 압축적으로 보여주는 어필, 즉 왕의 글씨가 단연 두드러진다. 규장각에는 선조, 효종, 숙종, 경종, 영조, 정조의 글씨 외에도 왕세자나 왕비 등 왕실 인물들이 쓴 글씨가 남아 있다. 사도세자가 8세 때 쓴 글씨를 비롯하여 순원왕후의 한글 편지 33통과 1870년에 쓴 흥선대원군의 글씨가 눈길을 끈다. 글씨는 정신을 담는다고 한다. 규장각에 소장된 왕실의 필첩들에 담긴 왕과 왕비의 글씨는 물론 우아하게 편집된 표지 등을 통해 그들의 정신세계로 들어가 보자.

선조, 효종, 숙종의 글씨

어필 중에서 가장 오래된 것은 선조의 필적이다. 《선묘어필宣廟御筆》이라는 제목의 목판본 필첩(21절 42면)에는 선조의 글씨가 실려 있다. 이 필첩은 선조가 중국 문인들의 한시를 써서 의창군 광에게 내린 것을 1630년에 의창군이 목판으로 찍어낸 것이다. 최근 〈불멸의 이순신〉이라는 드라마에서 선조는 무능하고 시기심 많은 왕으로 그려졌다. 그러나 선조는 임진왜란 후 국가 재건과 문화 중흥을 이끈 뛰어난 왕으로 평가

열성어필列聖御筆 | 1725년(영조 1) 조선 역대 왕들의 친필을 모아서 만든 책. 사진은 선조가 그린 난초와 대나무. 2책, 탁본, 목판본.

받기도 한다. 선조 시대를 '목릉성세穆陵盛世(학문과 문화가 발전한 선조 시대라는 뜻. 목릉은 선조의 무덤을 말한다)'라고 하는 것도 이러한 까닭에서다. 효종 때의 영의정 이경여는 선조 시대의 적극적인 인재 등용책을 두고 "이황, 조식, 성혼, 이항, 민순 등과 같이 뛰어난 학자를 발굴하여 조정의 풍채를 갖추고 태평의 시대를 열었다"고 평가하기도 했다.

선조는 서화에 능했는데, 《선묘어필》에는 중국의 한유, 승려 영철, 이군옥 등이 지은 한시 8편과 의창군이 쓴 발문이 실려 있다. 의창군은 선조가 내린 글씨를 전쟁 때문에 분실했는데 이제 보존된 것을 간행하여 후세에 전한다고 하였다.

《효종대왕어필孝宗大王御筆》(9절 16면)은 북벌을 이끈 왕 효종의 필적이다. 이 어필첩에는 효종이 쓴 편지 4통, 물목物目, 〈홍선전紅線傳〉 등이 수록되어 있다. 편지는 모두 4통인데, 그 중 3통은 효종이 왕자(봉림대군) 시절 심양에 볼모로 가 있을 때인 1641년(인조 19)과 1642년에 인헌왕후(효종의 할머니)의 친가인 능성부원군 댁에 보낸 것이다. 초서로 쓴 유려한 글씨체의 편지에는 볼모로 잡혀 있는 애달픈 심정이 잘 표현되어 있다.

《숙종대왕어필肅宗大王御筆》은 숙종이 공주, 왕자, 신하들에게 내린 친필 시문을 음각하여 간행한 어필첩이다. 한눈에도 필체가 대단했음을 알 수 있다. 숙명공주, 연잉군, 연령군, 김수항, 남구만, 임창군, 낭원군 등에게 내린 시문들이 음각되어 실려 있는데, 훗날 영조가 되는 연잉군이 병에서 회복된 것을 축하한 글이 눈길을 끈다.

힘이 느껴지는 영조의 글씨

《경종수필景宗手筆》은 경종이 1696년 동궁으로 있을 때에 민진원에게 하사한 글씨를 목판으로 찍은 어필첩이다. 10폭으로 구성된 필첩 중 8폭에 경종이 대자大字의 해서로 쓴 "경이직내敬以直內, 의이방외義以方外"라는 글이 실려 있다. 이는 《주역》에서 따온 구절로 "경으로써 안을 곧게 하고, 의로써 밖을 반듯하게 한다"는 뜻이다. 민진원은 발문에서 이 글씨를 하사받은 내력을 적으면서 동궁의 글씨는 반듯하고 곧아 봉황이 춤추고 용이 나는 듯하다고 말했다.

《영조어필英祖御筆》은 영조가 쓴 시구를 정조 때인 1776년 7월에 찍어

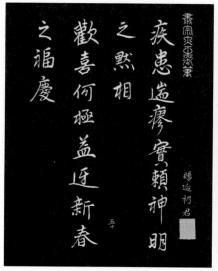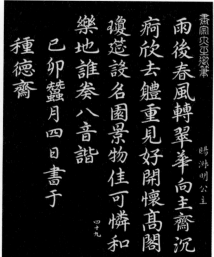

숙종어필 | 오른쪽은 1699년 숙명공주에게 준 오언율시, 왼쪽은 연잉군(영조)의 병이 나은 것을 축하한 글이다. 1첩 (8절 16면), 목판본, 47.4×31cm.

이최중에게 하사한 어필첩이다. 1책 13장으로 구성되어 있다. 앞부분에 1776년 7월 30일 정조가 봉조하奉朝賀(종 2품 이상으로 사임한 관리에게 내려준 특별한 벼슬. 실직은 없으며 국가에 의식이 있을 때 참여한다) 이최중에게 영조의 어필을 하사한다고 기록되어 있다. 영조의 어필은 4언과 5언의 시구로 되어 있는데, 대부분 대자의 행서로 쓰여 있다. "상서로운 눈이 내려 풍년을 알리니 내년 농사가 잘 될 것瑞雪驗豊, 明農登熟, 仍此有祝"이라는 내용을 담은 글 가운데 특히 '서설瑞雪' 두 글자를 따서 쓴 부분에서 영조의 힘이 느껴진다.

《동궁보묵東宮寶墨》은 비운의 왕세자 사도세자가 8세 때인 1742년(영조 18) 12월 11일 장악원 첨정 이익준의 아들 갑득에게 써준 글씨를 모

아 엮은 필첩이다. "군신유의君臣有義, 군의신충君義臣忠, 군신지분의君臣之分義" 등 13자가 대자의 해서로 쓰여 있고, 뒤에 이익준의 발문이 실려 있다. 어린 시절부터 군왕의 역할을 가슴에 새기면서 글씨를 써 내려갔던 사도세자의 모습을 느낄 수 있는 작품이다.

섬세함이 돋보이는 흥선대원군의 글씨

규장각의 주인공 정조의 친필 글씨를 접할 수 있는 대표적 작품은 《어전친막제명첩御前親幕題名帖》이다. 1첩 17절로 구성된 이 첩은 별군직別軍職과 관련된 정조의 서문과 글씨, 전령傳令 양식, 제명題名 등을 묶어 목판으로 간행한 것이다. 별군직은 병자호란 때 세자의 시위군관에서 유래하였는데, 나중에는 대전大殿의 호위를 맡았다. 정조는 1787년(정조 11) 별군직의 유래와 임무 등을 적은 《어전친막제명첩》을 짓고, '어전친막御前親幕'과 '어전친비직려御前親裨直廬'를 친필로 써서 별군직에 하사하였

다. 〈제명題名〉에는 1776년부터 1831년 까지 별군직에 임명된 무신 108명의 명단이 실려 있다.

《대원군친필大院君親筆》은 고종의 아버지 홍선대원군 이하응이 쓴 일기와 편지를 모아 엮은 필첩이다. 홍선대원군은 조선 후기의 대표적 서예가 김정희에게서 글씨를 배웠고 그림에도 능했다. 특히 난초 그림에 일가견이 있었다는 평가를 받는다. 2첩으로 구성된 본 첩에는 1872년과 1873년 무렵에 자신의 일상생활이나 정세 등에 대해 적은 일기와 편지가 실려 있다. 편지의 글씨들은 추사체를 본뜬 흔적이 잘 나타나 있으며, 가지런하고 정확하게 편지를 써 내려간 모습에서 대원군의 섬세한 성격을 엿볼 수 있다. 편지에는 대동미를 돈으로 대신 납부할 수 없느냐는 질의에 대해 돈으로 납부하지 말고 쌀로 내라고 하는 등 사회경제적 관심을 나타낸 내용이 주목을 끈다.

우아한 궁체가 돋보이는 왕후의 한글 편지

왕실의 편지 중에는 인목왕후와 순원왕후의 편지가 눈에 띈다. 이들 편지는 한글로 쓰였다는 점에서 조선시대 왕실 여성들이 한글을 보편적으로 사용했음을 짐작할 수 있게 해준다. 《인목왕후필적仁穆王后筆蹟》은 선조의 계비 인목왕후의 필적을 모아 엮은 필첩이다. 본 첩에는 1603년(선조 36)에 쓴 한글 편지, 왕발의 〈등왕각서 滕王閣序〉 일부, 도잠(도연명)의 〈사시四時〉, 작자 미상의 칠언율시 등 4편의 시문이 실려 있다. 한글 편지는 1603년 11월 19일에 쓴 병문안 편지인데, 상당히 이른 시기의 한글 자료로 국어사 연구에도 중요한 자료가 되고 있다.

33통으로 된 한글 편지도 눈길을 끈다. 편지의 주인공은 순원왕후다. 순원왕후는 안동 김씨 김조순의 딸로 1802년(순조 2) 왕비에 책봉되었고, 순조 사후에는 수렴청정하면서 19세기 전반 세도정치의 중심에 있었던 인물이다. 《순원왕후어필봉서純元王后御筆封書》라 불리는 33통의 한글 편

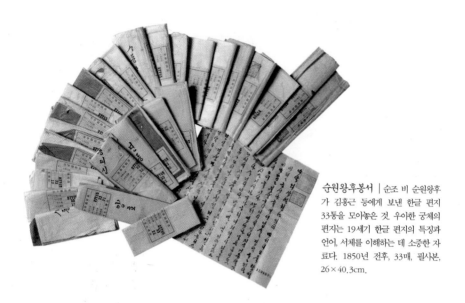

순원왕후봉서 | 순조 비 순원왕후
가 김흥근 등에게 보낸 한글 편지
33통을 모아놓은 것. 우아한 궁체의
편지는 19세기 한글 편지의 특징과
언어, 서체를 이해하는 데 소중한 자
료다. 1850년 전후, 33매, 필사본,
26×40.3cm.

지는 대부분 헌종 말년과 철종 초년에 재종再從인 김흥근과 그의 아들 김
병덕에게 보낸 것이다. 친척의 병문안이나 먼 길을 갔다 온 것에 대한 위
로 등의 안부 편지가 중심을 이룬다. 소중하게 접어 보관한 편지 한 통
한 통에서 여성의 섬세함을 느낄 수 있다. 일가에 대한 애틋한 감정과 당
대 정치에 대한 관심 등을 표현하고 있다. 글씨는 우아한 궁체로서 19세
기 한글 편지의 특징과 언어, 서체를 이해하는 데 소중한 자료다.

온양별궁전도

조선시대에는 왕들이 임시로 거처하는 궁궐인 행궁이 있었다. 군사적 요충지인 남한산성과 북한산성에 행궁이 있었고, 정조가 아버지 무덤을 수원에 조성한 후 이곳을 자주 찾기 위해 지은 화성 행궁도 있다. 하지만 조선시대 왕들이 가장 많이 찾은 행궁은 온양 행궁이다. 바로 온천 때문이다. 조선시대 왕들의 온천 행차 이야기로 들어가 보자.

온천을 자주 찾은 조선 전기의 왕들

《조선왕조실록》에는 태조 때부터 온천을 자주 찾은 기록이 나타난다. 태조가 즐겨 찾은 온천은 황해도 평산으로, 당시에는 평주라 불렸던 곳이다. 태조는 조선 건국 직후인 1392년 8월 21일 대간, 중방, 사관 각 1명씩과 의흥친군위 군대를 거느리고 평주 온천에 거둥하였다. 1393년 4월에 태조는 또 평주 온천에 다녀왔다. "하찮은 병으로 온천에서 목욕하고 돌아와서 몸이 몹시 피곤하다"고 토로한 것으로 보아 신병 치료를 위해 온천에 갔음을 짐작할 수 있다. 이후에도 태조의 온천 행차는 계속되었는데 일부 신하들은 평주 온천이 새 도읍지(한양)와는 300리나 떨어져 있으므로 자제할 것을 청하기도 했다. 이에 태조는 자신의 병을 걱정하지 않는다고 신하들에게 불편한 감정을 내비쳤다.

1396년(태조 5)의《태조실록》에는 "임금이 충청도 온천으로 행차했다"는 기록이 있다. 정확한 지명을 표기하지는 않았지만, 조선 태조 때부터 온양 온천이 이용되었음을 알 수 있다. 중종 때 편찬된《신증동국여지승람》〈온양군〉의 온천 조항에도, "질병 치료에 효험이 있어서 우리 태조, 세종, 세조가 일찍이 이곳에 거둥하여 머무르면서 목욕하였는데, 유숙한 어실御室이 있다"고 기록되어 있다. 태종은 아버지 태조를 뵙기 위해 평주 온천을 몇 차례 찾았으며, 자신 역시 풍질이 심해지자 평주, 이천 등지의 온천에 거둥하였다. 세종 역시 평산, 이천 등지의 온천을 찾았으며, 온천이 질병을 치료하는 데 효력이 있다고 믿고서는 서울과 가까운 경기 지방에 있는 온천을 찾은 자에게는 후한 상을 내리겠다고 약속하기도 했다.

1443년(세종 25) 3월 1일 세종은 왕비와 더불어 충청도 온양 온천에 거둥하였다. 평소 피부병과 안질로 고생하던 세종이 왕세자와 의정부, 육조의 대신 등 대규모 관리들을 거느리고 온양 행차를 결심한 것을 보면, 온천욕에 대한 믿음이 깔려 있었던 것으로 여겨진다.

최고의 온천욕 장소, 온양 행궁

조선시대 최고의 온천욕 장소로 각광을 받았던 곳은 온양이었다. 조

영괴대기 탁본

선 초기에는 주로 평
산과 이천 온천에 왕
들이 거둥했지만, 온
양 온천의 뛰어난
치료 효능과 지리
적 여건 때문에 이
곳에 행궁을 조성하고 정사를 볼 수 있는 공간을 만들었다. "평산 온천
은 너무 뜨겁고 이천은 길이 험해 온양으로 정한다"는《현종실록》의 기
록은 온양이 왕들의 온천으로 정착되어가는 상황을 보여준다.《조선왕
조실록》에 따르면 온양 행궁에 행차하여 장기간 머물렀던 왕은 세종,
세조, 현종, 숙종, 영조 등 5명의 임금과 사도세자였다. 세종과 세조,
현종이 모두 피부병으로 고생한 전력이 있음을 감안하면 왕의 온양 행
차는 온천욕으로 병을 치료하고 휴식을 취하기 위한 목적이 가장 컸음
을 짐작할 수 있다.

조선의 왕 중에서 온양 행궁을 가장 즐겨 찾은 이는 현종이었다. 재임
기간 내내 종기와 피부병으로 시달렸기 때문이다. 현종은 치료차 온양
행궁을 여러 차례 방문하고, 장기간 머물렀다.《현종실록》에는 어의들
이 피부병에 온천욕만큼 효능이 뛰어난 것이 없다고 강조하는 대목이
나온다. "탕약은 위를 손상시키고 환약은 열을 다스리는 게 느려 온천
욕만 한 것이 없다"면서 왕에게 온천욕을 권유하고 있다.

온양별궁전도 | 충청도 온양 별궁의 모습을 그린 그림. 온양 별궁에 영괴대를 설치한 내력을 기록한 책인 《영괴대기》의 앞부분에 그려져 있다. 영괴대는 1760년(영조 36) 사도세자가 느티나무 세 그루를 심은 것을 기념하여 세운 대의 이름이다. 중앙에 행궁의 정전과 온천이 보이고 왼쪽 위로 영괴대가 보인다. 빼빼이 들어선 각종 관청을 통해 당시 온양 별궁의 모습을 짐작할 수 있다. 이형원 편, 1795년(정조 19)경, 1첩(5절 9면), 39.4×25.5cm.

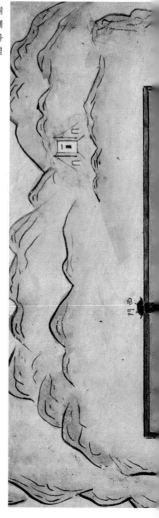

요즘엔 누구나 온천을 쉽게 찾지만 조선시대에도 백성들이 온천을 이용할 수 있었을까? 이에 대한 해답은 성종 1년 4월 17일 성종이 충청도 관찰사 김필에게 내린 하교에서 그 단서를 찾을 수 있다. "도내 온양 온정溫井의 어실 및 휴식소와 세자궁의 침실 외에는 다른 사람이 목욕하는 것을 허락하고, 남쪽 탕자湯子는 재상 및 사족의 부녀에게 목욕하는 것을 허락하라"는 기사에서, 비록 사족의 부녀에게 한정되었지만 왕이 아닌 일반인도 온양의 온천욕을 즐겼음을 확인할 수 있다.

《영괴대기》에 수록된 〈온양별궁전도〉

왕이 목욕하는 온천은 어떤 모습이었을까? 이 궁금증을 풀어주는 자료가 규장각에 소장되어 있다. 《영괴대기靈槐臺記》라는 책 속에 실린 〈온양별궁전도〉가 그것이다. 《영괴대기》는 정조가 온양에 왔던 아버지 사도세자를 그리며 그 자취를 1795년(정조 19)에 기록한 책이다. '영괴대'란 신령스러운 느티나무 옆에 설치한 사대射臺라는 뜻이다. 현재 충남 아산시

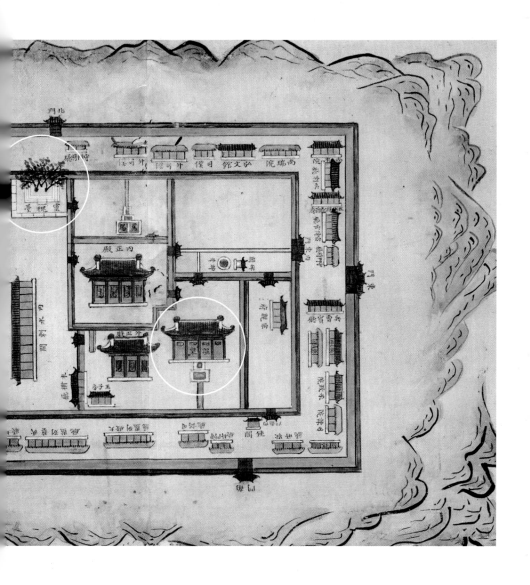

온천동에 있다. 1760년 사도세자가 온양 행궁에 행차할 때 활을 쏘던 자리에 그늘을 만들기 위해 세 그루의 느티나무를 심어 영괴대란 이름이 붙었다고 한다. 《영괴대기》에는 〈온양별궁전도〉가 상세히 그려져 있다.

지도에 하얗게 표시된 어도御道를 따라 들어가면 왕의 침소인 내정전內正殿과 집무실인 외정전外正殿이 눈에 들어온다. 초가지붕 또는 기와지붕으로 표시된 홍문관, 승정원, 상서원, 사간원, 수문장청 등의 건물은 온양 행궁이 임시 궁궐의 기능을 충분히 갖추었음을 보여준다. 특히 왕이 사용하는 공간을 제외하면 수라간이 가장 넓게 표시되어 있는데 이는 왕을 수행하는 인원이 행궁에 상당히 많았음을 짐작케 한다. 지도의 왼쪽 위에 '영괴대'가 표시되어 있어 이곳에 머물렀던 사도세자와 정조의 자취를 느낄 수 있다. 지도의 중심에 '온천'이라고 표시된 큰 건물이 바로 왕이 목욕을 즐기면서 병을 치료했던 온천탕이다.

사도세자의 온양 행차를 기록한 《온궁사실溫宮事實》에는 바로 이 '온천'의 구조가 자세히 기록되어 있다. 12칸짜리 온천 건물에는 욕실, 양방凉房, 협실挾室, 탕실湯室이 있었다. 탕실은 온천수가 솟는 곳과 욕조가 있는 곳으로 구성된 듯하다. 탕실을 중심으로 남쪽과 북쪽에 통로로 보이는 협루가 있고, 찬바람을 쐴 수 있는 방이 남북으로 하나씩 있었다. 온돌을 깐 욕실은 동서 양쪽에 있었다.

영조와 사도세자의 온천 행차에 관한 기록들

규장각에는 왕들의 온양 행차에 관한 기록이 몇 가지 소장되어 있다. 《온행일기溫幸日記》는 1750년(영조 26) 9월 12일부터 19일까지 영조가 온양 온천에 이르기까지의 상황을 기록한 책이다. 《온행배종록溫行陪從錄》은 온양 행차 시 영조가 호종한 신하들과 시를 주고받은 내용을 책으로 엮은 것이다. 영조가 피부에 가려움증이 생겨 온천욕을 하고 이를 기념하

온궁사실과 온행일기

기 위해 세금을 감면하고 과거를 시행한 내용도 기록되어 있다. 1760년 (영조 36) 사도세자가 온양에 행차한 사실은 《온궁사실》과 《온천일기溫泉 日記》란 책으로 남아 있다. 1760년 7월 18일 온양 행궁에 도착한 사도세자 는 16일간의 요양을 끝내고 8월 1일 온양을 출발하여 4일 한양에 도착했 다. 사도세자의 온양 행차는 세자의 다리에 난 종기가 곪아 터지자 여러 의원들이 습창을 제거하는 데는 온천이 좋다고 하여 추진되었다. 사도세 자가 온양 행궁에 묵는 것을 대비하여 온양 행궁에서는 건물을 보수하고 각종 준비물을 챙겼다. 그 중에는 내의원에서 특별히 준비한 약재도 있었 다. 부용향芙蓉香 1재와 소목蘇木 1근, 울금鬱金 8량 등이었는데, 모두 목 욕에 소용되는 것이다. 부용향은 일종의 향으로 알려져 있으며, 소목과 울금은 기를 원활히 하는 효능이 있다고 한다. 요즘도 사우나에 가면 탕 속에 한약재 봉지를 넣어둔 것을 볼 수 있는데 이와 유사한 장면이 조선 의 왕실 목욕탕에서도 재현되었던 것이다. 이외에도 《온궁사실》에는 오 동나무 바가지, 큰 함지박, 조그만 물바가지, 놋대야, 의자, 수건 14장 등 사도세자가 목욕할 때 사용했던 목욕 용품들까지 기록되어 있다.

초상화로 되살아난 조선시대 관리들 --------------|
선현영정첩과 진신화상첩

2006년 문화재청은 조선시대 인물 초상화 19점을 국가 지정 문화재(보물)로 선정했다고 밝혔다. 이 중에는 1861년(철종 12)에 그려진, 군복을 입은 철종 어진을 비롯하여 영조가 즉위하기 전 연잉군 시절의 초상, 조선을 대표하는 암행어사 박문수와 정조 때 명재상 채제공의 초상이 포함되어 있다. 사진을 비롯한 영상매체가 없었던 시절의 인물들을 초상화로나마 만나볼 수 있는 것은 다행이다.

현재 서울대학교 규장각에는 《진신화상첩》, 《선현영정첩》 등 시대를 이끌어간 인물들의 초상화를 한 화첩에 모아놓은 책들이 있다. 이들 초상화집을 통해 각 인물들의 개성 있는 모습을 살펴보고 비슷한 시기를 살아간 인물들의 모습을 비교해보자.

초상화는 언제부터 그렸을까

초상화는 사람의 얼굴을 중심으로 그린 그림으로, 크게 보아 인물화의 일부로 볼 수 있다. 회화가 인물화에서 시작되었음은 고구려 고분벽화에 나타난 각종 인물 그림을 통해서도 짐작할 수 있는데, 전체 구도 속에서 인물이 주요 구성요소로 자리 잡고 있다. 그러나 엄격한 의미에서 초상화라 할 수 있는 작품들은 대체로 통일신라 이후에 등장한다. 통일신라시대에는 왕의 어진을 비롯하여 승려들의 초상이 제작되었으며,

선현영정첩 | 편자는 미상이며, 19세기 초에 제작한 것으로 추정된다. 2첩, 채색 필사본, 39×29.4cm.

고려시대에 이르면 왕, 승려와 함께 공신상과 여성상 등이 널리 제작되었음이 각종 문헌에 나타나고 있다.

조선시대에는 성리학의 보급과 함께 지역별로 서원이나 사당이 늘어나면서 이곳에 봉안할 인물들의 초상이 다수 제작되었다. 특히 조선 후기에는 이러한 분위기가 더욱 확산되어 명망 있는 사대부라면 누구나 자신의 초상화에 관심을 갖고 이름 있는 화원을 동원하여 초상화를 그리게 했다. 오늘날 쉽게 접할 수 있는 초상화는 대부분 조선 후기 이후에 제작된 것으로, 그만큼 초상화의 수요가 늘어난 시대상을 반영하고 있다. 명망가들을 대상으로 초상화 제작이 활성화되면서 화원들의 기량이 향상되었을 뿐만 아니라 그들의 경제적, 신분적 지위도 크게 상승한 것으로 판단된다. 조선 후기를 대표하는 화가 김홍도 역시 초상화에 일가견이 있었다고 전해진다.

《선현영정첩》과 《진신화상첩》

《선현영정첩先賢影幀帖》은 숙종에서 정조 연간에 활약한 고위 관리들의 초상화를 모아놓은 화첩이다. 주로 영조, 정조 연간에 판서 이상의 고위직을 역임한 인물들의 관복 차림 모습을 그렸으며, 1790년대를 기

허목 초상 | 조선 중기 학자 겸 문신(1595~1682)

준으로 생존하지 않는 인물은 기존의 초상화를 베껴서 그렸다.

첫 번째 화첩에 그려진 인물은 이여, 김재노, 유척기, 이천보, 이후, 신만, 민백상, 홍낙성, 조관빈, 이기진, 윤급, 홍상한, 윤봉오, 조명정 등 14명이다.

두 번째 화첩에는 허목, 권대운, 목내선, 이명, 임정, 임원군, 서평군, 낙창군, 안홍군, 이림 등 10명의 초상화가 그려져 있다.

초상화의 우측 상부에는 인물의 성명과 관직명을 기록하였는데, 대부분 정승, 판서급이다. 첫 번째 화첩에 그려진 인물 14명은 모두 노론계 인물이다. 이 중 김재노, 유척기, 이천보, 신만, 홍낙성 등 5명이 영의정이고 나머지 인물도 모두 판서 이상이다. 김재노, 유척기, 이기진은 노론과 소론의 정치적 대립으로 벌어진 신임사화 때 화를 입은 노론의 신원 회복과 소론의 강경한 처벌을 주장한 대표적인 노론 당여다. 결국 첫 번째 화첩은 노론의 중심 인물로서 조선 후기 최고위 관직을 지낸 사람들의 초상을 모은 것임을 알 수 있다.

두 번째 화첩에는 허목, 권대운, 목내선 등 남인 정치인과 종친계 인물, 이인좌의 난 때 분무공신奮武功臣으로 임명된 이삼 등의 초상화가 수록되어 있다. 첫 번째 화첩에 비해 훨씬 폭넓은 시기에 걸쳐서 인물이

이천보 초상 | 조선 후기 문신(1698~1761)

유척기 초상 | 조선 후기 문신(1691~1767)

분포되어 있고, 노론 인물만 수록된 첫 번째 화첩과는 달리 인물 간 뚜렷한 공통점을 찾기 어렵다. 첫 번째 화첩을 보면 노론의 중심 인물들이 출생 연도가 아닌 관직 순으로 배열되어 있고, 우측 상단에 성, 관직명, 이름을 표기하는 식으로 형식이 통일되어 있는 데 비해 두 번째 화첩은 인물의 표기 형식이 통일되어 있지 않다. 이러한 점들을 고려할 때 이 화첩은 노론 중심의 화첩을 만드는 과정에서 비슷한 시기를 살았던 남인이나 종친 등을 끼워넣은 초상화집으로 볼 수 있다. 두 번째 화첩은 노론계 인물의 주관하에 제작된 것으로 추정된다.

흰 수염과 눈썹이 두드러지는 남인의 영수 허목, 낯빛이 검은 이천보, 코가 빨간 유척기 등 조선 후기 정치, 사상계를 이끌었던 쟁쟁한 인물들의 모습을 직접 대할 수 있는 것이 본 화첩의 가장 큰 매력이다.

심이지 초상 | 조선 후기 문신(1720~1780)   오재소 초상 | 조선 후기 문신(1729~1811)

《진신화상첩搢紳畵像帖》은 영조부터 순조 연간에 활동한 관리들의 초
상화를 모아놓은 화첩이다. 관복을 입은 22명의 관리가 그려져 있는데
주로 영조 말년 이후 육조 판서, 참판, 참의로 활동한 인물로서 《선현영
정첩》에 비해 직급이 떨어진다. 서윤庶尹이나 군수를 역임한 인물도 포
함되어 있다. 정조 연간에 공조판서, 형조판서 등을 지낸 윤사국, 영조
연간에 대사헌, 형조참판 등을 지낸 심이지의 초상화가 눈길을 끈다. 오
재소의 얼굴에는 곰보 자국이 선명히 나타나 있어서 당시 천연두(마마)
가 유행했음을 짐작하게 한다.

진신화상첩 | 편자는 미상이며, 19세기 초에 제작한 것으로 추정된다. 1첩이며 각 첩은 11절 21면으로 구성되어 있다. 채색 필사본, 44.6×32.2cm.

곰보 자국, 검은 얼굴, 딸기코 모습의 초상화

조선시대의 초상화는 왕과 왕후, 공신, 승려, 일반 사대부, 부부 등 다양한 인물을 대상으로 하고 있다. 초상화에 대한 칭호는 왕의 초상의 경우 어진御眞 또는 어용御容이라 했으며, 그 밖에는 초상, 화상, 영정, 도상圖像, 진상眞像, 진영眞影, 유상遺像 등 여러 가지로 불렸다. 이들 호칭 중에서 '참 진眞' 자가 특히 많이 사용된 것으로 보아 터럭 하나, 곰보 자국 하나까지 완전하게 표현하려 했던 조선시대 초상화의 성격을 읽을 수 있다. 무엇보다 정확성에 초점을 맞추었던 것이다. 또한 인물의 모습뿐만 아니라 그 사람만의 특징이나 성격을 정확히 파악하여 화폭에 담아야 했기 때문에 '정신을 옮긴다' 는 뜻으로 '전신傳神' 이라는 개념이 사용되기도 했다. 전신이란 '전신사조傳神寫照' 의 준말로, 형상을 통해 정신을 전한다는 뜻을 담고 있다. 대상이 되는 인물의 인격, 기질, 품성 등 내면에 있는 정신까지 그려낸다는 것이다. 그 인물의 정신이 반영되어 있다면 안면 근육이나 광대뼈, 입술, 뺨 등 어느 한 곳도 소홀히 하지 않았다.

화첩의 가장 큰 특징은 인물의 모습을 있는 그대로 표현했다는 점이다. 《진신화상첩》의 경우 22명의 관리 중에서 5명의 얼굴에 곰보 자국이 선명히 나타나 있다. 사진에 얼굴의 흉터가 조금이라도 나오면 컴퓨

터로 지워버리는 오늘날의 모습과는 대비되는 대목이다. 이천보처럼 검은빛이 역력한 얼굴이라든가 유척기의 코가 유난히 붉게 그려진 것을 보면 당시의 초상화는 사실적으로 표현하는 것이 최고의 가치였음을 알 수 있다. 또한 고위직을 지낸 관리들 상당수가 곰보였다는 사실에서 당시 많은 백성들이 천연두로 고생했을 거라는 추정을 할 수 있다. 이처럼 초상화를 그릴 때 곰보 자국 하나하나까지 정밀하게 묘사해 인물의 병력뿐만 아니라 나아가 당시의 사회상까지 추정해볼 수 있는 것이다.

품위와 격을 갖춘 유언호 영정

현재 규장각에 소장된 초상화 중에서 가장 눈에 띄는 것이 유언호의 초상화다. 58세 때의 모습을 그린 것으로 꼿꼿한 선비가 금방이라도 그림 밖으로 튀어 나올 것 같다. 정조의 어진 제작에 참여한 바 있는 최고의 화원畫員(그림에 관한 일을 맡아보던 사람, 오늘날의 화가) 이명기가 그렸다. 이 초상화를 더욱 빛나게 해주는 것은 윗부분에 실린 정조의 어평御評이다.

좋은 신하 만나려고	相見于离
먼저 꿈을 꾸었다네	先卜於夢
팽팽한 활과 부드러운 가죽이 서로 보완됨을	一弦一韋*
김종수와 유언호에게서 보았지	示此伯仲

* 활시위는 팽팽하고 가죽은 부드러운 성질을 지닌 것에 빗대어 급함과 여유로움을 대비시킨 말.

御評

相見于离
先卜於夢
一强一韋
示此伯仲

朝鮮議政大臣 經筵講官內閣學士杞溪兪彦鎬字士京五十八歲像

宏齋元師敬身書一本

유언호 영정 | 유언호(1730~1796)의 58세 때 초상화. 정조의 어진 제작에도 참여했던 당대 최고의 화가 이명기가 그렸고, 윗부분에는 정조가 지은 찬贊이 기록되어 있다. 유언호는 세손 시절부터 정조를 잘 보좌하여 총애를 받았던 인물로, 정조가 왕위에 오른 이후 규장각 창설에 참여하여 규장각 직제학을 역임하고 좌의정에까지 올랐다. 본 영정은 유언호의 후손인 기계유씨杞溪兪氏 문중에서 보관해오다가 1997년 12월 11일 규장각에 기증한 것이다. 정조의 어평이 있는 것이 눈길을 끈다. 이명기 그림, 1787년(정조 11), 1폭, 비단 채색, 116.2×56.2cm.

왕이 신하의 초상화에 대해 직접 평가를 내린 것은 이례적인 일이다. 그만큼 유언호에 대한 정조의 신임이 각별했음을 알 수 있다. 유언호는 세손 시절부터 정조를 보좌했고, 정조가 왕위에 오른 뒤에는 규장각 창립에 참여하여 규장각 직제학을 역임하고, 좌의정에까지 이르렀다. 규장각 창립에 참여하고 적극적으로 활동했던 인물의 초상화가 현재 규장각에 보관되어 있는 것은 무척 반가운 일이다.

왕의 초상화 그리기

왕의 초상화인 어진은 당대 최고의 화가, 특히 인물화에 뛰어난 화가가 그렸다. 그러나 아무리 강심장을 지닌 화가라도 최고 권력자인 왕 앞에서 얼굴을 빤히 바라보며 그 모습을 그린다는 건 정말 진땀 나는 작업이었을 것이다.

어진을 제작하는 화가는 크게 주관화사主管畵師와 동참화사同參畵師, 수종화원隨從畵員으로 구분되었다. 주관화사는 왕 영정 중 가장 중요한 부분인 얼굴 쪽을 맡은 화가를 말하며, 동참화사와 수종화원은 주관화사를 도와주는 역할을 맡았다.

어진도사도감의궤

어진 제작의 주관화사가 결정되면 본격적으로 영정을 도사圖寫(생존한 왕의 모습을 직접 그리는 것)하거나 모사模寫(왕 사후에 기존의 영정이나 자료를 토대로 그리는 것)하는 작업이 시작되었다. 주관화사를 도와주는 1~2명의 동참화사와 3~4명의 수종화원이 함께 참여하는데, 동참화사는 옷과 같은 부분을 그리거나 색칠하는 일을 맡았으며, 수종화원은 그림 제작에 필요한 각종 업무를 지원하면서 영정 제작 작업을 배울 수 있는 기회를 가졌다. 어진이 완성되면 화원들은 벼슬의 승급이나 말 지급 같은 포상을 받았다. 특히 주관화사는 당대 최고의 화가로 평가받았으며, '어용화사'라는 영예가 주어졌다. 이들의 명망을 들은 사대부들이 이들에게 각종 초상화를 주문하면서 주관화사들의 신분적, 경제적 지위는 크게 상승했다.

영조 때의 청계천 공사와 그 기록들 ─────────┤
준천사실과 준천시사열무도

2005년 서울 도심을 관통하는 청계천이 복원되었다. 복원된 후 지금까지 하루 평균 8만 9천 명 이상이 다녀갈 정도로 청계천은 대한민국 국민이 가장 사랑하는 휴식처 중 하나가 되었다. 개발과 도시화의 물결에 휩쓸려 햇빛을 보지 못한 채 뚜껑 덮여 있던 청계천이 그 장막을 걷어내게 된 데는 문화와 환경 같은 삶의 질을 중시하는 현대 사회 분위기가 크게 작용했다. 도심을 흐르는 하천은 쾌적한 도시 환경을 조성하고, 걷고 싶은 거리를 만들어준다.

약 250년 전 조선 후기 영조 시대. 그때 청계천은 몸살을 앓고 있었다. 원인은 서울로 밀려드는 사람들이 늘어나면서 이들이 배출하는 폐기물이 청계천에 모이고, 근처의 나무들이 베여나가면서 주변의 흙들이 계속 쌓였기 때문이다. 큰비라도 내리면 서울 전역이 홍수 피해를 입을 것이 틀림없었다. 서민을 대변하는 왕을 자처한 영조가 본격적으로 청계천 공사에 나섰다.

청계천을 처음 만든 사람은 태종

한양 한복판에 개천(청계천)을 처음 뚫은 왕은 태종이었다. 개성으로 환도했던 수도를 1405년 한양으로 다시 옮긴 태종은 수도 정비에 착수하였다. 그 중에서도 가장 심혈을 기울인 것이 개천, 즉 청계천 공사였다. 한양은 북쪽의 북악산, 남쪽의 목멱산(남산), 동쪽의 낙산(종로구 동숭동), 서쪽의 인왕산으로 둘러싸인 분지 모양의 구조 때문에 지리적으로 홍수에 취약했다. 북악산이나 인왕산, 남산 등에서 흘러 들어온 물이 남산에

준천시사열무도 | 1760년에 청계천 준설공사를 완성하고, 이를 기념하는 무사들의 무예시험 및 유공자 포상 행사를 4첩으로 기록한 그림. 홍수피해 방지와 하천 정비사업의 일환으로 영조의 지대한 관심 속에서 공사가 이루어졌다. 홍인문 남쪽에 있는 오간수문 행사에 행차하여 준천의 현장을 관람한 영조의 자리와 왕을 수행한 관리들의 모습을 비롯하여, 하천변에서 소와 수레 등 각종 도구를 활용하여 준설 작업에 열중하는 인부들의 모습과 영화당에서 유공자를 포상하는 장면이 정밀하게 그려져 있다. 1760년(영조 36), 4첩, 채색 필사본, 28.6×20cm.

도성도都城圖 | 북악산, 남산 등지의 물이 청계천에 합류하고, 청계천의 물길은 서쪽에서 동쪽으로 흘러 중랑천에 모여 한강으로 간다. 사방이 산으로 둘러싸인 분지 형태의 도시 구조 때문에 한양은 항상 홍수의 위협이 있었다.

막혀 한강으로 바로 빠져나가지 못하는 바람에 홍수의 위협이 늘 존재했다. 이러한 문제점을 인식한 태종은 도성을 가로지르는 개천 공사에 들어갔다. 1406년 1월 16일 한성부의 정부丁夫 600명을 동원하여 개천을 팠고, 1412년 본격적으로 준천을 시행했다. 태종은 개천도감開川都監을 설치하여 공사를 전담하게 하고 1412년 삼남의 군사들을 징발하여 작업을 독려했다. 1412년 2월 15일 마침내 하천을 파는 공사가 끝났다. 이때 완성된 수로는 대광통(지금의 광교)에서 오간수문五間水門(지금의 흥인지문 근처)을 거쳐 중랑천과 합류하여 한강으로 흘러 들어가는 것으로 현재 청계천의 원형이 되었다. 태종은 "하천을 파는 일이 끝났으니 내 마음이 편안하다"라며 청계천 완성 소감을 짧게 피력했다. 이 공사는 새로운 수도 한양의 팽창을 가능하게 했다는 점에서 역사적으로 의미가 크다.

실업자 구제와 홍수 방지를 위한 청계천 공사

태종이 청계천을 건설한 후 350여 년이 지난 18세기 조선. 청계천의

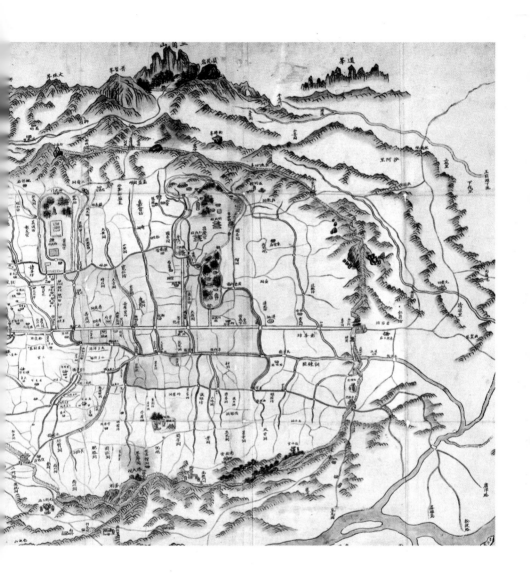

중요성을 인식한 왕은 영조였다. 서민 군주임을 자처하며 무명옷을 즐겨 입었다는 영조는 탕평책과 균역법을 단행하여 조선의 정치, 경제적 안정을 이루었다. 18세기 영조 시대는 산업과 도시의 발달이 서서히 이루어지던 시기였다. 상업이 발달하면서 농촌 인구가 서울로 몰려들기 시작했다. 청계천 주변에는 가난한 백성들이 움막을 짓고 살았고 이들이 버린 오물이나 하수로 청계천은 심한 몸살을 앓았다. 사람들은 땔감이 필요해지자 근처 산림에 손을 댔다. 한양 안의 벌채가 심해지면서 비가 오면 흙이 밀려 내려와 청계천을 메웠다. 홍수 피해 우려는 한층 더 심각해졌다. 문제점을 파악한 영조는 청계천 공사를 명했다. 청계천 공사로 홍수에 대비하고, 실업자가 된 사람들에게 일자리를 만들어주고자 했다. 홍수 피해 방지와 도시 실업자 구제라는 두 마리 토끼를 한꺼번에 잡으려는 정책이었다.

1752년 영조는 광통교에 친히 행차하여 주민들에게 준천에 대한 의견을 물어보았다. 1758년 5월 2일에는 청계천 공사가 가능한지 여부를 신하들과 의논하면서 구체적 방안을 추진할 계획을 세웠고, 1760년 마침내 준천 공사에 들어갔다. 준천 사업에 뜻을 둔 지 8년여 만의 결실이었다. 1760년 2월 18일에 본격적인 공사가 시작되어 4월 16일에 끝났다. 57일간의 공사에 21만 5천여 명의 백성이 동원되었다. 한양의 일반 백성들을 비롯하여 각 시전의 상인들, 지방에서 자발적으로 참여한 사람들, 승려, 군인 등 다양한 계층의 백성들이 속속 모여들었다. 실업 상태의 백성 6만 3천여 명에게는 품삯을 지급했다. 공사 기간에 대략 3만 5천 냥과 쌀 2,300여 석의 물자가 소요되었다.

청계천 공사의 기록, 《준천사실》과 〈준천시사열무도〉

홍수 피해를 방지하기 위한 청계천 준설 사업에 대한 영조의 의지는

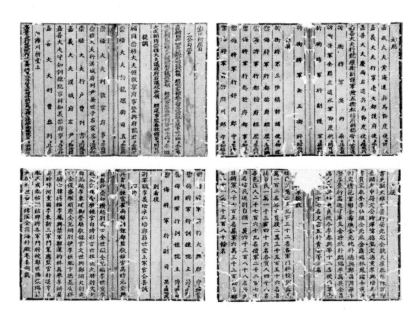

준천사실 | 청계천 공사 업무를 진행한 준천사濬川司의 사업 내용을 기록한 책이다. 오늘날 서울시장에 해당하는 한성판윤 홍계희가 왕명을 받아 편찬했다. 책머리에 영조의 어제 서문과 한성부 판윤에게 내리는 교서가 있으며, 다음에 본문에 해당하는 〈준천사실〉과 〈준천사절목〉이 실려 있다. 당시의 공사 현황과 경비, 인부, 말 등의 숫자가 기록되어 있으며 도성 내의 하천 공사는 1760년 2월 시작하여 4월 16일 끝난 것으로 되어 있다.

1760년 2월 23일 《승정원일기》에 자세히 나타나 있다. 영조는 "나의 마음은 오로지 준천 사업에 있다"고 하면서 자신의 최대 역점 사업이 청계천 공사임을 신하들에게 알렸다. 특히 가장 어려운 공사 구간이었던 오간수문의 공사가 6일 만에 끝나자 영조는 매우 흡족해했다. 호조판서 홍봉한은 당시 맹인들도 부역에 참여하기를 희망한다는 보고를 하였고, 영조는 백성들의 적극적인 협조에 흐뭇해했다.

1760년 3월 16일 마침내 공사가 완성되고 공사의 전말을 기록한 《준천사실濬川事實》이 편찬되었다. 책 제목은 영조가 직접 정했다. 영조가 공사 책임자인 홍봉한에게 "준천한 뒤에 몇 년이나 지탱할 수 있겠는 가" 하고 묻자, 홍봉한은 "그 효과가 100년을 갈 것입니다"라면서 공사에 대한 자신감을 드러냈다. 이어 구선행 등이 굴착이 끝난 후 각 다리에 표석을 만들 것을 건의하여, 영조는 표석에 '경진지평庚辰地平' 네 글자를 새기게 했다. 1760년 경진년에 공사가 완성되었음을 표시함과 동시에 항상 이 네 글자가 보이도록 하여 청계천에 토사가 쌓이는 것을 막고, 만약 한 글자라도 파묻히면 후대의 왕들에게 계속 준천할 것을 당부하겠다는 의지를 표현한 것이었다.

청계천 공사 기간에 영조는 적극적인 관심을 갖고 친히 흥인지문에서 공사를 독려했으며, 공사 완성을 기념하여 모화관에서 시험을 치르고 급제한 사람들을 시상했다. 청계천 공사 완성의 기쁨을 백성들과 함께 나누고자 한 것이었다. 또한 일을 감독한 사람들에게 연융대鍊戎臺에서 연회를 베풀어주면서 노고를 치하했다. 영조가 공사 참여자들을 친히 격려한 모습은 〈준천시사열무도濬川試射閱武圖〉라는 그림에 남아 있다. 이 그림에는 청계천 공사에 동원된 소와 수레, 쟁기 등 당시 공사 현장의 구체적인 모습을 비롯하여 영조가 흥인지문에 나가 친히 공사 현장을 순시하는 모습이 생생히 묘사되어 있다.

조선시대 청계천 공사와 뉴딜정책

영조는 청계천의 준천 사업을 일컬어 균역법과 함께 '자신의 재위 기간에 이룩한 가장 중요한 사업'이라고 평가할 만큼 강한 자부심을 보였다. 청계천 준천 사업을 추진함으로써 도성 안 백성들이 일상적으로 겪는

일제시대 청계천변에 늘어선 목조가옥들

홍수의 위협을 해소하고 일부 도시 실업자를 구제하는 효과를 보았기 때문이다. 영조는 자신이 국정 운영에서 최우선으로 삼은 민본사상을 청계천 준천 사업을 통해 구체적으로 실천한 것이다. 이 사업은 1930년대 실업 문제를 대토목공사로 해결하고자 한 미국 프랭클린 루스벨트 대통령의 뉴딜정책을 떠올리게 한다. 뉴딜정책의 핵심은 국가가 대규모 공공건설 사업을 벌여 실업자들에게 일자리를 제공하는 것으로, 1933년의 테네시 계곡 개발공사(TVA)가 대표적이다. 홍수 방지와 실업 문제 해결을 위한 이 사업은 영조 때의 청계천 공사와 같은 발상에서 나온 것이다. 1930년대 미국이 경제 공황의 위기에 빠졌을 때 루스벨트가 추진한 뉴딜정책에 대해서는 많은 사람들이 알고 있지만, 영조 시대에 대규모 청계천 공사가 이루어졌다는 사실을 아는 사람은 그리 많지 않다. 그러나 뉴딜정책보다 무려 170년 전에 조선의 한 왕에 의해 홍수 방지와 실업자 구제라는 목표를 달성하기 위한 청계천 공사가 실시되고 성공적으로 완성되었다는 사실을 잊지 말아야 할 것이다.

19세기까지 계속된 임진왜란의 기억

임진전란도

규장각에는 대형 화폭이 몇 점 소장되어 있다. 주로 국가적 사업의 일환으로 제작된 기록화다. 이 중에서 눈길을 끄는 것은 19세기에 제작된 〈임진전란도〉다. 임진왜란이 끝난 지 240년이 지난 이때 왜 이런 그림을 그리게 했을까?

절박했던 부산진과 동래부의 전투 장면 묘사

1592년 4월 13일 일본은 총 20여 만 대군을 이끌고 조선을 침공했다. 선봉대는 4월 14일 부산진을 침공한 고니시 유키나가小西行長 부대였다. 부산진 첨사 정발이 항전하다가 전사하고, 15일에는 동래부사 송상현이 동래성을 사수하다가 전사했다. 당시 일본군 선발대는 "싸우려면 싸우되 싸우고 싶지 않으면 길을 비켜라"는 나무 팻말을 세웠는데, 동래부사 송상현은 "싸워 죽기는 쉬워도 길을 비키기는 어렵다"는 글귀를 팻

말에 적어 일본군 진영에 보내면서 결사 항전의 의지를 보였다. 그러나 신식 무기 조총으로 무장한 2만 명의 일본군을 2천 명의 군사와 도성민으로 대적하기에는 역부족이었고, 결국 송상현은 전사했다. 임진왜란 초 조선의 항전 의지를 대표했던 정발과 송상현의 죽음은 당대로 끝나지 않았다. 이들의 결사 항전의 충절은 후대에도 널리 기억되었고, 마침내 〈임진전란도壬辰戰亂圖〉의 주인공으로 되살아난다.

〈임진전란도〉는 1834년(순조 34)에 화원 이시눌이 임진왜란 당시 부산진과 다대포진의 전투 장면과 주변의 지리를 묘사한 족자 그림이다. 그림의 오른쪽 하단에는 "만력임진후이백사십삼년萬曆壬辰後二百四十參年 갑오유월일甲午六月日 화사畵師 본부 군기감관本府軍器監官 이시눌"이라는 관지款識(낙관 기록)가 적혀 있어서, 1834년 6월에 이시눌이 그렸음을 알 수 있다. 이시눌에 대해서는 화원으로만 알려져 있을 뿐, 조선시대 서화가에 대해 정리한 《근역서화징槿域書畵徵》에도 그에 관한 기록은 전하지 않는다.

그림에서 묘사하고 있는 것은 근경의 다대포진과 원경의 부산진 두 성에서 벌어진 치열한 전투 장면이다. 화면의 중심에 자리 잡고 있는 것은 원경의 부산진 전투다. 임진왜란의 전투 상황을 다룬 그림으로는 동래부 소속의 화원 변박이 1760년에 전대의 작품을 모사하여 그린 것으로 보이는 〈부산진순절도〉와 〈동래부순절도〉가 있는데, 구성 방식이나 색채 선택 등을 고려할 때 이시눌이 이 그림을 참고했을 가능성이 크다. 다만 이시눌의 그림은 두 성에서 동시에 벌어지고 있는 전투 상황을 묘사했으며, 해안 지형을 많이 넣은 점에서 변박의 모사본과 차이를 보이고 있다.

임진전란도 | 임진왜란 당시 부산진과 다대포진의 주요 전투 장면과 주변의 지리적 환경을 묘사한 족자 그림. 앞쪽에 있는 것은 다대포진으로 왜병을 크게, 아군을 작게 그려 군사적 강약을 표현했고, 뒤쪽의 부산진 전투에서는 남문에서의 치열한 전투를 묘사했다. 아랫부분의 몰운대에는 이순신의 선봉장인 정운 장군을, 중앙에는 순절한 애향을 그렸고, 윗부분에는 순절한 정발, 윤흥신, 장군의 제단을 표현했다. 1834년 6월에 화사 이시눌이 그렸다. 1834년(순조34), 1축, 비단 채색, 141×85.8cm.

〈임진전란도〉는 위에서 내려다보는 부감법을 써서 전투 장면을 한눈에 들어오도록 했다. 또 조선군에 비해 왜군의 수를 훨씬 많이 그려 넣어 군사적으로 조선이 열세에 있었음을 강조하고 있다. 또한 각 인물들을 계급과 역할에 따라 크기에 차등을 두어 그린 것도 주목된다. 부산진과 다대포진을 빽빽이 둘러싼 왜군과 전투에 동원된 엄청난 물량의 선박이 묘사되어 있다. 둥그렇게 쌓은 성의 사방에는 문루가 있고 남문에는 '수帥' 깃발과 함께 조선의 병사들이 밀집해 방어하고 있다. 해안과 연결된 산수의 모습은 매우 입체적으로 표현되어 있다. 또한 그림 곳곳에 설명을 달아놓음으로써 당시 상황을 자세히 전달해주는 기록화의 성격을 잘 보여주고 있다.

순절한 사람들의 비석과 제단까지 기록

왼쪽 아래에 보이는 화면은 다대포진의 전투 장면이다. 성의 사방에는 문루가 있고 왜적과 대치한 남문 안쪽에는 장수 깃발이 크게 그려져 있다. 조총과 창검을 앞세우고 몰려드는 왜군을 맞아 조선군이 힘겹게 대항하고 있다. 다대포진 남쪽에는 몰운대, 고리도古里島, 팔경대 등이 그림과 함께 표식되어 있으며, 몰운대가 그려진 아랫부분에는 설명이 부기되어 있다. 설명에 따르면 몰운대 위에 서 있는 장수는 이순신의 선봉장인 정운 장군이고 그 옆에 서 있는 두 사람은 정운의 부하다.

원경의 그림은 부산진 전투로 이 그림의 중심을 이룬다. 갑작스러운 왜군의 침공에 부산진에서는 첨절제사(종 3품 무관으로 각 지방의 큰 진鎭을 지휘한다. 첨사라고도 한다) 정발을 중심으로 결사 항전하였다. 그림은 이

동래부순절도東萊府殉節圖
| 임진왜란 당시의 전투 장면을 조선 후기 동래부 화원이었던 변박이 그린 기록화다. 이 순절도는 〈부산진순절도〉와 함께 1709년(숙종 35)에 처음 그렸으나, 현존하는 것은 1760년(영조 36)에 고쳐 그린 것이다. 중앙에는 붉은 조복朝服을 입은 송상현이 임금이 있는 북쪽을 향해 앉아 필사적으로 싸울 것을 맹약하고 있는 모습이다. 1760년(영조 36), 1폭, 비단 채색, 145×96cm. 육군사관학교 육군박물관 소장.

곳의 치열한 전투 상황을 압축적으로 묘사하고 있다. 남문을 사이에 두고 왜적과 아군이 팽팽히 맞선 모습하며 성 주변을 빼곡히 둘러싼 왜군들, 지원을 위해 대량의 선박까지 출동시킨 상황 등이 묘사되어 있다. 남문 밖에는 왜병의 시체가 쌓여 있고, '수' 깃발 뒤편에서 한 여인이 자결하고고 있다. 부기된 설명에 의하면 첨사 정발의 첩인 애향이 패배를 앞두고 자결하는 장면이다. 애향의 자결 모습을 그려 넣어 긴박한 상황을 묘사하는 한편 여인의 정절을 강조하고 있다.

그 밖에도 〈임진전란도〉에는 전투에서 순절한 인물들이 후대에 추숭된 내력이 곳곳의 여백에 배치되어 있다. 그림 오른쪽 상단에는 부산진 첨사 정발과 그의 첩 애향, 노비 용월 등의 비석과 제단, 왼쪽 상단에는 다대포 첨사 윤흥신과 함께 순절한 사람들의 비석과 제단을 그려 넣고 설명을 곁들였다. 설명에 따르면 '정공단鄭公壇'은 1766년에 부산진 첨사 이광국이 정발이 순절한 곳에 세운 제단으로, 매년 4월 14일 제사를 지냈으며 '윤공단尹公壇'은 첨사 이해문이 1765년에 세운 제단이다. 윤흥신이 전사한 장소는 다대포진의 객관 동쪽 옛날 연못 터였다.

19세기까지 이어진 임진왜란의 기억

〈임진전란도〉는 기록화 전문 화가인 이시눌의 정밀한 묘사 덕분에 임진왜란 당시 전투의 생생한 모습을 접할 수 있는 작품이다. 성의 구조와 군사 배치를 비롯하여 전투에 사용된 무기와 복장, 전함의 구조, 일대의 지리 정보 등이 잘 나타나 있다. 또한 전투에 관계된 구체적 지명, 전투 후에 제단과 비석이 들어선 상황까지 기록하여 전쟁 후 이 지역이 성역화되어가는 모습도 확인할 수 있다.

임진왜란을 겪은 지 240년이 지난 시점에 이와 같은 그림이 그려졌다는 사실에서 19세기에도 임진왜란은 국가가 주도하는 기록화의 주요한 소재였음을 알 수 있다. 즉 전란과 같은 국가적 위기를 항상 경계하게 하고, 위기의 시기에 치열하게 항전했던 충신을 포상하는 조치를 계속적으로 취한 국가의 모습을 강조하고 있다. 결국 충의 이념을 기록화를 통해 집약적으로 전달한 것이다. 장수를 따라 자결하는 여인의 모습을

이충무공전서 | 1795년(정조 19) 규장각에서 편찬한 충무공 이순신의 전집. 각신 이만수가 편찬을 지휘했으며, 각종 문헌에 나오는 이순신 관련 기록을 뽑아서 정리했다. 14권 8책, 활자본(정유자).

표현하여 여성의 정절을 강조한 것도 주목된다.

이 작품은 유교이념에서 특히 중시한 충과 정절을 그림을 통해 보여줌으로써 신하와 백성들의 교화에 큰 몫을 한 것으로 여겨진다. 회화사적 측면에서는 전투 장면과 인물을 정확하게 묘사한 것이라든가, 뛰어난 색채 감각을 발휘했다는 점에서 19세기 화원들의 기록화가 높은 수준에 이르렀음을 알 수 있다.

〈임진전란도〉와 같은 기록화를 통해 임진왜란의 기억과 충효 사상이 조선시대 내내 홍보되었던 것이다.

정조 시대《이충무공전서》의 간행

조선 후기에는 전쟁 영웅에 대한 추숭 사업이 활발히 전개되었다. 특히 왜란을 승리로 이끈 이순신 장군의 행적을 국가 차원에서 정리하고 홍보하는 작업이 이루어졌다. 문무를 겸비한 군주 정조는 1795년(정조 19) 충무공 이순신의 유고 전집을 간행할 것을 명했다. 1793년 이순신을 영의정으로 추증하고, 1794년 정조가 직접 이순신의 신도비명을 지은 것에 이어 이순신 존숭 작업의 완결판이었다.《이충무공전서李忠武公全書》에는 각종 문헌에 나오는 이순신에 관한 기록과 이순신이 전쟁 중에 올린 장계, 진중에서 쓴 일기 등이 포함되었다. 특히 책에 수록된 2개의 거북선 그림은 거북선의 실체를 밝히는 데 귀중한 자료가 되고 있다. 규장각에서 활동한 유득공, 이만수가 편찬을 총지휘했으며, 정성을 들인 활자(정유자)와 화려한 표지가 책의 품위를 높여주고 있다. 편찬 후에는 왕실 도서관인 규장각에 직접 보관하였다.《이충무공전서》의 간행은 이순신이라는 구국 영웅의 행적을 널리 알림으로써 임진왜란에 대한 기억을 상기시키는 한편, 혹시라도 전란이 다시 터지면 이순신과 같은 영웅이 재탄생하기를 염원한 시대 분위기와도 맞물려 있었다.

1960년대 5·16 군사쿠데타와 함께 이순신은 성웅으로 다시금 우리에게 다가왔다. 조국을 위기에서 구한 무인 이순신과 구국의 혁명임을 강조한 군인 박정희의 이미지가 비슷해서였을까? 박정희 정권 시대 이순신 동상은 광화문 사거리에 우뚝 솟았고, 〈성웅 이순신〉이라는 영화는 '문화교실'이라는 명목하에 중고등학생은 물론이고 초등학생까지 꼭 보아야 할 영화로 자리 잡았다.

이순신은 조선 후기 정조 시대, 현대의 박정희 시대에 특히 그 이미지가 강조되고 그에 관한 기록들은 저술이나 영화로 이어졌다. 이순신의 이미지 강화를 시도한 인물에 대한 역사적 평가는 서로 다르겠지만, 이순신은 먼 미래에도 공통적으로 높은 평가를 받을 것임에 틀림없다.

기록화로 전해진 '가문의 영광'

참의공사연도

조선시대에 왕실에서 주최하는 행사에 신하가 참여하는 것은 '가문의 영광'이었다. 참석자들은 이를 기념하기 위해 행사의 주요 장면을 그림으로 남겼다. 그리고 이 그림들을 참석자들이 한 부씩 나누어 가지는 것이 관례였다. 오늘날로 치면 국가 행사에 참여한 후 기념사진이나 비디오를 촬영하여 나누어 갖는 것과 흡사하다. 이 그림들은 가보가 되어 대대로 후손들에게 전해졌다. 따라서 같은 행사 그림이 여러 점 남아 있는 경우도 있다. 이 그림들은 가문을 위해 전승된 것이었지만, 조선시대 생활상을 생생하게 파악할 수 있다는 점에서 사료적 가치가 크다. 규장각에는 달성 서씨 집안이 대대로 보관해오던 〈참의공사연도〉라는 그림이 소장되어 있다.

〈참의공사연도〉란?

1817년(순조 17) 7월 서정보는 왕세자의 교육을 담당하는 시강원 보덕輔德의 직책으로 익종(순조의 아들인 효명세자. 후에 왕으로 추존되어 익종이라 불림)의 성균관 입학 의식에 참석했다. 1828년 서정보는 이를 기념하기 위해 〈익종대왕입학도翼宗大王入學圖〉를 만들었고, 집안에 전해지던 10대조 서고의 〈서연관사연도書筵官賜宴圖〉, 8대조 서성의 〈남지기로회도南池耆老會圖〉와 함께 목재함에 넣어 보관했다. 함 앞면에는 '참의공

사연도參議公賜宴圖'라는 제목을 붙였다. 참의 벼슬을 지냈던 10대조가 사연을 받았다는 뜻이다.

〈남지기로회도〉, 〈익종대왕입학도〉, 〈서연관사연도〉의 순서로 구성되어 있는데 왕과 신하가 한자리에 어울려 돈독한 군신관계를 형성하고 왕을 보좌하는 신하들의 영광을 부각한 점이 잘 표현되어 있다. 달성 서씨 집안에서 '가문의 영광'으로 여긴 선조들의 왕실 행사 참석 그림. 우리는 이들 기록화에서 무엇을 읽어낼 수 있을까?

왕세자 스승들의 잔치 〈서연관사연도〉

〈서연관사연도〉는 1535년(중종 30) 인종의 세자 책봉 16주년을 맞이하여 서연관 등 왕세자와 인연이 깊은 인물 39인을 초대하여 베푼 잔치를 묘사한 그림이다. 서연이란 왕세자의 교육을 담당하는 관리들과 왕세자가 독서와 강론을 하는 자리를 말하는데 왕과 신하들이 학문과 정사를 토론하는 경연과 유사한 성격을 띠었다. 왕세자 시절부터 학문에 전념

서연관사연도 | 1535년(중종 30) 인종의 세자 책봉 16주년을 맞이하여 서연관 등 왕세자와 인연이 깊은 인물 39명을 초대하여 잔치를 베푸는 모습을 기록한 그림. 이 연회는 경복궁에서 베풀어졌으며, 서정보의 10대조인 서고는 이조좌랑으로 참석했다. 무용이 공연되는 가운데 왕에게 술잔을 받는 신하들이 줄을 지어 무릎을 꿇고 있는 모습이 보인다. 술에 취한 관리들이 부축을 받으며 궁궐 문을 나서고 있는 모습도 흥미롭다. 궁궐 주변 산들이 운치 있게 그려져 있다. 1828년(순조 28), 1첩, 채색 필사본, 41×26.5cm.

하게 하여 왕의 자질을 키워나가기 위한 조처였다. 왕세자의 서연도 왕의 경연처럼 조강(해 뜨는 시간에 하는 강의), 주강(정오 무렵에 하는 강의), 석강(오후 2시경에 하는 강의)의 하루 세 번이 기본이었고, 소대나 야대와 같은 비정기 강의도 있었다. 1627년 정묘호란이 일어났을 때도 왕세자인 소현세자의 서연이 계속 이루어질 정도로 조선 왕실은 서연을 매우 중시했다.

사연賜宴(임금이 하사하는 잔치)은 장성한 세자가 어린 시절에 배웠던 스승들에게 감사의 뜻을 전하려는 취지에서 행해졌다. 당시에는 이처럼 스승에 대한 예절을 중시하는 분위기였다. 잔치는 경복궁에서 베풀어졌으며, 서정보의 10대조 서고는 이조좌랑으로 참석했다. 서고는 조선 전기의 명신 서거정의 손자다. 명종 때 예조참의를 지냈으며, 명나라에 사신으로 가는 도중에 사망했다.

앞부분에는 그림의 전래 과정을 설명한 서정보의 〈서연관사연도기〉와, 잔치에 참석한 김근사, 김안로, 심언경, 채세영 등 39인의 명단이 기록되어 있고, 이어 행사의 핵심 장면을 담은 〈서연관사연도〉가 나온다. 궁궐 마당에 머리를 꽃으로 장식하고 홍포를 입은 시강원 신하들이 세 줄로 늘어앉아 왕이 하사하는 술잔을 기다리고 있는 모

습이 보인다. 이들 앞에서는 일무佾舞를 추는 무희들과 악기를 연주하는
악사들이 잔치 분위기를 돋우고 있다. 이미 술에 취한 신하들이 부축을
받으며 궁궐 문을 나서는 모습이 흥미롭다. 생동감 있게 그린 궁궐 주변

산들의 모습이 운치를 더하고 있다. 서정보는 옛 성현의 '양로걸언養老乞言(양로연을 베풀어 좋은 말을 청함)'의 예를 성하게 한 것이라고 평했다.

남쪽 연못에서의 노인잔치 〈남지기로회도〉

1629년(인조 7) 6월 5일에 서정보의 8대조 서성 등 12인이 숭례문 밖 홍은효의 집에 모여 기로회를 연 모습을 담은 그림이다. 기로연은 70세 이상의 관리들에게 베푸는 잔치로, 당시 70세는 대단한 장수를 상징했다. 조선시대에 기로소에 들어간 왕은 태조, 숙종, 영조, 고종 등 네 명에 불과했고, 그나마도 모두 70세 이전에 기로소에 들어갔다. 〈남지기로회도〉는 남지(남쪽 연못)에서 베푼 기로연 잔치라는 뜻이다.

기로연이 베풀어진 직후 연회 장면을 묘사한 장유의 글과 1691년 박세당이 당시의 잔치 모습을 묘사한 글, 1828년 서정보가 그림의 전래 과정을 설명한 글이 앞에 배치되어 있고, 이인기, 윤동로, 이귀, 서성, 유순익 등 참석자 12인의 성명과 자호, 본관, 관품, 나이, 생년월일, 동석한 자제의 이름까지 기록되어 있다.

참석자는 80세의 이인기를 비롯하여 70세의 막내 유순익까지 모두 70세 이상이다. 남지에 만발한 연꽃과 흐드러진 수양버들이 평화로운 정경을 자아내고 있다. 누각 안에서는 12인의 참석자가 똑같은 상차림을 받고 있고, 음식을 준비하는 아녀자들의 분주한 모습이 눈에 띈다. 누각 아래에 대기하고 있는 사람들은 원로들을 모시고 가려는 자제들 같다. 수양버들 사이로 보이는 2층 기와집은 숭례문으로 여겨진다. 한 폭의 수채화 같은 분위기가 물씬 나는 기록화다. 화원 출신 이기룡이 그림을

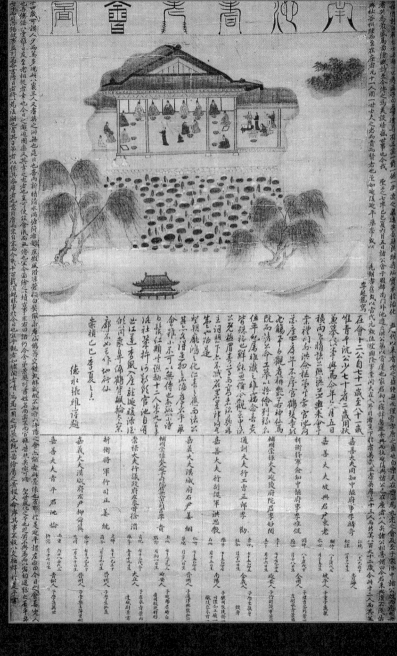

남지기로회도 | 1629년(인조 7) 6월 5일에 서성 등 12인이 숭례문 밖 홍은효의 집에 모여 기로회를 연 모습을 기록한 그림. 홍씨 집 앞에는 남지가 있었는데 마침 연꽃이 만발하여 제목을 〈남지기로회도〉라 하였다. 수양버들 사이로 보이는 2층 기와집은 숭례문으로 여겨진다. 화원 이기룡이 그림을 그리고, 당대의 문장가 장유가 발문을 썼다. 1828년(순조 28), 1첩, 채색 필사본, 41×26.5cm.

그리고, 당대의 문장가 장유가 발문을 쓴 원본(보물 865호)은 서울대학교 박물관에 소장되어 있다.

명예로운 관리의 상징, 궤장

조선시대 관리로서 장수와 명예를 상징하는 나이는 70세였다. 70세가 되는 관리에게는 기로연이라는 잔치를 베풀어주고 특별한 경우 궤장几杖을 하사하였다. 통일신라시대부터 우리나라에서는 70세 이상의 연로한 관리들에게 궤장, 즉 지팡이와 안락의자를 선물하는 전통이 있었다. 나이가 들었으니 지팡이에 몸을 의지하고 편안한 의자에 앉아서 활동하라는 뜻이 담겨 있으니, 실용적인 측면도 고려한 것이다.

기록에 의하면 최초로 궤장을 받은 인물은 신라통일의 주역 김유신이다. 김유신은 70세로 치사致仕(관직 생활을 끝내고 은퇴함)하면서 궤장을 하사받았다. 고려시대에는 치사에 이른 신하들에게 궤장을 하사하고 계속 관직에 머물게 했다. 강감찬이 이 경우에 해당한다. 강감찬이 귀주대첩에서 거란군을 물리쳤을 때는 이미 70세가 넘은 고령이었다. 조선시대에는 궤장을 하사하는 제도를 《경국대전》에 법제화했다. 《경국대전》에는 궤장을 "당상관으로서 나이가 70이 넘었으나 국가의 일 때문에 치사할 수 없는 사람, 공신의 부·모·처, 당상관의 처로서 나이가 70세 이상인 자에게 내리는 안석安席(편안한 의자)과 지팡이"라고 규정하고 있다. 조선 초기에는 궤장을 하사받는 사람이 거의 없었으나, 조선 후기에는 이원익, 이경석, 권대운, 허목, 남공철 등이 궤장을 하사받았다.

현재 궤장의 실물이 가장 잘 남아 있는 것은 1668년 이경석이 현종에

사궤장연첩賜几杖宴帖 | 인조가 원로대신 이원익에게 팔걸이 의자와 지팡이를 내리며 베푼 잔치에 관한 책. 1623년(인조 1), 62.5×46.8cm. 국립중앙박물관 소장.

게 하사받은 것이다. 특히 이 궤장을 하사받을 때 베풀어준 잔치 그림이 함께 전해오고 있어서 당시 축하연의 모습을 현장에 참석한 듯 접할 수 있다.

왕세자의 입학식 〈익종대왕입학도〉

1817년(순조 17) 3월 11일에 거행된 효명세자의 성균관 입학 의식을 기념하여 그린 그림이다. 효명세자는 순조의 아들로 순조 말년에 대리

익종대왕입학도 | 1817년 3월 11일에 거행된 효명세자의 성균관 입학례를 기념하여 그린 그림. 당시 서정보는 세자시강원 보덕으로 이 행사에 참여하였으며, 화첩의 발문은 남공철이 썼다. 그림의 배경이 되는 장소는 입학 의식이 베풀어졌던 성균관 명륜당이다. 명륜당 안 오른쪽에 앉아 있는 이가 강학을 담당한 박사(좌우 빈객이 담당)이며, 그 맞은편에 서 있는 두 사람 사이에 세자의 자리가 있다. 1828년 (순조 28), 1첩, 채색필사본, 41×26.5cm.

청정을 하면서 조선 후기의 정치, 문화 부흥에 노력을 다했으나 요절하고 만 인물이다. 나중에 익종으로 추존되었다. 당시 서정보는 세자시강원 보덕으로 이 행사에 참석했다.

그림 앞에는 서정보가 당시의 정경을 묘사한 글과 그림 및 〈서연관사연도〉, 〈남지기로회도〉를 합쳐 1첩으로 만들게 된 과정을 기록한 〈입학도기〉가 있다. 이어 홍경모, 김병구, 이만수, 남공철 등 빈객과 궁관宮官이 주고받은 13수의 시와 남공철의 발문이 나온다. 발문에서 남공철은 세자 교육의 중요성과 세자를 가르치는 서연관의 수신을 강조했다.

현재 국립중앙도서관, 장서각 등에 소장된《왕세자입학도첩》에는 왕세자의 출궁에서부터 왕세자가 문무백관의 하례를 받는 여섯 장면이 그려져 있으나, 본 첩에는 다섯 번째 그림인 〈왕세자입학도〉 한 장면만 있다. 그림의 배경이 되는 장소는 입학 의식이 열렸던 성균관 명륜당이다. 성균관은 조선시대 최고의 교육기관이었던 만큼 왕세자가 이곳에 입학하는 의식을 행함으로써 왕실에서 먼저 교육의

모범을 보이겠다는 의지가 잘 나타나 있다. 명륜당 안 오른쪽에 앉아 있는 인물은 강학을 담당한 박사(좌우 빈객이 담당)이며, 그 맞은편에 서 있는 두 사람 사이에 세자의 자리가 있다. 왕실 의식에 왕세자의 모습은 그려 넣지 않는다. 왕도 마찬가지다.

　달성 서씨 집안에 대대로 전해진 세 점의 기록화를 그린 사람들은 화원이었다. 이런 기록화들은 '가문의 영광'을 간직하려는 후손들의 욕망에서 제작되었지만, 화원들의 손끝을 따라 정교하게 배치된 건물, 세심하게 묘사된 인물, 잔치에 동원된 무용과 악기 등을 통해 오늘날의 우리는 선조들이 살았던 삶의 모습들을 생생하게 목격할 수 있는 '후손의 영광'을 얻고 있는 것이다.

　조선시대 사대부들의 생활상을 담은 기록화가 거의 없는 점을 고려하면 가문에서 보존해온 이 기록화들의 가치는 더욱 두드러진다.

왕세자의 통과의례 - 책봉, 입학, 관례, 가례

왕세자는 다음 왕위를 계승할
후계자로서 왕세자의 위상을
높이는 각종 통과의례를 거쳐
야 했다. 책봉, 입학, 관례, 가례가
대표적인 의례다. 책봉은 왕세자
가 왕의 후계자가 되는 가장 중요
한 공식 의식으로, 왕이 세자로
책봉한다는 임명서를 수여하고

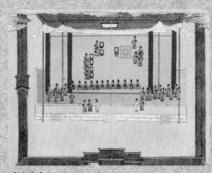

회강반차도

세자가 이를 하사받는 의식이다. 왕세자 책봉을 위해서는 책례도감이 구성되
어 책봉에 따른 의장과 물품을 준비하고, 행사가 끝나면 책례도감의궤를 작성
하였다. 적장자 세습 원칙에 따라 왕비 소생의 장자가 세자로 책봉되어야 했
으나, 실제로 조선시대를 통틀어 적장자가 왕위에 오른 왕은 7명(문종, 단종, 연
산군, 인종, 현종, 숙종, 순종)에 불과했다. 또 적장자로서 세자로 책봉은 되었지
만 왕위에 오르지 못한 왕세자도 7명이나 있었다. 덕종(세조의 장자, 성종의 아
버지), 순회세자(명종의 장자), 소현세자(인조의 장자), 효명세자(익종, 순조의 장
자), 양녕대군(태종의 장자), 연산군의 장자가 그들이다.

왕세자로 책봉된 후에는 조선시대 최고 교육기관인 성균관에서 입학례를
거행하였다. 성균관 대성전에 있는 공자와 네 명의 성인의 신위에 잔을 올리
고, 명륜당에서 스승에게 예를 행하고 가르침을 받는 의식이다. 왕세자의 신
분으로 성균관 입학례를 처음 거행한 사람은 문종으로, 8세가 되던 해에 성균
관 입학례를 치렀다. 왕세자 입학례는 '차기의 태양' 왕세자의 통과의례에서
매우 큰 행사로 여겨졌기 때문에 기록화로 남겼다. 책봉, 입학과 함께 왕세자가
성인이 되는 통과의례로 관례冠禮가 있었다. 관례는 오늘날의 성년식과 같다.

관례를 치르면 상투를 틀고 관을 쓰기 때문에 관례라 하였다. 일반 사대부의 자녀는 보통 결혼하기 전 15세에서 20세에 관례를 치른 반면, 왕세자는 책봉식을 치른 후인 8세에서 12세 정도에 관례를 치렀다.

관례를 치르면서 어엿한 성인이 된 왕세자는 혼례를 행하였다. 혼례식은 대개 관례를 행한 직후에 이루어졌다. 관례가 8세에서 12세 정도에 이루어진 만큼 혼례식은 10세에서 13세 정도에 거행하였다. 조선시대 왕실의 혼례를 가례라 했다. 왕이나 왕세자의 혼례식 전 과정은 《가례도감의궤》로 남겼다.

책봉, 입학, 관례, 혼례를 치르면서 성인으로서, 차기 왕으로서의 통과의례를 무사히 마친 왕세자. 그러나 왕으로 즉위하는 시기는 일정하지 않았다. 선왕의 수명과 관련이 있기 때문이다. 숙종처럼 14세의 어린 나이에 즉위한 왕도 있지만, 문종처럼 37세의 늦은 나이에 즉위한 왕도 있다.

2

전통과 세계의 만남

노걸대 · 박통사 · 첩해신어 · 통문관지

태어나면서부터 영어쯤은 할 줄 알아야 한다는 자조 섞인 푸념이 과장이 아닐 정도로 어느덧 외국어는 현대인에게 필수품처럼 되어 있다. 영어는 물론이고 중국어, 일본어에 대한 수요도 만만치 않아서, 외국어 구사 능력이 성공의 지름길이 되고 있는 것이 현실이다.

우리보다 앞선 시대를 살아간 조선시대 사람들에게 외국어는 어떻게 인식되었을까? 예상과는 달리 조선시대에도 체계적인 외국어 학습이 이루어졌다. 과거시험 중 기술관을 뽑는 잡과에 역과를 두어 외국어를 구사하는 통역관을 뽑았다.

외국어 학습서도 있었다. 중국어 교본인《노걸대》와《박통사》를 비롯하여 일본어 학습서인《첩해신어》등이 그것이다. 외국어 전문 교육기관인 사역원도 있었다.《통문관지》라는 책에는 이름을 날린 역대 역관들의 활약상이 담겨 있다. 규장각에 소장된 책들을 중심으로 조선시대 외국어 학습과 역관들의 활약상을 살펴보기로 하자.

역관은 누구인가?

역관은 외국어 통역을 전담하는 관리를 말한다. 요즘으로 치면 외교 관이나 통역사다. 조선시대에는 외국어 전문 교육기관인 사역원司譯院 을 두고 이곳에서 집중적으로 역관을 양성했다. 사역원은 조선시대 내 내 존속하면서 사대교린이라는 조선의 기본 외교 방침에 적합한 인재를 양성했다. 사역원에서는 회화, 강서講書, 사자寫字, 번역 등의 분야로 나 누어 체계적인 외국어 학습을 했으며, 여기서 양성된 역관들은 외교의

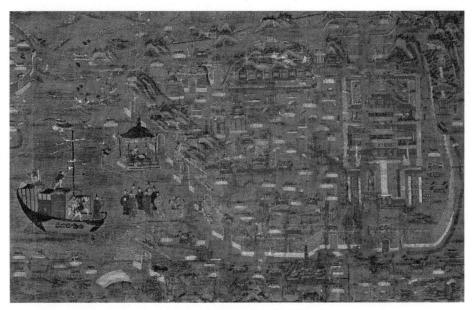

조선 사신을 배웅하는 명나라 관리[送朝天客歸國詩章] | 명대 작품, 103.6×163.0cm. 국립중앙박물관 소장.

일선에서, 그리고 국제무역에도 깊숙이 참여하면서 시대의 변화를 이끄는 한 주역이 되었다.

사역원에서는 당시의 4대 외국어인 중국어, 몽골어, 만주어, 일본어를 가르쳤다. 한학청, 몽학청, 청학청, 왜학청이라 불린 관청에서 각각 전담했다. 또 우어청偶語廳이라 하여 하루 종일 외국어로만 대화하도록 한 회화 교실도 있었다. 요즘 곳곳에 생겨나는 '영어 마을'의 원조인 셈이다. 당시의 제1외국어는 당연히 중국어였고, 사역원에서도 한학청의 규모가 가장 컸다.

그럼 역관은 어떤 신분이었을까? 조선시대 역관은 신분상 중인에 속했다. 양반 중심의 사회에서 역관, 율관, 의관, 산원과 같은 기술직은 천시되었고, 이들은 양반과 상민의 중간 신분인 중인층을 이루었다. 중인 신분은 세습되었으므로, 대개 역관은 한 가문에서 연이어 배출되는 경우가 많았다. 밀양 변씨, 천녕 현씨, 우봉 김씨 등이 대표적인 역관 가문이었다.

역관은 추천에 의하여 심사를 받고 적격자로 판정받으면 사역원에 들어가 본격적으로 외국어 학습을 했다. 그러나 사역원에 들어갔다고 해서 바로 역관이 되는 것은 아니었다. 엄격한 수련 과정이 기다리고 있었다. 사역원에서는 기숙사 생활을 하면서 하루 종일 공부를 하고 매달 2일과 26일에 시험을 쳤다. 3개월에 한 번씩은 지금의 중간고사나 기말고사에 해당하는 원시院試를 쳤다. 수련 과정을 거친 후에는 잡과에 응시해야 했다. 의과, 역과, 율과 등으로 구성된 잡과는 문과처럼 3년마다 한 번씩 열리는데 역관은 그 중 역과에 응시하여 초시와 복시에 모두 통과해야 역관이 될 수 있었다. 역관이 조선시대 일선 외교에서 뛰어난 능력을 발휘할 수 있었던 데에는 이와 같은 탄탄한 교육 과정과 외국어 시험제도가 바탕이 되었음은 물론이다.

미스터 중국인 《노걸대》

조선시대에도 외국어 학습 교재가 있었다. 먼저 중국어 회화 교재로는 《노걸대老乞大》가 있었다. '노'는 상대를 높이는 접두어로 우리말의 씨, 영어의 미스터쯤 된다. '걸대'는 몽골인이 중국인을 지칭할 때 쓰는 말이다. 《노걸대》는 고려 말에 처음 편찬된 듯하지만 '노걸대'라는 책 이름은 《세종실록》에 처음 등장한다. 원래는 한자로만 쓰인 것을 중종

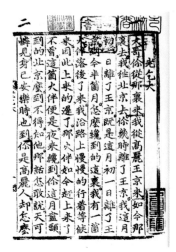

노걸대 | 노걸대는 여행이나 실무에 필요한 중국어 실용회화책의 성격을 지녔다.

때 최세진이 언해하였고, 조선시대에는 여러 차례에 걸쳐 한문본과 언해본의 개정 작업이 있었다.

《노걸대》는 세 명의 고려 상인이 말과 인삼, 모시를 팔기 위해 중국에 다녀오는 과정에서 겪는 다양한 상황을 중심으로 이야기를 전개하면서 중국어 학습을 꾀한 책이다. 상, 하 2권으로 구성되어 있는데, 상권은 완전히 회화체로 되어 있다. 말을 사고파는 법, 북경에 도착하여 여관에 드는 방법, 조선의 특산물인 인삼을 소개하는 방법 등이 중국어로 소개되어 있다. 그야말로 여행이나 실무에 필요한 실용 회화책이라 할 수 있다.

《노걸대언해老乞大諺解》는 《노걸대》 원문에 두 종류의 한자음인 정음正音과 속음俗音을 달고 우리말로 언해한 책이다. 한자를 모르는 사람도 쉽게 중국어를 배울 수 있게 해설하고 있다. 요즘으로 치면 번역서다. 그만큼 중국어가 많은 사람들에게 보급되었음을 의미한다. 우리나라 중

박통사언해 | 1677년(숙종 3) 사역원에서 간행한 중국어 교본. 《노걸대》가 상인의 무역 활동을 주제로 하고 있는 데 비해 일상생활에 관한 내용이 대부분이다. 3책, 목판본.

세 국어의 연구에 큰 도움이 되는 자료이기도 하다.

《노걸대》는 몽골어로도 번역되어 간행되었다. 《몽어노걸대》는 몽골어로 《노걸대》의 내용을 싣고 우리말로 음을 달아 풀이해놓은 책이다. 몽골족이 세운 원나라는 이미 멸망했지만 언젠가 몽골어가 필요한 시기가 올 것으로 판단하고 몽골어 학습에 신경 쓴 것이다.

2007년 5월 몽골 대통령 부부가 서울대 규장각을 방문했다. 방문 목적은 단 하나, 바로 《몽어노걸대》를 보기 위해서였다. 몽골어 학습에 쏟았던 선조들의 열정이 현대 한국과 몽골의 우호 협력에 크게 기여하고 있는 것이다.

《노걸대》와 함께 대표적인 중국어 학습서로 꼽힌 책은 《박통사朴通事》다. 통사는 역관의 직책을 말하니, '박씨 성을 가진 역관'이라는 뜻이다. 《박통사》의 내용은 106개의 절로 이루어져 있다. 《노걸대》가 상인의 무역 활동을 주제로 하는 '비즈니스 회화'에 가깝다면 《박통사》는 중국인의 일상생활에 관한 것이 대부분이다. 특히 《노걸대》보다 고급 단계의 언어를 다루고 있어서 중국어와 우리말의 생생한 모습과 함께 풍속 및 문물제도까지 접할 수 있는 자료다. 《박통사언해朴通事諺解》는 《박통사》를 우리말로 쉽게 풀이한 책이다.

일본어 학습 교재 《첩해신어》

일본어 학습 교재도 눈에 띈다. 외국어 전담 관청인 사역원에서는 일본어 역관들을 교육하기 위해 일본어 학습 교재 《첩해신어捷解新語》를 간행했다. 그런데 《첩해신어》의 초고를 쓴 강우성의 경력이 재미있다. 그는 임진왜란 때 일본에 잡혀갔다 돌아온 후 자신의 경험을 바탕으로 1618년(광해군10)경에 이 책의 초고를 완성했다. 일본에 포로로 잡혀갔다가 10년 만에 조선에 돌아온 강우성은 사역원에서 왜학을 가르쳤다. 1609년에는 역과 왜학 시험에 응시하여 3등으로 합격해 정식 역관이 되었으며, 일본어 능력을 인정받아 1617년, 1624년, 1633년 세 차례에 걸쳐 통신사를 수행하여 일본에 다녀왔다. 《첩해신어》는 강우성의 이러한 현장 경험을 바탕으로 쓰인 책으로, 전체가 완성된 것은 1636년 이후로 추정된다. 1676년 숙종 때 교서관에서 활자로 간행하여 널리 배포했다.

'첩해신어'라는 제목은 '신어, 즉 일본어를 빨리 해독하는 책'이라는 뜻이다. 1415년(태종 15) 사역원이 설치된 후 처음에는 한학과 몽학만 개설되었다가 나중에 왜학이 신설되었기 때문에 일본어를 '신어新語'

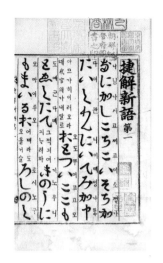

첩해신어 | 1676년(숙종 2)에 사역원에서 간행한 일본어 학습 교재. 일본과의 교역 및 사신 접대에서 일본어를 사용할 수 있도록 역관들을 교육하기 위해 만든 책이다. 10책, 활자본.

또는 '신학新學'이라 부르게 되었다. 《첩해몽어》라는 책도 있는 것을 보면 '첩해'가 당시 회화책에 관용구로 쓰였음을 알 수 있다. 《첩해신어》는 큰 글씨로 일본 문자를 쓴 다음 오른쪽에 한글로 발음을 적고, 왼쪽에 뜻을 기록하는 방식을 취하고 있다.

조선과 일본을 왕래하는 사람 사이의 대화, 상거래 때의 대화, 조선 사절이 일본을 방문했을 때의 대화 등으로 구성되어 있다. 외국어 학습이 대부분 그렇지만 《첩해신어》에서도 일본어를 외우는 능력을 가장 중시한 것 같다. 영조 때의 역관 현경재라는 사람이 쓴 역관 시험 답안지 《왜학시권倭學試券》을 보면 《첩해신어》에서 여섯 부분을 정해 외워 쓰도록 하고 있다.

역관 홍순언의 활약과《통문관지》

조선시대 대표적인 역관으로 홍순언이 있다. 홍순언의 가장 큰 공은 조선 건국 후 맞은 가장 중대한 외교 현안이었던 종계변무宗系辨誣를 매듭지은 '해결사' 노릇을 했다는 것이다. 종계변무는 조선을 건국한 이성계가 고려 말의 권신 이인임의 아들이라고 잘못 알려져 명나라 법전인《대명회전大明會典》에 그대로 기록되었는데 이것을 바로잡기 위한 청원을 말한다. 태조 때부터 이를 최대의 외교 현안으로 삼고 명나라에 거듭 요청했으나, 명백한 잘못임을 알고도 명나라는 버티기로 일관했다. 그러다가 마침내 홍순언이 협상력을 발휘해 이성계의 잘못된 세계世系를 고치게 된 것이다. 홍순언은 명나라 관리와 맺은 인연을 바탕으로 임진왜란 때 명나라 군대의 참전을 이끌어내는 데도 큰 역할을 했다.

홍순언의 동생 홍수언 역시 역관으로 이름을 날렸다. 선조 때인 1572년 명나라 사신이 의주에 들렀을 때의 상황을 기록화로 남긴〈의순관영조도義順館迎詔圖〉에는 통사 홍수언의 이름이 기록되어 있다.

홍순언의 행적은《조선왕조실록》은 물론《연려실기술》같은 야사에도 일부 전해지고 있지만 가장 자세히 기록된 책은《통문관지通文館志》다.《통문관지》에 기록된 홍순언의 행적을 잠깐 살펴보자.

홍순언은 중국의 통주에서 아름다운 여인을 만나 하룻밤 인연을 맺고자 했다. 그런데 여인이 소복 차림인 것을 보고 그 이유를 물었다. 여인은 부모님의 장례를 치를 돈을 마련하기 위해 몸을 팔고 있다고 했고, 여인의 말을 들은 홍순언은 선뜻 300금을 내주고 여인을 가까이 하지 않았

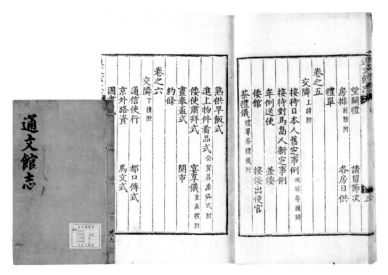

통문관지 | 고대부터 외국과의 통교에 관한 사적 및 의식과 절차 등을 기록한 책. 초간본은 숙종 때 역관이었던 김지남과 그의 아들 김경문이 편찬했다. 정조, 고종 때에는 내용을 추가한 증보관이 간행되었다. 조선시대 외교정책의 기본인 사대교린 외교의 주요 상황을 일목요연하게 파악할 수 있는 자료다. 12권 6책, 목판본.

다. 여인이 이름을 묻자 순언은 성만 알려주고 나왔다. 훗날 명나라 예부시랑 석성의 첩이 된 이 여인은 홍순언의 은혜를 잊지 않았다.

— 《통문관지》 권 7

이어 《통문관지》는 중국 여인과 맺은 이 인연은 홍순언이 조선 최고의 외교 현안인 종계변무를 성공시키거나, 임진왜란 때 명나라 참전을 이끌어내는 데 큰 힘이 되었다고 기술하고 있다. 물론 여인과의 인연도 일부 작용했겠지만 그보다는 홍순언이라는 역관의 뛰어난 역량이 명나라와의 외교 협상을 성공으로 이끈 것으로 판단된다.

《통문관지》는 조선 숙종 때 사역원 역관인 김지남과 그 아들 김경문이 중심이 되어 편찬한 책으로, 사역원의 연혁과 관제, 고사, 사대교린에 관한 외교 자료가 기록되어 있다. 사역원은 고려시대에는 통문관이라 불리었기 때문에 제목이 《통문관지》가 되었다.

《통문관지》는 특히 〈인물〉 항목을 마련해 최세진, 홍순언, 김근행 등 역대 주요 역관들을 소개하고 있다. 이 책을 편찬한 김지남과 김경문의 행적도 수록되어 있으며, 홍순언처럼 다른 자료에서는 크게 주목받지 못했던 역관 출신 인물들을 되살리고 있다.

중국어, 몽골어, 일본어를 체계적으로 학습시키기 위해 《노걸대》, 《박통사》, 《첩해신어》 등의 교재를 편찬하고 사역원이라는 관청을 설치하여 역관을 전문적으로 양성한 것, 잡과 시험을 거쳐 역관을 선발한 것, 그리고 《통문관지》에 기록된 일선 역관들의 활약상 등은 우리가 잘 알지 못했던 조선 사회의 모습이다.

국가가 주도적으로 외국어 학습을 실시하고 우수한 외교관을 배출하는 시스템을 확보했던 조선. 최소한 외국어 학습에 관해서는 조선 사회를 비판하는 개념인 고립이나 폐쇄라는 용어를 쉽게 쓸 수 없을 것 같다.

《노걸대》와 《박통사》 들여다보기

다음은 《노걸대》의 첫 부분이다.

大哥 你從那裏來(대가 니종나리래): 형님, 어디에서 오셨습니까?

我從高麗王京來(아종고려왕경래): 나는 고려 왕경(수도, 즉 개성)에서 왔습니다.

如今那裏去(여금나리거): 이제 어디로 가십니까?

我往北京去(아왕북경거): 나는 북경으로 갑니다.

你幾時離了王京(니기시리료왕경): 당신은 언제 왕경을 떠났습니까?

我這月初日離了王京(아저월초일리료왕경): 나는 지난달 초에 왕경을 떠났습니다.

개정본인 《신역노걸대新譯老乞大》에 이르면, 고려가 조선으로 바뀐다. 원래 고려시대에 간행되었기 때문에 고려인이 주인공이었지만, 조선으로 나라가 바뀌었으니 주인공도 조선인으로 바뀐 것이다.

《노걸대》가 여행할 때 일반적으로 경험하는 상황 중심이라면, 《박통사》는 중국 생활에서 부딪히는 다양한 상황을 다룬다. 날씨 좋은 봄날 일행 30여 명이 100전씩 추렴하여 잔치 준비하기, 장마에 무너진 담을 쌓기 위해 담 쌓는 사람과 흥정하기, 전당포에서 돈 빌리기, 공중목욕탕의 요금과 때밀이, 차용증 쓰기 등 중국 생활에서 경험할 수 있는 다양한 내용이 망라되어 있다.

북학의

18세기를 대표하는 북학파 실학자 박제가가 어린 시절 가장 존경했던 인물은 통일신라시대의 최치원과 조선 중기의 학자 조헌이었다. 박제가는 이들을 흠모하여 이들이 타는 말을 끄는 마부가 되는 것이 소원이라고 했다. 박제가가 이토록 최치원과 조헌을 존경했던 까닭은 무엇일까? 해답의 열쇠는 두 사람의 공통점에 있다. 최치원과 조헌은 각각 유학생과 사신의 신분으로 중국 땅을 직접 밟은 인물이었다. 그리고 중국에서의 경험을 바탕으로 신라와 조선의 근본적인 개혁을 주장했다.

최치원과 조헌을 닮고 싶었던 박제가

최치원은 당나라에 유학하고 돌아온 후 신라 사회의 잘못된 점을 지적하는 시무십조를 올렸고, 조헌은 중국에 사신으로 갔다가 돌아온 후 동환봉사東還封事를 올려 중국은 실사實事가 번성하니 조선도 이에 발맞추어 개혁해야 한다고 주장했다. 박제가는 골품제도의 모순에 빠져 진골 귀족이 기득권을 독점하고 있는 신라 사회에 경종을 울린 최치원과, 이론과 명분에 집착하여 실사를 등한시하는 조선 사회의 문제점을 지적

박제가 초상

한 조헌의 사상에 공감하면서 이들의 마부 되기를 기꺼이 원했던 것이다. 그리고 박제가는 스스로 중국 사행 경험을 바탕으로 당시 조선 사회의 문제점과 대책을 정리한 《북학의北學議》를 저술하여 그가 그토록 존경했던 역사적 인물들과 대등한 위치에 서게 되었다.

박제가는 1750년 승지를 지낸 박평의 서자로 태어났다. 18세 무렵부터 현재 종로에 있는 백탑(탑골 공원) 부근에 사는 이덕무, 유득공 등 서얼 문사들과 어울리면서, 스승인 박지원과 더불어 시대의 문제들을 고민했다. 1778년 이덕무와 함께 북경에 갈 기회를 얻었으며 이 때의 경험을 토대로 저술한 것이 《북학의》다. 1779년에는 이덕무, 유득공, 서이수 등과 함께 초대 규장각 검서관으로 발탁되었는데, 네 명의 검서관은 모두 서얼 출신으로 신분보다는 능력을 중시한 정조의 총애를 받았다.

정조가 죽은 뒤 함경도 종성으로 귀양 가는 길에서 박제가는 '이원利原에서'라는 시를 지어 정조가 자신을 왕안석에 비유한 사실을 떠올렸다. 왕안석은 조선시대에 대체로 부정적으로 인식되었지만, 정조가 박제가를 왕안석에 비유한 것은 왕안석처럼 거침없이 개혁책을 쏟아내는 박제가의 자질을 높이 평가했기 때문일 것이다. 자신을 알아준 군주 정조가 있었기에 박제가는 한껏 능력을 발휘할 수 있었고, 북학파의 선구적 학자로 자리매김할 수 있었다.

이용후생의 학문을 위하여

《북학의》는 18세기 후반 사회적 위기에 직면한 조선을 개혁하려는 의도에서 쓴 책이다. 당시까지 조선 사회는 외국 문화에 대해 굳게 문을 닫고 있었고 지식인은 자아도취에 빠져 백성들의 현실을 외면한 채 성리학 이론에만 깊이 매몰되어 있었다. 북경 사행길에서 새로운 세계를 접한 박제가는 후진 상태에 머물러 있는 조선 사회와 백성의 빈곤을 해결할 수 있는 대책을 정리하여 《북학의》를 완성했다.

《북학의》는 이후 '북학'이라는 학문이 조선의 시대사상으로 자리 잡는 데 기반이 되는 역할을 하였다. 박제가 외에도 박지원, 홍대용, 이덕무 등 북학의 중요성을 강조하는 학자 그룹이 나타나면서 북학은 시대사상으로 자리 잡았다. 폐쇄적인 사회의 문을 활짝 열고 이용후생利用厚生을 통한 백성들의 생활 안정과 부국富國을 강조했기 때문에 북학파 학자들을 일컬어 이용후생 학파라고도 부른다. 이들은 청나라 사행에서 견문한 내용을 국가 정책으로 발전시키고자 하였다. 건축 자재로서 벽돌의 이용, 교통 수단으로서 선박과 수레의 적극적 활용, 비활동적인 한복의 개량, 대외무역 확대 등이 이들이 제시한 주요 정책들이었다. 그 바탕에는 사농공상으로 서열화된 직업의 귀천을 최대한 배제하고 상공업의 중흥을 강조해야 한다는 생각이 자리 잡고 있었다.

북학의 | 1778년(정조 2) 박제가가 청나라를 다녀온 후 쓴 기행문이다. 제목에서 청나라 학문을 수용하려는 의지가 엿보인다. 박제가는 서문에서 "이용과 후생은 한 가지라도 갖추어지지 않으면 위로 정덕을 해치는 폐단을 낳는다"면서 이용후생의 중요성을 강조했다. 1책, 필사본.

《북학의》는 서명응과 박지원, 그리고 박제가 자신이 쓴 서문과 함께 〈북학의 내편〉과 〈북학의 외편〉으로 구성되어 있다. 서문에서 서명응은 "이 책이 채택되어 현실에 적용될지 여부는 정녕 알 수 없지만 우리나라 조정에서 모범이 되는 책을 편찬할 때 저 솔개나 개미가 미래를 예견하는 구실을 하지 말라는 법은 없을 것이다"라 하여 이 책에 대한 기대를 감추지 않았고, 스승인 박지원은 "내가 연경에서 돌아왔더니 초정(박제가의 호)이 《북학의》 내편, 외편 두 권을 내어 보여주었다. 초정은 나보다 앞서서 연경에 들어갔는데 농사, 누에치기, 가축 기르기, 성곽 축조, 집 짓기, 배와 수레 제작에서부터 기와, 인장, 붓, 자를 제작하는 것에 이르기까지 일일이 눈여겨보고 마음으로 따져보았다. 눈으로 보아서 알 수 없는 것이면 반드시 물어보았고, 마음으로 견주어서 이상한 것이 있으면 반드시 저들에게 배웠다"고 하여 박제가의 적극적인 북학정신을 높이 평가했다.

박제가는 1778년 가을 통진의 농가에서 쓴 서문에서 "저들의 풍속 가운데서 본국에 시행하여 일상생활을 편리하게 할 만한 것이 있으면 발견하는 대로 글로 기록하였다. 아울러 그것을 시행하여 얻을 수 있는 이익과 시행하지 않음으로써 발생하는 폐단을 첨부하여 하나의 학설을 만들었다. 그리고 《맹자》에 나오는 진량의 말을 인용하여 책의 이름을 '북학의'로 지었다"고 하였다. 이어 "이용과 후생은 한 가지라도 갖추어지지 않으면 위로 정덕正德을 해치는 폐단을 낳는다"거나 "현재 백성들의 생활은 날이 갈수록 곤궁해지고 국가의 재정은 날이 갈수록 고갈되고 있다. 상황이 이러한데도 사대부는 팔짱 낀 채 바라만 보고 구제하지 않을 것인가?"라고 하여 무엇보다 이용후생의 중요성과 함께 빈곤한 백성을 위해 사대부들이 직접 팔을 걷어붙이고 나설 것을 강조했다.

소비는 우물과 같은 것

《북학의》의 내용을 살펴보면 다음과 같다. 먼저 내편에는 수레, 배, 성城, 벽돌, 수고水庫, 기와, 자기, 소, 말, 철, 골동품, 서화에 관한 내용이 실려 있다. 외편에는 밭, 거름, 뽕과 과일, 농업과 잠업에 관한 내용과 함께 과거론, 관직과 녹봉, 재부론財富論, 중국 강남의 절강 상선과 통상하는 문제, 병론兵論, 북학변北學辨 등 북학사상을 정리한 내용이 다수 수록되어 있다.

박제가는 '북학'은 '생활과 백성에 직결된 학문'이라고 주장했다. 특히 가난한 백성을 구제하는 방안으로 수레 사용과 벽돌 이용의 중요성을 강조했다. 수레는 상업 발달에 따른 유통경제를 활성화시켜줄 수 있는 기구로 인식했으며, 중국에서는 벽돌을 다양하게 사용하여 주택, 성벽, 창고 등이 견고하다면서 우리도 이것을 도입해야 한다고 역설했다. 박제가는 몸소 벽돌 만드는 기술을 연구하여 시범을 보였으며, 그 밖에 농기구 수입과 수차 및 비료의 사용에 대해서도 깊은 관심을 보였다. 병

박제가, 〈목우도〉 | 종이에 옅은 채색, 청장관 이덕무의 화의畵意를 풍속화 기법으로 그린 그림이다. 25.5×33.7cm.

론에서는 백성들의 실정에 맞는 군비 충당을 강조했다.

무엇보다 박제가는 성리학에서 강조하는 '농본억말農本抑末(농사를 근본으로 하고 상업과 같은 말업을 억제함)' 정책을 반대하고, 적극적인 상업의 장려와 그 바탕이 되는 생산의 중요성을 강조했다. 또 "경제란 우물과 같은 것이니 이를 줄곧 이용하지 않으면 말라버린다"거나 "쓸 줄을 모르면 만들 줄을 모르고 만들 줄을 모르면 민생이 날로 곤궁해진다"고 주장했는데, 상업과 수공업, 경제의 중요성을 강조한 그의 사상이 압축되어 있다. 이는 생산된 것이 소비되어야 재생산이 가능하다는 논리로, 전통시대의 미덕인 검약이나 소비 억제보다는 적극적인 소비 활동을 통해 생산을 증대시키자는 사상으로, 근대 경제학 이론과도 흡사하다.

나아가 그는 해외 통상론에도 깊은 관심을 기울였다. 우선 청나라와 통상한 후 국력을 길러 해외 여러 나라와 통상할 것을 적극적으로 주장했다. 조선은 19세기 후반에 가서야 타율적으로 개항했는데 결국 박제가의 주장이 100여 년을 앞선 탁견이었음을 알 수 있는 대목이다. 박제가는 분명 시대를 앞서간 선각자였다.

박제가의 한계: 중국은 최고, 조선은 최하

박제가는 분명 시대를 앞서간 실학자였다. 그러나 중국 땅을 너무 감격스럽게 밟은 탓일까? 중국 문명에 지나치게 동화된 측면이 있었다.

> 그들이 일상적으로 내뱉는 말이 곧 문자이고 그들이 사는 집은 금벽金碧이 휘황찬란하다. 다닐 때는 수레를 타고 그들에게서는 향기가 난다. 그들의 도읍과 성곽, 음악은 번화하고 화려하며…… 아아 그들은 모두 앞으로 우리나라의 학문을 이끌고 우리 백성을 다스릴 사람들이다.
> —《북학의》, 〈북학변〉

이와 같은 위험한(?) 발언을 박제가는 서슴없이 내뱉었다. 박제가는 북학이라는 새로운 사상의 수용에 가장 선구적인 역할을 했지만, 균형감각을 유지하지 못했다는 점에서 무척 아쉬운 인물이다. 네 차례의 중국 사행에서 그는 중국의 모든 것에 반해버렸다. 중국에 대한 지나친 선망은 조선에 대한 완전한 부정으로 나타났다.《북학의》곳곳에는 중국

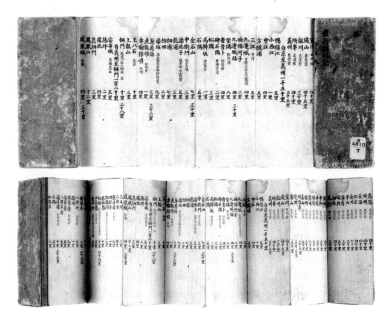

연행노정기燕行路程記 │ 한양에서 북경까지 연행로를 표시한 책. 각 경유지의 명칭과 경유지 사이의 거리를 표시해놓고 있다. 노정은 서울에서 의주, 의주에서 책문, 책문에서 심양, 심양에서 산해관, 산해관에서 북경까지 다섯 부분으로 구분되어 있다. 1첩 21절, 필사본.

문화에 대한 칭찬과 우리 것에 대한 불만이 가득하다.

중국의 자기는 정교하지 않은 것이 없다. 아무리 외진 마을의 쓰러져가는 집이라도 모두 금벽으로 그림을 넣은 병, 술병, 물동이, 주발 등속의 자기를 가지고 있다. 그 사람들이 꼭 사치를 좋아해서 그런 것이 아니다. 토공이 만든 자기는 마땅히 그러해야 하는 것이다. 우리나라의 자기는 지극히 거칠다. …… 주둥이가 비틀어지고 추하여 무어라 형용할 수 없을 지경이다. 우리나라에 법도가 없는 상태가 이런 지경에 이르렀다.

—《북학의》〈자瓷〉

우리나라는 1천 호가 사는 마을이라도 반듯하여 살 만한 집을 한 채도 찾아볼 수 없다. ―《북학의》〈궁실〉

중국 사람은 모두 나무를 심는 데 열성이다. 골목 안에도 구름 속에 뻗은 나무가 서로 얽혀서 번화한 듯한 주택을 다시 꾸미고 있으며, 그 울창한 모습은 그림으로 그린 듯하다. ―《북학의》〈도로〉

우리나라의 의술은 가장 믿을 수 없다. 연경에서 약재를 무역해오지만 진품이 아니라는 것이 정말 걱정이다. ―《북학의》〈약〉

《북학의》에서는 위와 같은 대목들이 자주 발견된다. 책을 덮어버리고 싶을 만큼 조선에 대한 비하를 서슴지 않는 대목도 있다. 〈한어〉 항목을 보자.

중국어는 문자의 근본이다. 예를 들면 천을 그대로 티엔이라고 부르거니와 우리처럼 언문으로 풀어서 '하늘 천'이라고 하는 겹겹의 장벽이 전혀 없다. 따라서 사물의 이름을 분간하기가 특히 용이하다. 비록 글을 모르는 부인이나 어린아이라 해도 일상에서 쓰는 말이 모두 제대로 문구를 이루고, 경전이나 역사, 제자서諸子書, 문집에 있는 문장들이 줄줄 쏟아져 나온다. …… 우리나라는 중국과 가깝게 경계를 하고 있어서 글자의 소리가 중국의 그것과 대략 같다. 그러므로 온 나라 사람이 본래 사용하는 말을 버린다고 해도 불가할 이치는 없다. 이렇게 본래 사용하는 우리말을 버린 다음에야 오랑캐라는 모욕적인 글자로 불리는 신세를

면할 수가 있다.

우리말을 버리고 중국어를 써야 오랑캐에서 벗어날 수 있다는 박제가의 발상. 북학 선구자의 이미지에 극단적인 중국 신봉자라는 이미지를 덧씌우기에 충분하다.

박제가는 북학에 대한 확신범처럼 일생을 살았다. 중국의 선진문화를 동경하면서 이를 수용하지 않으면 '보잘것없는' 조선은 아무것도 기대할 수 없다는 논리가 《북학의》곳곳에 나타나 있다. 박제가는 시대를 앞서가는 선각자적인 혜안을 갖고 있었지만, 조선의 문물, 제도에 대해서는 부정으로 일관했다. 변화와 발전을 확실히 하기 위해서는 조선의 후진성을 극단적으로 부각시켜야 했던 것일까? 자질, 능력과 함께 주체성, 책임감을 겸비해야 참다운 지성이 아닌가 싶다.

새로운 시대의 지향을 담은 기행문-----------|
열하일기

《열하일기》는 조선 후기의 북학파 학자 박지원(1737~1805)이 1780년(정조 4) 청나라를 다녀온 후에 쓴 기행문으로 1783년에 완성되었다. 청나라 건륭제의 고희연을 맞아 사신단의 일원인 재종형 박명원의 자제군관(친척으로 수행하는 사람) 신분으로 청나라에 갔다가 견문한 내용을 썼다. 당시 박지원의 나이는 44세였다. 애초 목적지인 연경에 갔다가 건륭제가 열하의 피서 산장에서 휴가를 취하고 있어서 열하를 거쳐 돌아왔기 때문에 제목을 '열하일기'라 했다. 1780년 5월 25일 한양을 출발하여 10월 27일에 돌아온, 5개월이나 걸린 긴 여정이었다. 《열하일기》에는 새로운 시대의 조류에 적극적으로 대응하고자 했던 지식인의 실학정신이 녹아 있다.

멀고도 힘든 곳, 열하

박지원이 열하까지 간 여정을 대략 살펴보면 압록강에서 연경까지 약 2,300여 리, 연경에서 열하까지 700리로 육로 3천 리의 긴 여행이었다. 거리도 거리려니와 끝없이 펼쳐지는 중원의 변화무쌍한 날씨는 여행을 더욱 힘들게 했다. 그러나 박지원은 이 모험을 즐기며 가는 곳마다 세심하게 여행 스케치를 했다. 열하는 강희제 이후 중국 역대 황제들의 별궁으로 활용되었으며, 여름 최고 기온이 24도를 넘지 않는 시원한 곳이었

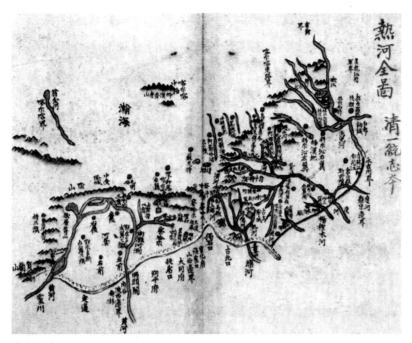

열하전도 | 《각국도》에 실려 있다. 국립중앙도서관 소장.

다. 그러나 열하로 가는 길은 험준했다. 게다가 건륭제의 불같은 재촉이
이어지면서 사신 일행은 하룻밤에 아홉 번이나 강을 건너는 강행군을
해야 했다. 이때의 상황은 〈일야구도하기—夜九度河記〉라는 글에 잘 나
타나 있다. 열하는 북방 오랑캐들을 제어할 수 있는 '천하의 두뇌'에 해
당하는 곳으로 인식되었다. 황제가 이곳에 온 것은 피서라는 목적 이외
에 북방 민족인 몽골족의 성장을 제어하기 위해서였다.

열하는 그 화려함과 웅장함이 연경보다 더했다. 박지원은 이곳에서
다양한 사람들과 동물들을 접했으며, 몽골, 위구르, 티베트, 서양 등 이
국 문명을 접하고 커다란 문화적 충격을 받았다. 《열하일기熱河日記》가

단순한 중국 기행문이 아닌 세계문명과의 접촉이라는 큰 의미를 지닐 수 있었던 것은 '열하'라는 곳의 지리적 특수성에 기인하는 측면이 크다. 1780년 5월 25일부터 시작된 여행의 주요 여정은 한양 — 박천 — 의주 — 요양 — 성경(심양) — 거류하 — 소흑산 — 북진 — 고령역 — 산해관 — 풍윤 — 옥전 — 계주 — 연경(북경) — 밀운성 — 고북구를 거쳐 열하에 이르는 코스였다.

곳곳에 녹아 있는 북학과 실용의 정신

박지원은 가는 곳마다 예리한 눈으로 청의 문물을 관찰했고, 조선에 새로운 문물을 수용할 수 있는 방법을 생각했다. '수레 만든 법식車制'이란 글을 보자.

무릇 수레라는 것은 하늘이 낸 물건이로되 땅 위를 다니는 물건이다. 이는 물 위를 달리는 배요, 움직이는 방이라 할 수 있을 것이다. …… 우리 조선에도 수레가 전혀 없는 것은 아니다. 그러나 그 바퀴가 완전히 둥글지 못하고, 바퀴 자국이 궤도에 들지도 못한다. 그러므로 수레가 없는 것과 마찬가지다. 어떤 사람들은 우리 조선은 산과 계곡이 많아 수레를 쓰기에 적당하지 않다고 한다. 이런 얼토당토않은 소리가 어디 있는가? 나라에서 수레를 이용하지 않다 보니 길을 닦지 않은 것이요, 수레만 쓰게 된다면 길은 저절로 닦일 것이 아닌가? …… 그래도 사방의 넓이가 몇천 리나 되는 나라에 백성들의 살림살이가 이다지도 가난한 까닭은 대체 무엇이겠는가? 한마디로 말하면 수레가 나라에 다니지 않는 탓이라 할 수 있다. …… 수레는 왜 못 다니는가? 이것도 한마디로 대답하면 모두가 선비와 벼슬아치들의 죄다. 양반들은 평생에 읽는다는 것이 입으로만 외울 뿐이며, 수레를 만드는 법이 어떠하며 수레를 부리는 기술은 어떠한가에 대한 연구가 없으니 이야말로 건성으로 읽는 풍월뿐이요, 학문에야 무슨 도움이 될 것인가? 어허! 한심하고도 기막힌 일이다.

이 글에서 박지원은 실생활에 도움이 되는 학문에 종사하지 않는 양반사회의 문제점을 '수레'를 통해 구체적으로 비판하고 있다. "조선은 산과 계곡이 많아 수레를 쓰기에 적당하지 않다"는 변명에 대해 "나라에서 수레를 이용하지 않다 보니 길을 닦지 않은 것이요, 수레만 쓰게 된다면 길은 저절로 닦일 것이 아닌가?"라고 반문하면서 수레를 만들어보지도 않고 포기하는 자세를 신랄하게 비판했다. 수레를 활용하면 수레를 이용할 길은 만들어진다는 논리다. 수레를 단지 교통수단으로만 생각하지 않고 수레의 활용에서 비롯되는 도로망 건설 등 국가 산업 전반의 발전을 꾀했다는 점에서 박지원의 이용후생 사상은 분명 시대를 앞서가고 있다.

그 밖에도 《열하일기》는 양반사회의 문제점을 통렬히 비판한 〈허생전〉이나 〈호질〉 같은 글을 싣고 있어 누구나 쉽게 읽으면서 현실의 폐단을 짚어볼 수 있게 해준다. 《열하일기》는 북벌에서 북학으로 변화하는, 아니 변화해야만 하는 시대 상황을 대변하는 동시에, 특유의 재미있는 문체 덕에 당대는 물론이고 후대까지 사랑받는 책이 되었다.

조선 후기 베스트셀러 《열하일기》

《열하일기》는 조선 후기 최고의 베스트셀러였다. 내용이 조금씩 다른 《열하일기》 필사본이 9종이나 남아 있는 것을 보아도 이 책이 당시에 어느 정도 유행했는지 짐작할 수 있다. 《열하일기》가 이렇게 유행한 이유는 무엇보다 글이 재미있었기 때문이다. 어떤 이는 턱이 빠질 정도로 웃게 만드는 책이라고 평가하기도 했다. 박지원은 토속적인 속담을 섞어 쓰기도 하고, 하층민들과 주고받은 농담을 그대로 옮겨놓기도 했다. 또 당시 지식인들의 판에 박힌 글과는 전혀 다른 글을 쓰면서, 특유의 해학과 풍자를 가미하여 독자들의 흥미를 유발했다. 위기 상황에서도 유머를 잃지 않는 박지원의 글 한 대목을 읽어보자.

말을 탄 채로 물을 건넜다. …… 나는 무릎을 꼬부리고 두 발을 모아 안장 위에 쪼그리고 앉았다. 창대는 말머리를 단단히 붙잡고 장복이는 내 엉덩이를 힘껏 붙들어 서로 의지하는 것으로 목숨을 삼아 잠깐만 무사할 것을 빌었다. 말을 모는 '오호' 소리도 구슬펐다. 말이 중류에 이르자 별안간 한쪽 몸이 왼쪽으로 기우뚱 쏠렸다. 대체 말 배때기가 물에 잠기

박지원, 〈서간〉 | 종이에 먹, 25.9×16cm, 서울대학교 박물관 소장.

면 네 발굽이 저절로 뜨게 되므로 말은 옆으로 누워서 헤엄쳐 건너게 된다. 내 몸뚱이가 갑자기 오른쪽으로 쏠려 까딱하면 물에 떨어질 판이다. 앞에 가는 말꼬리가 물 위에 흩어져 있기에, 나는 재빨리 그것을 붙들어 몸을 가누고 앉아 겨우 떨어질 고비를 면했다. 나 역시 이런 고비에 이렇게 재빠를 줄이야 생각도 못했다.

─《열하일기》〈도강록〉 7월 7일

박지원의 글은 문체와 그 내용의 파격성 때문에 비난의 대상이 되기도 했다. 점잖은 글을 쓰는 양반들에게 《열하일기》는 경박하거나 비속한 책으로 여겨질 뿐이었다. 박지원의 글이 지닌 파격성과 그 비판적 성격 때문에 정조는 직접 하교를 내려 박지원의 문장이 비속하다고 지적했고, 《열하일기》가 전파되는 데 부정적인 입장을 보였다. 이러한 이유로 《열하일기》는 박지원이 세상을 떠난 지 약 80년 후인 19세기 후반에 가서야 다시 주목을 받을 수 있었다.

《열하일기》는 1911년 조선광문회에서 활자본으로 출간되어 널리 전파되기 시작하면서, 북학사상의 선구자 박지원의 이름도 후대인들에게 깊이 각인되었다. 유머와 역설이 풍부하면서도 시대를 꿰뚫는 치밀한 실학정신이 녹아 있는 책, 《열하일기》를 통해 시대를 앞서간 조선시대 지식인의 삶의 궤적을 좇아보는 것도 좋을 듯하다.

박지원은 어떤 사람이었을까?

날카로운 풍자와 예리한 비판 때문일까?
박지원하면 호리호리한 몸매에 매서운 눈
매를 지닌 사람이었을 것 같다. 그러나 박
주수의 소장본이라는 박지원의 초상화를 보
면 그런 상상은 완전히 무너진다. 아들 박종
채가 《과정록》에서 묘사한 아버지 박지원의
모습은 초상화와 거의 일치한다.

박지원 초상

박지원은 큰 키에 살이 쪄 몸집이 매우 컸
다. 얼굴은 긴 편이고 안색이 몹시 붉었으며
광대뼈가 불거져 나오고 눈은 쌍꺼풀이었다.
목소리는 매우 커서 그냥 말을 해도 담장 밖 한참 떨어진 곳까지 들릴 정도였
다. 중년의 모습을 그린 초상화가 한 점 있었는데 박지원은 그 초상화가 본래
모습의 10분의 7에도 미치지 못한다고 하여 없애버리도록 했으며 다시 그리
자는 아들의 간청을 끝내 받아들이지 않았다고 한다. 자신의 외모에 만족하지
못했던 것인지 초상화가를 믿지 못했던 것인지 알 수 없는 일이다.

박지원은 타고난 기질이 매우 강건하여 다른 사람과 쉽게 타협하지 못했다.
박지원과 친분을 나누었던 김기순이란 이는 "연암(박지원의 호)은 순수한 양기
를 타고나서, 반 푼의 음기도 섞여 있지 않다. 그래서 지나치게 고상하여 매양
부드럽고 억누르는 공력이 모자라고, 지나치게 강하여 항상 원만한 면이 부족
하니 태양인이다"라고 하였다. 박지원도 "일생 동안 이런저런 험한 꼴을 겪은
것은 모두 그러한 기질 탓이었다"고 인정했다.

실제 박지원은 음서로 관직에 진출하여, 안의현감과 면천군수의 관직을 맡
았을 뿐 중앙의 요직에는 등용되지 못했다.

한양가

------ 19세기 풍요로운 한양을 노래한 '한양 찬가'

19세기 조선시대를 보는 눈은 대체로 부정적이다. 세도정치가 극에 달하면서 백성들의 삶이 곤궁해지고 민란이 곳곳에서 발생한 '어두운 시대'로 이해하곤 한다. 물론 19세기 조선 사회가 순조, 헌종, 철종 등 어리거나 힘없는 왕이 연이어 즉위하면서 왕대비의 수렴청정이 본격화되고 외척의 힘이 커지면서 정치, 경제적으로 어려움을 겪었던 시대임은 분명하다. 그러나 18세기까지 번성하던 사회가 불과 몇 년 만에 몰락해버린다는 것은 상식적으로 납득하기 어렵다. 그것을 증명이나 하듯 19세기 한양의 문물제도와 풍속을 노래한《한양가》는 19세기 조선 사회의 새로운 면모를 보여주고 있다는 점에서 주목할 만하다.

《한양가》는 어떤 책인가?

《한양가漢陽歌》는 19세기 전반 한양의 문물제도와 풍속을 읊은 국문 가사로, 지은이는 한산거사로만 표기되어 있다.《한양가》의 판본은 다양하게 전해진다. 1840년경 한산거사가 지은《한양가》에 신증동요와 1874년(고종 10) 순종의 탄생을 경축하여 지은 축하 노래를 붙여 1880년에 간행한 활자본이 있다. 필사본도 여러 종류가 전하는데, '한양풍물가'나 '한양태평가'라는 제목이 붙어 있다.《한양가》의 내용은 한양의

한양가 | 1840년경 한양의 모습과 풍속을 노래한 가사. 한양의 산세와 위치, 궁궐과 관아, 시전, 놀이, 능행을 생동감 있게 묘사하고 한양과 조선왕조의 번영을 기원하고 있으며, 한양이 천시, 지리, 인화를 동시에 얻은 천하제일의 도읍지라고 하였다. 19세기 중엽 서울 사람의 여유와 안정, 자신감을 느낄 수 있다. 1844년(헌종 10), 1책, 한글 필사본, 28×22.5cm.

지형과 도읍으로서의 형세, 궁전과 정각亭閣, 승정원과 선혜청 등 관아의 모습, 성문과 시장 풍경, 각종 놀이와 복식, 가무 모습, 왕의 수원 행차, 문·무과 과거시험 등으로 구성되어 있다. 마지막에는 "이런 국도國都 이런 세상 자고급금自古及今(옛날부터 지금까지) 또 있으랴. 엎드려 비나이다, 북극전에 비나이다. 우리나라 우리 임금 본지本枝 백세 무강휴無疆休를 천지와 더불어 해로하게 비나이다. 비나이다"라고 끝을 맺고 있어 한양의 영원함을 예찬하는 '한양 찬가'다. 한양가에 표현된 한양의 풍속은 500년 조선 역사가 이룩한 발전을 압축적으로 담고 있다는 데 의미가 있다.

《한양가》의 압권, 물산이 넘쳐나는 시장 풍경

《한양가》에서 가장 신명나게 묘사된 부분은 바로 시장 풍경이다. 백성들의 삶이 집약적으로 표현되어 있는 곳, 시장으로 가보자.

팔로를 통하였고 연경, 일본 닿았구나. 우리나라 소산들로 부끄럽지 않건마는 타국 물화 교합하니 백각전 장할시고. 칠패의 생어전에 각색 생선 다 있구나. 민어, 석어, 석수어며, 도미, 준치, 고도어며, 낙지, 소라, 오적어며, 조개, 새우, 전어로다. 남문 안 큰 모전에 각색 실과 다 있구나. 청실뇌, 황실뇌, 건시, 홍시, 조홍시며, 밤, 대추, 잣, 호도며 포도, 경도, 오얏이며, 석류, 유자, 복숭아며, 용안, 협지, 당재추로다. 상미전 좌우 가게 십년지량을 쌓았어라. 하미, 중미, 극상미며, 찹쌀, 좁쌀, 기장쌀과 녹두, 청태, 적도, 팥과 마태, 중태, 기름태로다. 되를 들어 자랑하니 민무기색 좋을시고. 수각 다리 넘어서니 각색 상전 벌였어라. 면빗, 참빗, 얼레빗과 쌈지, 줌치, 허리띠며 총전, 보료, 모탄자며 간지, 주지, 당주지로다.

다양한 물산이 넘치는 한양의 시장 풍경이 그대로 나타나 있다. "팔로를 통하였고 연경, 일본 닿았구나"에서는 국제무역으로까지 뻗었던 한양의 모습을 살펴볼 수 있다. 반면에 "백성들이 굶주린 기색이 없다(민무기색)"는 표현에서는 관리들의 수탈로 기근에 허덕이는 백성들의 모습을 좀처럼 연상하기 어렵다.

이어 "큰 광통교 넘어서니 육주비전 여기로다" 하면서 옷감과 종이가

동국여도 중 도성도 | 18세기 후반 서울은 인구 30만 명을 헤아리는 거대 도시였다. 한양 안에 약 20만 명, 성 주위에 약 10만 명이 살았다고 한다.

풍족한 육의전의 모습을 기록하고 있다. 먼저 "일 아는 열립군列立軍과 물화를 맡은 전시정廛市井은 큰 창옷에 갓을 쓰고, 소창 옷에 한삼 달고 사람 불러 흥정하니 경박하기 측량없다"라 하여 흥정이 오가는 시장 풍경을 익살스럽게 묘사한 후 어물전, 백목전, 지전, 청포전에서 판매되는 각종 어물과 생선, 무명, 비단, 종이, 삼베가 나열되고 있다. 공단, 대단, 사단, 금선단, 아롱단 등 비단만 30종이 소개되어 풍요로움이 물씬 느껴진다. 도자전刀子廛에서 파는 부녀자들의 노리개, 광통교 아래에서 파는 각종 그림들에 대한 묘사에서는 사람 살아가는 냄새를 맡을 수 있다.

번성하는 한양에 대한 자부심

정조 때인 1791년에 단행된 신해통공은 조선 후기 상업 활동에 큰 전기를 마련해주었다. 신해통공으로 말미암아 시전 상인들에게 특권을 부여하고, 난전 설립을 금지하던 금난전권이 폐지됨으로써 자유롭게 상업 활동을 하는 사상私商들이 획기적으로 성장할 수 있는 기반이 마련되었다. 사상들은 앉아서 판매하는 난전에만 종사하지 않았다. 전국의 지방 장시를 연결하면서 물자를 교역하기도 하고, 전국 각지에 지점을 설치하여 판매를 확장하기도 했으며, 대외무역에 참여하는 등 다양한 상업 활동을 통해 부를 축적했다.

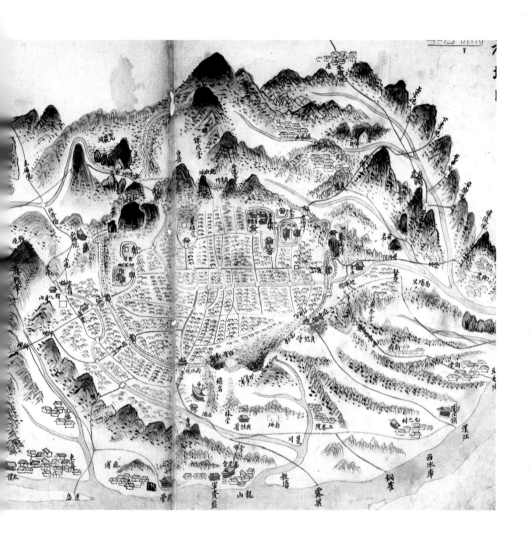

이들 사상 중에서도 한강 주변의 경강 상인을 비롯하여 개성의 송상, 평
양의 유상柳商, 의주의 만상灣商, 동래의 내상萊商 등이 큰 두각을 나타
내면서 거상으로 성장했다. 사상의 성장과 함께 지방에는 장시들이 발
달했다. 장시는 보통 5일마다 열렸으며, 물품 교역뿐 아니라 지방민들
의 여론과 정보를 수집하는 기능을 했다.

정조 시대의 실학자 유득공이 한양의 풍속을 정리한《경도잡지京都雜誌》의 '시포市舖' 항목에 "한양 장안에는 비단, 명주, 종이, 베 등을 파는 큰 점포들이 종가를 끼고 양쪽에 죽 늘어서 있고, 그 이외에는 각처에 흩어져 있다. 장을 보러 가는 사람은 대개 새벽에는 이현과 소의문 (현재 서울 서소문 근방) 밖으로 가고, 점심때는 종가로 모인다"는 기록이 있다. 정조 때 한양의 역사와 모습을 정리한《한경지략漢京識略》의 '시전' 항목에도 "성안의 종루, 배오개(이현)와 숭례문 밖의 칠패, 팔패가 제일 큰 저잣거리다"라는 기록이 있어 종로, 칠패, 팔패 부근에 큰 시장이 있었음을 알 수 있다.

국내 상업의 발달은 대외무역의 활성화에도 기여했다. 청, 일본과의 교역이 활발해지면서 공적인 무역인 개시開市와 함께 사적인 무역인 후시後市가 활발히 이루어졌다. 의주의 만상은 청과의 무역에서, 동래의 내상은 일본과의 무역에서 두드러진 활동을 보였으며, 개성의 송상은 양자를 중계하면서 이득을 취했다. 대외무역 활성화와 함께 외국어에 능통한 역관의 지위가 향상되었으며, 특히 이들은 인삼 무역에서 수완을 발휘하여 부유층으로 성장했다. 청과의 무역에서는 비단, 약재, 문방구를 수입하고 인삼, 은, 무명, 종이 등을 수출했으며, 일본과의 무역에서는 은, 구리, 황, 후추 등을 수입하고 인삼, 쌀, 무명 등을 수출했다. 이제 조선은 고립된 국가가 아니라 국제 교역에 당당히 나서는 상업 국가로서의 면모를 서서히 보이고 있었다.

《한양가》는 바로 이러한 사회적 변화를 업고 성장한 한양에 대한 자부심을 표현한 노래다. 19세기 조선 사회가 어둡고 빈곤하기만 한 시대가 아니었음을《한양가》는 들려주고 있다.

태평성시도太平城市圖 | 중국인이 도시 풍경을 그린 〈성시도〉를 바탕으로 조선에서 다시 그린 그림. 북경에 갔던 연행사가 보았던 상점이 그림 속에 즐비하다. 다만 주방에서 음식을 만드는 부엌을 묘사한 장면 등 조선식 생활 표현 이 많이 등장한다. 18세기 후반 작품, 비단 채색, 113.6×49.1cm, 국립중앙박물관 소장.

《한양가》에 앞서 한양을 노래한 〈성시전도시〉

《한양가》에 앞서 한양을 노래한 시가 있었다. 정조의 명을 받아 이덕무 등이 남긴 〈성시전도시城市全圖詩〉다. 1792년(정조 16년) 4월 정조는 박제가, 이만수, 유득공, 이덕무 등 여러 신하들에게 〈성시전도〉의 그림을 보고 이에 적합한 시를 짓도록 명했다. 다음은 《청장관전서》〈아정유고〉에 기록된 이덕무의 시 '성시전도'다. 이덕무는 먼저 "금척金尺의 산하 일만 리가 한양 황도 속에서 번성하네. 황도 한 문안에 큰 도회지. 역력히 펼쳐져 있어 손금을 보는 듯. 글 맡은 신하 그림에 쓰는 시 지을 줄 알아. 성한 일에 왕명을 받았으니 얼마나 다행인가"라 하여 왕명을 받아 시를 짓는 기쁨을 노래한 다음, 한양의 관아, 지리, 풍속을 묘사한다.

원각사에 우뚝 솟은 흰 탑은
열네 층을 공중에 포개었고
운종가에 있는 홍천사 큰 종은
큰 집 가운데에 날듯이 걸렸네
오는 사람 가는 사람 갔다가 또 오는 사람들
인해망망 끝이 보이지 않네
만인의 마음을 내 알겠노니
가난한 자는 돈 구하고 천한 사람은 벼슬 구하네
어진 사람 어리석은 사람 늙은 사람 젊은 사람 날이면 날마다
오극삼조五極三條*로 개미 떼처럼 모여든다
가벼운 초헌 지나는 곳에 노복들 소리치며 길을 피하게 하고

---

* 당나라 사람의 시에서 유래한 말로 복잡한 시가를 표현함.

작은 가마 돌아갈 때 계집종들이 옹위한다

한가한 저 공자 어찌 그리 사치스러운고

말의 안장 휘황찬란 화려함을 다투네

……

거리 좌우로 늘어선 천 간의 집에

온갖 물화 산같이 쌓여 헤아리기 어렵구나

비단가게에 진열한 울긋불긋한 것은

모두 능라이고 면수綿繡로다

어물가게에 싱싱한 생선은 살도 쪘네

갈치 농어 준치 쏘가리 숭어 붕어 잉어 따위

쌀가게에 쌓인 쌀 반과산飯果山과 같구나

운자雲子 같은 흰밥에 기름이 흐른다

술 파는 주점이야 본시 인간 세상의 것

웅백熊白 성홍猩紅 술빛깔 잔에 넘치네

행상하며 좌고坐買하며 셀 수도 없이 많고 많아

자질구레한 물건이라도 갖추지 않은 것이 없네

물화의 유통이 활발하게 이루어지던 18세기 후반 한양의 모습이 생생하다. 이덕무의 시는 왕명을 받아 쓴 것인 만큼 약간의 과장이 있을지 모르지만 18세기 후반 활기차고 풍요로운 한양 분위기를 느끼기에 충분하다. 그리고 이러한 분위기는 《한양가》에서 그 절정을 맞이한다.

110년 전 민영환 일행 세계를 보고 돌아오다······|
부아기정과 환구음초

1905년 11월 조선의 외교권을 박탈하는 을사조약이 체결되었다는 소식은 백성들의 분노를 폭발시켰다. 감당할 수 없는 치욕을 받아들이지 못한 인사들은 죽음으로 침략에 항거했다. 좌의정 조병세, 학부주사 이상철, 군인 김봉학 등이 순절했고 민영환 역시 자결로 생을 마감했다. 명성황후 민씨의 조카로 형조판서, 한성부윤 등 높은 관직을 역임한 그였기에 죽음의 파장은 그 누구보다도 컸다. 을사조약의 순국자로 우리에게 널리 알려져 있는 민영환. 그런데 그가 자결하기 9년 전, 조선인 최초로 세계를 일주했다는 사실을 알고 있는 사람은 몇이나 될까?

제3의 선택, 러시아를 주목하라

　1896년 러시아에서는 '마지막 황제' 니콜라이 2세의 황제 즉위식이 거행되었다. 청나라와 일본으로부터 압박을 받고 있던 조선 정부는 제3의 카드인 러시아에 주목했다. 러시아와 긴밀한 외교 관계를 맺어 열강의 침략에서 벗어날 수 있는 돌파구를 찾으려 했던 것이다. 명성황후 시해 사건(1895년)으로 일본의 명백한 침략 의도를 간파한 조선 정부는 청·일전쟁(1894년)에서 패배하여 종이호랑이가 된 청나라보다는 러시

모스크바에서의 민영환 일행과 러시아 관원들 | 앞줄 가운데가 민영환, 왼쪽은 윤치호와 김득련이다.

아에 주목하기 시작했다. 1896년 고종이 러시아 공사관으로 피신한 아관파천은 조선 외교의 대안으로 떠오른 러시아에 대한 신뢰를 보여주는 상징적인 사건이었다. 더구나 러시아는 블라디보스토크를 매개로 조선과 국경을 대하고 있는 지리적으로 '가까운' 나라였다. 그리고 19세기 후반 들어 유럽은 물론이고 동아시아에까지 팽창하고자 했던 러시아에게 조선은 매력적인 땅이었다.

때마침 열리는 러시아 황제의 대관식은 러시아에 대한 조선의 우호적인 입장을 보여줄 수 있는 절호의 기회였다. 고종은 민영환을 특명 전권대사로 임명, 조선을 대표하는 사절로 삼아 러시아에 파견하기로 했다.

김득련, 윤치호가 수행원으로 동행했다.

왕명을 받고 인천항을 출발한 민영환 일행은 태평양을 건너 미국을 거쳐 다시 대서양까지 횡단했다. 힘겹게 도착한 모스크바의 크렘린 궁전. 여행의 피로 속에서도 일행은 자신들의 여정을 치밀한 기록으로 남겼다. 현재 규장각에 소장된 《부아기정赴俄記程》, 《환구일록環璆日錄》, 《환구음초環璆唫艸》는 바로 이때의 여정을 기록한 기행문과 자료집이다.

《부아기정》은 '아라사俄羅斯(러시아)에 다다른 기록', 《환구일록》은 '지구를 돈 여행 기록' 이란 뜻이며, 《환구음초》는 '지구를 돌면서 읊은 시' 라는 뜻이다. 이외에도 규장각 소장품은 아니지만 민영환이 쓴 《해천추범海天秋帆》은 사절단의 여정을 구체적으로 기록하고 있어서 당시 세계일주의 면모를 파악하는 데 큰 도움이 된다. 110년 전 각고의 어려움을 헤치며 러시아에 다다랐던 민영환 일행. 그들의 눈에 비친 세계와 러시아의 모습은 어떠했을까? 규장각에 소장된 민영환 일행의 세계일주 기행문을 통해 110년 전 그때로 돌아가 보자.

태평양과 대서양을 횡단하여 러시아로 들어가다

민영환 일행은 1896년 4월 1일 국서와 친서, 신임장 등을 가지고 돈의문을 출발하여 제물포항에서 배를 탔다. 이어 상해와 동경을 거치고, 태평양과 대서양을 건너 독일에 가서 그곳에서 기차를 타고 50일간의 긴 여정 끝에 5월 20일 모스크바에 도착했다. 모스크바에서 청국공사 이홍장 등 '세계적인 실세' 를 비롯하여 여러 나라의 대사와 러시아 황족을

만났으며, 황제의 대관식을 지
켜보았다. 공식 일정 후에는 크
렘린 궁, 박물원, 극장, 조선창
造船廠 등 주요 시설물과 기관
을 방문했다.

　《부아기정》은 러시아의 지리
와 문자, 기후 등에 대해서도
간략히 소개하고 있으며, 총 6개월 21일 동안 11개국을 돌아본 여정을
꼼꼼하게 기록하고 있다. 민영환 일행의 세계일주 경로는 다음과 같다.

　한성(4월 1일 8시 출발) → 인천 → 상해(4월 4일) → 동경(4월 16일) → 태
평양 횡단 → 캐나다(4월 29일) → 아메리카 대륙 횡단 → 뉴욕(5월 6일)
→ 대서양 횡단 → 영국(5월 16일) → 네덜란드 → 독일(5월 17일) → 폴
란드 → 러시아(5월 20일 모스크바 도착, 5월 26일 러시아 황제 대관식 참석, 8
월 18일까지 체류) → 모스크바 출발(8월 19일) → 시베리아 횡단 → 블라
디보스토크 → 인천 → 한성(10월 21일)

　그런데 한 가지 의문이 들 것이다. 왜 중국에서 바로 유럽으로 가지
않고, 일본을 경유하여 태평양을 건넌 뒤 캐나다와 미국을 거쳐 대서양
을 횡단한 후 유럽으로 들어갔는가 하는 점이다. 사실 민영환 일행은 상

해에 도착한 후 프랑스 공사선公使船을 타고 홍콩을 거쳐 유럽으로 가려고 했는데 상해에 늦게 도착하는 바람에 배를 탈 수 없었다. 반드시 황제 대관식 날짜에 맞추어 가야 했기 때문에 다른 배를 찾던 중, 태평양으로 가는 영국 상선 황후호가 뉴욕을 경유하여 유럽으로 가는 것을 알고 이 배에 승선했다. 서쪽으로 가려다가 갑자기 동쪽으로 코스가 바뀌었고, 덕분에 민영환 일행은 태평양과 대서양을 모두 횡단하는 행운을 누리게 된 것이다.

4월 17일 동경을 출발한 민영환 일행은 4월 29일 캐나다 밴쿠버항에 도착했다. 13일간에 걸친 태평양 횡단이었다. 캐나다에서는 육로를 통해 몬트리올로 들어갔고 바로 뉴욕으로 향했다. 5월 9일 뉴욕을 떠나 이번에는 대서양으로 향했다. 5월 16일에는 영국의 리버풀 항구에 도착했고, 5월 17일 네덜란드를 거쳐 독일의 수도 베를린으로 들어갔다. 5월 18일에 마침내 러시아의 경계가 시작되는 알렉산드로프에 도착했고, 폴란드의 바르샤바를 거쳐 5월 20일 모스크바에 도착했다.

먼발치에서 지켜본 러시아 황제 대관식

5월 22일부터 러시아에서의 공식 일정이 시작되었다. 대례복으로 갈아 입은 일행은 각국의 외교 사절을 만나면서 분주하게 움직였다. 청나라의 이홍장과 일본의 아리토모와 같은 정치 실세들도 만났다. 5월 26일 드디어 태평양과 대서양을 건너온 목적이었던 러시아 황제의 대관식이 열렸다. 그러나 정작 민영환 일행은 이 대관식을 먼발치에서 지켜보아야만 했다. 왜 그랬을까? 황제의 대관식은 크렘린 궁의 예배당에서 열렸는데, 예배당에는 관모를 벗지 않으면 들어갈 수 없었다. 조선, 청나라, 터키, 페르시아의 사신이 관을 벗지 않았다는 이유로 들어가지 못했다. 일행은 그대로 남아 누각 위에서 대관식을 지켜보았다. 두 달여의 항해 끝에 목적지에 도착했지만 정작 대관식에 입장할 수 없었던 그들의 심정이 어떠했을까?

《부아기정》은 대관식 절차를 다음과 같이 기록하고 있다.

5월 18일: 황제가 모스코 성 밖 피득彼得 행궁에 도착했다.
19일, 20일: 휴게
5월 21일: 동가動駕하여 성으로 들어갔다.
5월 22일, 23일: 각국 사신을 인견했다.
5월 24일: 육군 각 부대가 공연을 했다.
5월 25일: 희랍교 예배당에서 성찬을 했다.
5월 26일: 대관례를 위해 점등했다.
5월 27일: 귀령님 궁에서 진하했다.

'피득'은 표트르 대제를 뜻하고, '귀령님 궁'은 크렘린 궁을 뜻한다. 공식 일정이 끝난 뒤 민영환 일행은 8월 25일까지 3개월 이상을 러시아

크렘린 궁 앞의 군중 | 니콜라이 2세의 대관식을 축하하기 위해 크렘린 궁 앞(지금의 붉은 광장)에 모인 군중. 바실리 성당 앞에서 찍은 이 사진의 왼쪽이 크렘린 궁이고, 정면의 건물은 현재 박물관으로 사용되고 있다. 이 중에 민영환 일행도 있었을 것이다.

에 머물면서 각지를 방문했다. 국립역사박물관인 박물원, 황실극장에서의 발레 관람, 동물원, 전기영화관, 지폐를 만드는 곳, 조선창 등 그야말로 놀라운 신문물을 직접 접했다.

　귀국 코스는 동쪽으로 향하는 것이었다. 태평양, 대서양을 건너왔다가 시베리아를 거쳐 돌아가니 진정한 세계일주라고 할 수 있다. 멀고도 험한 시베리아를 거쳐, 9월 14일에는 바이칼호에 도착했다. 9월 24일 흑룡강 지역에 이르렀고, 10월 10일에는 블라디보스토크 역에 도착했다. 10월 16일경부터 멀리 조선 땅이 보이기 시작했다. 10월 20일 마침내 인천항에 도착했다. 7개월 동안 11개국을 거치고, 6만 8,365리를 넘나든 기나긴 여정이었다. 비록 왕명을 받아 러시아 황제 대관식에 참여한 공무 성격의 여행이었지만, 민영환 일행의 러시아 여행은 우리나라 역사상 최초의 세계일주였다. 꼼꼼히 정리한 그날의 기록에는 세계를 향해 한 걸음씩 다가서는 조선의 모습이 담겨 있다. 그 기간과 지역이 방대한 만큼 당시 세계의 기후와 풍습에 대한 묘사가 풍부하다. 무성영화를 처음 본 감상과 북유럽의 백야 현상을 본 경험, 블라디보스토크 등에 이주해 사는 한인들에 대한 서술도 빼놓지 않고 있다.

시로 표현된 세계여행 《환구음초》

　《환구음초》는 러시아 사신단의 한 사람이었던 김득련이 4월 1일 서울
을 출발할 때부터 그해 10월 21일 귀국할 때까지 지은 시가 실려 있는

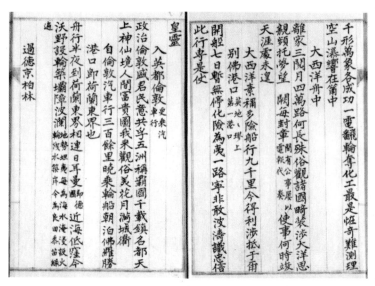

환구음초 | 고종 때 문인 김득련이 1896년 특명전권공사 민영환의 참사관으로 러시아에 다녀오면서 지은 시문들을 모은 책이다. 1책, 필사본.

책이다. 각 지역에서 견문한 내용과 그에 대한 감흥을 한시로 읊었다. 조선시대 사신들이 외국을 방문할 때 시를 남겼던 전통을 그대로 이어받은 것이다.

〈인항승기선직향상해仁港乘汽船直向上海〉, 〈승화륜차입동경乘火輪車入東京〉, 〈태평양관일출太平洋觀日出〉, 〈대서양주중大西洋舟中〉 등 시 제목에 당시 여정과 교통수단, 일행들의 행동이 압축되어 있다. 각국의 도시를 묘사한 부분에서는 도시의 정경은 물론 우리말로 서양의 도시를 표현한 것이 흥미롭다. 미국과 캐나다 국경에 있는 오대호 중 하나인 슈피리어호를 지나면서 읊은 〈과수폐라여대호過藪蔽羅如大湖〉, 영국 수도 런던에 도착했을 때 감상을 적은 〈입영도륜돈入英都倫敦〉, 독일의 수도 베를린을 지나면서 쓴 〈과덕국경백림過德國京柏林〉, 폴란드의 옛 수도를 읊은 〈파란국고도波蘭國古都〉 등이 대표적이다.

프랑스와 싸운 이후로 극히 부강해졌네
육군은 정교하고 예리하여 서양에서 으뜸일세
돌아와 어여삐 여기고 항상 질박하고도 남음이 있네
백 가지 기예가 모두 장인의 뜻으로 잘 되어가는구나

위의 시는 독일의 수도 베를린을 지나면서 노래한 것으로, 독일의 강성한 군대와 기술이 발전한 모습을 묘사하고 있다. 폴란드 수도 바르샤바에 대해서는 "노래와 춤이 번화한 곳/ 떨어진 꽃만 적막하게 붉었네/ 나라 잃은 백성들이 슬퍼하여/ 때때로 봄바람에 우는구나"라 하여 망국의 아픔을 표현했다. 마치 10여 년 뒤 조선의 운명을 예견한 것처럼.

그 밖에도 《환구음초》에는 일본, 미국, 영국, 독일 등의 발달된 산업, 군사, 기술, 사행 과정에서 목격한 자연 경관, 모스크바 체류 중 관람한 러시아의 문물, 제도 등이 잘 표현되어 있다.

서구 열강의 위협이 가속화되어가고 있던 1896년 세계여행길에 올랐던 민영환과 김득련, 윤치호 일행은 '근대로의 지향'이라는 시대적 과제를 절실히 고민했을 것이다. 세계는 넓고 해야 할 선택은 많았던 시대였다.

東萊府地圖

혼일강리역대국도지도

―――――――――――― 605년 전 조선이 바라본 세계

19세기의 학자 홍석주는 정조 시대 규장각 소장 지도를 소개하는 글에서 "우리나라의 지리지는 중국에 비해 매우 소략하지만 지도의 자세함은 중국보다 앞서 있다"고 말한 바 있다.

필자 역시 규장각에 소장된 조선시대 각종 지도들의 상세함과 다양함에 놀랐다. 세계지도에서 부터 조선 전체의 모습을 담은 조선 전도, 그리고 각 지방의 모습을 담은 군현지도에 이르기까지 지도에는 당시 사람들의 세계와 국토에 대한 인식이 생생하게 담겨 있다. 규장각에는 그야말로 '고지도 천국'이라고 할 수 있을 정도로 역사와 지리, 그 시대 사람들의 생각이 담긴 각종 고지도가 소장되어 있다.

세계지도를 만들기까지

〈혼일강리역대국도지도混一疆理歷代國都地圖〉(일명 혼일강리도)는 1402년에 그려진 우리나라 최초의 세계지도다. 안타깝게도 원본은 현재 남아 있지 않다. 1402년에 제작된 원본을 바탕으로 만든 지도가 일본 류코쿠龍谷 대학 도서관에 소장되어 있었는데, 이것을 지도학자 이찬 교수가 사람을 시켜 모사하여 규장각에 기증했다. 비록 모사본일지라도 600년 전에 아시아, 유럽, 아프리카를 그린 세계지도라는 점에서 이 지

혼일강리역대국도지도 | 1402년(태종 2) 권근, 김사형, 이무, 이회 등이 만든 세계지도를 15세기 후반에서 16세기 초반 사이에 필사한 지도. 중국을 중앙에 배치하고 동쪽은 조선과 일본, 서쪽으로는 아라비아, 유럽, 아프리카에 이르는 구대륙 전역을 포괄하고 있다. 특히 조선을 다른 나라보다 크게 그림으로써 자국에 대한 자부심을 드러내고 있다. 하단의 발문에 따르면, 이 지도는 중국의 《성교광피도》와 《혼일강리도》, 조선의 전도全圖, 그리고 일본의 지도를 합하여 새롭게 편집 제작한 것이라 하였다. 15세기 초의 세계지도로는 세계에서 가장 뛰어난 지도 중의 하나로 꼽힌다. 조선 초기의 지도 제작 수준과 더불어 지도에 대한 국가의 관심, 그리고 당시 사람들의 세계 인식을 알 수 있는 귀중한 자료다. 채색 필사본(모사본), 158×168cm, 원본은 일본 교토 류코쿠 대학교 소장.

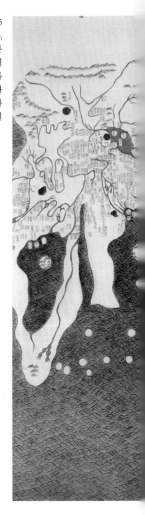

도의 가치는 매우 높다.

1402년 5월 이회는 자신이 그린 〈조선팔도도〉를 태종에게 바쳤다. 그리고 3개월 후 최초의 세계지도인 〈혼일강리도〉가 완성되었다. 지도 제작에 참여한 사람은 의정부 좌정승 김사형, 우정승 이무, 검상檢詳 이회였다. 참찬 권근은 지도가 만들어지기까지의 과정과 제작 동기를 밝힌 발문을 썼다. 〈혼일강리도〉는 조선 초기 국가 최고 의결기관인 의정부의 최고위급 관원들의 합작품이었다.

천하는 지극히 넓다. 내중국內中國에서 외사해外四海에 이르기까지 몇 천만 리인지 알 수 없다. 이것을 줄여서 수 척의 폭으로 된 지도를 만들면 상세하기는 어렵다. 그러므로 지도로 만들면 모두 소략하게 된다. 오직 오문吳門 이택민의 〈성교광피도聲敎廣被圖〉는 매우 상세하고, 역대 제왕의 연혁은 천태승 청준의 〈혼일강리도〉에 실려 있다. 건문建文 4년 여름에 좌정승 상락上洛 김공(김사형)과 우정승 단양 이공(이무)이 섭리燮理의 여가에 이 지도를

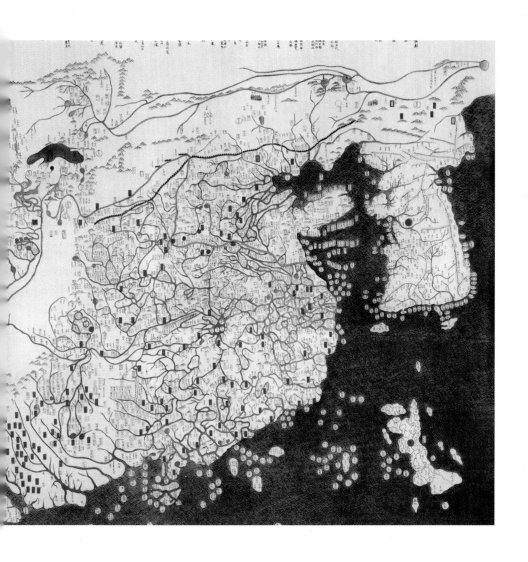

참조하여 연구하고 검상 이회에게 명하여 자세히 교정하게 하여 일도一
圖를 만들게 했다. 요수 동쪽과 본국의 강역은 이택민의 지도에도 많이
생략되어 있다. 지금 특히 우리나라 지도를 증광하고 일본을 첨부하여
새로운 지도를 작성했다. 정연하고 보기에 좋아 집을 나가지 않아도 천

하를 알 수 있게 되었다. 지도를 보고 지역의 원근을 아는 것은 다스림의 일조가 된다. 이공(김사형과 이무)이 이 지도를 존중하는 까닭은 그 규모와 국량이 크다는 것을 알기 때문이다. 근(권근)은 재주가 없으나 참찬을 맡아 이공의 뒤를 따랐는데 이 지도의 완성을 기쁘게 바라보게 되니 심히 다행스럽게 여긴다. 내가 평일에 방책을 강구해보고자 했는데 뜻을 맛보았고, 또한 후일 자택에 거주하며 와유臥遊하게 될 뜻을 이루게 됨을 기뻐한다. 따라서 이 지도의 밑에 써서 말한다. 시년추팔월是年秋八月 양촌 권근이 기록함.

권근의 발문을 보면 김사형과 이무가 지도 제작을 기획하고, 실무는 이회가 한 것으로 나타난다. 이회가 그 전에 〈조선팔도도〉를 제작한 것을 감안하면 〈혼일강리도〉의 실제 주역은 이회라고 할 수 있다.

한편 지도 제작에 주요한 근거가 되었던 〈성교광피도〉는 이슬람 계통의 세계지도로 추정된다. 아랍어 지명이 보이고, 바다는 녹색, 하천은 청색으로 표기되어 있는데 이는 아랍 계통의 지구의와 동일하다. 아마도 아라비아 지역까지 영토를 확보했던 원나라 시대에 아라비아 계통의 지도가 중국으로 들어왔을 것이고, 이를 토대로 제작된 중국의 세계지도를 참고했을 것이다.

그러나 아라비아 계통의 지도가 땅은 둥글다는 지구설에 기초하여 원형의 세계지도로 제작된 것과는 달리 〈혼일강리도〉는 '하늘은 둥글고 땅은 네모지다'는 천원지방天圓地方의 천지관에 토대를 두고 있다. 지도가 사각형으로 그려진 것은 이러한 인식이 반영된 것으로 보인다.

명나라에서도 1398년경 〈대명혼일도〉가 제작되었는데 〈혼일강리도〉

와 매우 유사한 모습을 띠고 있다. 〈대명혼일도〉의 영향을 직접 받은 것인지 여부는 알 수 없지만, 원나라든 명나라든 중국에서 제작된 세계지도를 참조하여 조선과 일본을 합한 것이 바로 〈혼일강리도〉가 된 것은 틀림없다. 발문에 "우리나라 지도를 증광하고 일본을 첨부했다"는 표현이 이를 입증한다. 이회는 〈조선팔도도〉를 제작한 경험이 있는 만큼 중국과 비례하는 조선의 지도를 그리는 데 큰 어려움이 없었을 것이다.

한편 《세종실록》을 보면 1401년 통신관으로 일본에 건너간 박돈지가 일본 지도를 입수했다는 기록이 있는데, 이때 입수한 지도가 〈혼일강리도〉를 제작하는 데 활용된 것 같다. 그러나 지도에 표시된 일본은 위치나 크기 면에서 실제와 큰 차이가 있다. 이것은 15세기 초반, 일본을 작은 나라로 간주한 당시 조선 집권층의 세계관을 보여준다.

600년 전의 세계지도 속으로

조선과 중국을 중심으로 일본은 조선의 남쪽에 작게 그려져 있다. 위치나 크기로 보아 조선 초기에는 일본에 대한 정보가 별로 없었음을 짐작할 수 있다. 다만 유구국(오키나와) 지도는 실제보다 과장되게 그렸다. 유구와의 교류가 상대적으로 활발했음을 보여주는 것이다. 1443년 일본에 통신사의 서장관으로 간 신숙주가 1471년(성종 2) 왕명으로 편찬한 《해동제국기》에 그려진 일본 지도가 훨씬 정확하다. 15세기 후반부터 본격화된 일본과의 교류가 16세기 이후 일본에 관한 정확한 지도를 만들 수 있었던 배경으로 추정된다.

〈혼일강리도〉에는 동북아시아뿐만 아니라 동남아시아, 아라비아 반

해동제국기 | 신숙주가 1443년(세종 25)에 일본에 다녀온 뒤 1471년(성종 2) 왕명에 의하여 편찬한 견문록. 일본의 자연환경과 국내 정세, 대일외교의 연혁 및 각종 의례 등이 기록되어 있다. 2책, 필사본.

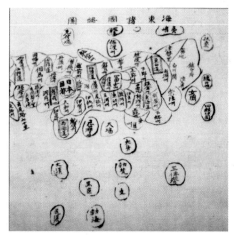

해동제국기 중 〈해동제국총도〉

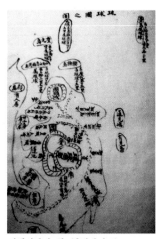

해동제국기 중 〈유구국지도〉

도, 아프리카, 유럽까지 표시되어 있다. 동남아시아의 섬과 해안선의 윤곽은 실제보다 단순하게 그려져 있지만 필리핀, 태국, 인도네시아, 말레이시아 등 주요 동남아 국가들이 분명히 표시되어 있다. '월상, 교지,

임읍'으로 기록된 곳은 베트남이며, 태국은 '섬'으로 표기되어 있다. 참고로 《지봉유설》에도 태국이 섬라국으로 표기되어 있다. '범국'으로 표기된 곳은 지금의 미얀마다. 당시까지 거의 교류가 없었다고 추정되는 유럽과 아프리카에 대한 정보도 비교적 자세하다. 〈혼일강리도〉에는 100여 개의 유럽 지명과 약 35개의 아프리카 지명이 표시되어 있다. 지중해가 바다 아닌 호수로 표시되어 있고, 아프리카 중심부가 대부분 호수로 채워진 것도 눈길을 끈다. 아프리카 대륙 한가운데에 있는 황사黃砂는 사하라 사막에 대한 정보를 이미 갖고 있었음을 알려준다.

그런데 현재 세계지도와 비교하면 유독 다른 곳이 있다. 어디일까? 바로 인도다. 언뜻 보기에 생략된 것 같지만 자세히 보면 중국의 서쪽 옆에 윤곽이 드러나 있다. 그리고 친절하게도 '축국竺國'이라 표기하고 있다. 인도가 대륙에 붙어 있는 것처럼 그려진 것은 고대 그리스의 지도학자 프톨레마이오스의 영향 때문인 듯하다. 프톨레마이오스의 세계지도에는 인도가 반도 아닌 대륙의 일부로 그려져 있으며, 이 지도의 영향을 받은 아라비아 지도에도 인도가 대륙의 일부로 그려졌다. 결국 그리스의 세계지도가 아라비아로 전해지고, 아라비아 지도는 다시 중국을 거쳐, 600년 전 조선에 전해진 것이다.

〈혼일강리도〉는 1994년에 출간된 《지도 제작의 역사History of Cartography》 아시아 부분 표지를 장식할 만큼 정보의 정확성이나 채색 기법의 우수성을 인정받고 있다. 더구나 아시아의 조그마한 나라 조선에서 600년 전에 이미 수준급의 세계지도를 제작한 사실에 세계인들은 놀라고 있다. 조선은 그 후에도 〈화동고지도華東古地圖〉나 〈천하도지도天下都地圖〉와 같은 세계지도는 물론이고, 〈해동지도〉와 같은 전국의 군현지도, 그리고 김정호의 《대동여지도》와 같은 명품 지도를 계속 선보일 만큼 지도 제작 수준과 능력이 탁월했다.

〈혼일강리도〉에서 〈천하도지도〉로

〈혼일강리도〉에 나타난 세계 인식의 변화를 가장 잘 보여주는 지도가 18세기 중반에 편찬된 〈천하도지도〉다. 〈천하도지도〉는 중국에서 활동했던 서양 선교사 알레니의 《직방외기職方外紀》에 수록된 〈만국전도〉를 바탕으로 제작한 것으로, 서구식 한역漢譯 세계지도라 할 수 있다. 《직방외기》에 실린 지도와 세부적인 면에서 차이는 있으나 지도의 윤곽, 도법, 지명 등이 대부분 일치한다.

〈천하도지도〉는 마테오 리치의 《곤여만국전도坤輿萬國全圖》와 같이 지도의 중앙 경선을 태평양 중앙에 둠으로써 중국을 중심으로 하는 동아시아를 중앙 부분에 배치했다. 이는 전통적 중화사상을 고려하여 의도적으로 유럽 중심의 구도를 태평양 중심의 구도로 바꾼 것이다. 지도의 중심부에는 대동양과 소서양이 큼지막하게 표기되어 있다.

그럼에도 〈천하도지도〉는 현재의 세계지도와 거의 유사할 만큼 정확하다. 〈혼일강리도〉처럼 북반구만 그린 게 아니라 남반구까지 포함하고 있으며 북아메리카와 남아메리카, 즉 신대륙까지 그려 넣었다. 〈혼일강리도〉가 신대륙 발견 이전에 제작된 것을 고려하면 〈천하도지도〉는 그만큼 넓은 세계에 대한 인식이 확산되었음을 반영하고 있다. 미국의 캘리포니아를 '가리복니리아加里伏尔里亞'라고 표기한 것을 보면 18세기 후반 이미 이 지역이 '캘리포니아'라 불렸음을 알 수 있다.

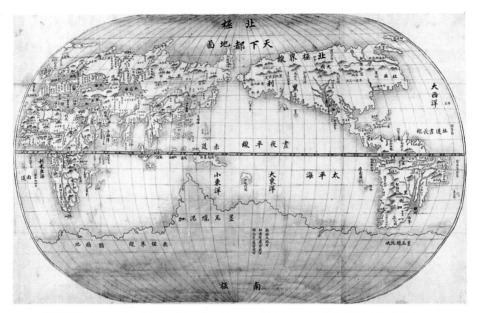

천하도지도 | 18세기 말에 편찬된 서구식 한역 세계지도. 중국에 왔던 서양 선교사 알레니의 《직방외기》에 수록된 만국전도를 바탕으로 제작되었다. 마테오 리치의 곤여만국전도와 같이 지도의 중앙 경선을 태평양 중앙에 둠으로써 중국을 중심으로 하는 동아시아를 중앙 부분에 배치하였다. 이는 전통적인 중화사상을 고려하여 의도적으로 유럽 중심의 구도를 태평양 중심의 구도로 바꾼 것이다. 근대식 지도 제작기법을 사용한 지도이지만 남방의 대륙은 화지火地로 표현하는 등 한계성도 보인다. 오세아니아 대륙을 비롯한 남방이 아직 탐험되지 않은 시대적 상황을 반영하고 있다. 1790년대, 채색 필사본, 60×102cm.

　　〈천하도지도〉는 근대식 지도 제작기법을 사용하고 유럽 대륙의 정보까지 자세히 표기하고 있지만 한계도 있다. 남방 대륙은 미지의 땅인 '화지火地'로 표현되어 있다. 색채도 노란색을 쓰다가 남극 부분은 붉은색으로 칠하고 있다. 당시 사람들은 남쪽으로 갈수록 훨훨 불이 타는 곳이 존재한다고 생각한 것이다. 이는 오세아니아를 비롯한 남반구 지역이 아직 탐험되지 않은 시대적 상황을 반영한다.

　　15세기 초 조선 전기를 대표하는 세계지도 〈혼일강리도〉와 18세기 후반 조선 후기를 대표하는 〈천하도지도〉를 비교해보노라면 350년의 세

화동고지도 | 16세기 중엽 조선과 중국을 중심으로 그린 동양 지도. 바다의 물결무늬〔水波描〕, 중국의 연호와 지명 등으로 보아 16세기 중엽에 편찬된 지도로 추정된다. 1402년의 〈혼일강리도〉에서 보이는 아프리카, 유럽, 아라비아 부분이 이 지도에는 그려져 있지 않지만, 중국 부분의 지형과 지명은 훨씬 정확해졌다. 제목을 '화동' 이라 한 것에서 중화의식을 엿볼 수 있다. 조선의 팔도와 중국의 성省은 지명의 색채를 달리하여 구분했다. 산동반도 남쪽의 황해에 는 잦은 변동이 있었던 황하 유로의 변천사를 기록했다. 16세기 중엽, 채색 필사본, 187×198cm.

월이 결코 짧지 않은 시간이었음을 알 수 있다. 〈혼일강리도〉에서 표현 된 중국 중심의 세계관에서 탈피하여 미국, 러시아, 유럽 등 열린 세계 로 나가야 하는 조선의 운명이 〈천하도지도〉에서 느껴진다.

이찬 교수의 극적인 〈혼일강리도〉 모사기

한국의 대표적 지도학자이자 지리학자였던 고故 이찬 교수(전 서울대학교 지리학과 교수)의 지도에 대한 애정은 각별했다. 현재 규장각에 소장된 〈혼일강리도〉의 모사본은 이찬 교수가 있었기에 가능했다. 이찬 교수는 1968년 일본 교토의 류코쿠 대학 도서관에서 〈혼일강리도〉 필사본을 보는 순간 직감적으로 매우 중요한 지도라는 것을 알아보았다. 정확한 기록이 없어 단정할 수는 없지만, 〈혼일강리도〉는 임진왜란을 전후한 시기에 일본으로 흘러나간 것으로 추정되는데, 긴 세월을 건너 이찬 교수의 눈에 들어오게 된 것이다.

이 지도의 입수에 골몰하던 이찬 교수는 전통시대 선조들이 해왔던 방식대로 지도를 필사하여 똑같은 형태로 제작해보고자 했다. 그러나 류코쿠 대학 측에서는 사진 찍는 것조차 허락하지 않았다. 이찬 교수는 아는 사람을 총동원해서 류코쿠 대학 측이 보관하고 있던 사진을 입수하는 데 성공했다.

〈혼일강리도〉의 거의 완전한 실물 사진을 확보한 이찬 교수는 바로 초상화 전문가를 찾아갔다. 지도의 필사 작업이 초상화의 모사模寫와 유사하다고 판단했기 때문이다. 초상화 전문가는 흔쾌히 응낙을 했고 이후 어려운 작업이 시작되었다. 눈금을 새긴 자를 그려 지도를 한 칸 한 칸씩 옮겨 그리고, 컬러 사진과 똑같이 색을 입혀나가기 시작했다. 이런 방식으로 지도의 형체를 완성했지만 지도에 빽빽이 쓰인 글씨를 옮기는 것이 문제였다. 이번에는 서예가가 나섰다. 몇 달에 걸쳐 모르는 한자투성이인 옛 지명 하나하나를 옥편에서 찾아가며 확인 가능한 글씨들을 지도 위에 옮겼다.

1983년 마침내 필사본 지도가 완성되었다. 이찬 교수가 처음 일본에서 지도를 보고 우리 것으로 만들어야겠다고 결심한 지 15년 만의 일이었다. 현대 지도학자의 오랜 집념과 노력 덕분에 규장각은 〈혼일강리도〉라는 걸작을 맞이할 수 있게 되었다.

500년 전 조선 팔도 생생한 삶의 현장 들여다보기 ------|

신증동국여지승람

500여 년 전 조선의 모습을 타임머신을 타고 간 듯 속속들이 들여다볼 수 있는 자료가 있다. 바로 《동국여지승람》이다. 《동국여지승람》은 원래 성종 때인 1481년에 50권으로 편찬되었고, 1497년에 55권으로 재간행되었다. 그러나 현재까지 전질이 남아 있는 책은 중종 때인 1530년 《동국여지승람》의 내용을 보완하여 편찬한 《신증동국여지승람》이다. 《신증동국여지승람》은 임진왜란을 거치면서 소실되었으나 광해군 때인 1611년 목판본으로 다시 간행되었다. 규장각에는 광해군 때 재간행한 《신증동국여지승람》 55권 25책이 보관되어 있다.

《동국여지승람》을 만들기까지

우리나라 지리지의 역사는 매우 오래되었다. 그러나 《삼국사기》와 《고려사》에 수록된 것은 모두 소략한 내용의 역사 지리지로, 주로 주, 군, 현의 소속 관계와 변천 관계를 기록했다. 조선 전기 중앙집권화가 강화되면서 국가는 각 지역의 정보를 제대로 파악할 필요성을 느꼈고 이에 따라 각 지역의 연혁, 토지, 호구, 성씨, 인물, 물산, 문화유적 등에 대한 정보를 기록한 지리지 편찬사업이 활발하게 진행되었다.

신증동국여지승람

지리지 편찬은 세종 시대에 본격화되었다. 이때 편찬된 팔도의 지리지는 《세종실록》의 〈지리지〉 부분에 반영되었다. 세종 때에 편찬된 팔도 지리지로는 유일하게 〈경상도지리지〉가 규장각에 소장되어 있다. 세조 때 양성지 등이 주도하여 1478년(성종 9)에 《팔도지리지》를 완성하였으나, 다른 지리지는 모두 없어지고 역시 〈경상도속찬지리지〉만이 규장각에 소장되어 있다.

조선 전기 지리지 편찬사업은 《동국여지승람東國輿地勝覽》의 완성으로 그 결실을 보았다. 《동국여지승람》은 《팔도지리지》를 토대로 하여 서거정이 편찬한 《동문선》의 시문을 합한 형태로 만들어졌는데, 처음에는 훈구파 세력들이 중심이 되었다가 후에 김종직, 최부 등 사림파 세력이 편찬에 참여했다. 《동국여지승람》은 훈구파와 사림파가 힘을 합쳐 간행한 지리지라는 점에서도 의미가 있다. 사림파의 영수 김종직이 신숙주의 문집인 《보한재집》의 발문을 쓰고, 신숙주에 대한 평가 또한 우호적이었음을 볼 때 15세기 편찬사업이 활발했던 시기는 사림파와 훈구파의 갈등이 심각하지 않았고, 오히려 국가적 사업에 함께 힘을 합쳤음을 알 수 있다.

중종은 즉위 후 《동국여지승람》의 내용을 보완, 수정하라는 지시를 내렸다. 지리지의 내용을 한층 풍부하게 하고, 성종 이후에 변화된 사항들을 폭넓게 담고자 했던 것이다. 이에 따라 이행, 윤은보, 홍언필 등이 중심이 되어 1530년 '새롭게 증보했다'는 뜻을 담은 《신증동국여지승람》을 편찬했다. 《신증동국여지승람》은 55권 25책에 달하는 방대한 내용으로 전국 군현의 사회, 경제, 문화에 관한 사항을 자세히 담았다. 특히 문화사적 내용을 많이 보강했다.

성리학 이념과 문화를 중시한 시대상 반영

《신증동국여지승람》의 첫머리에는 이행의 진전문進箋文, 이행 등이 쓴 서문, 구본《동국여지승람》의 서문이 실려 있다. 서문에서 "비록 역대가 오래된 풍속이나 사경四境의 먼 것이라도 한번 책을 펼치면 분명히 손바닥에 놓고 가리키는 것과 같으니 실로 일국의 아름다운 볼거리[勝覽]로서 열성列聖(역대 제왕)이 미처 하지 못했던 것이다"라 하여 국토를 일목요연하게 파악할 필요에서 본 책이 편찬되었음을 말하고 있다.

이어 전국을 경도, 한성부, 개성부, 경기도, 충청도, 경상도, 전라도, 황해도, 강원도, 함경도, 평안도 등으로 나누고 각 부와 도에 속하는 329개 지역의 연혁과 관원, 군명, 성씨, 풍속, 형승形勝, 산천, 토산, 성곽, 관방, 봉수, 누정, 학교, 역원, 불우佛宇, 사묘, 능묘, 고적, 명환名宦, 인물, 시인의 제영題詠 등의 순서로 지역적 특성을 기록했다.

연혁은 시대에 따른 각 군현의 지명 변화를 기록한 것으로 삼국시대부터 조선시대에 이르는 지명 변천 과정을 알 수 있다. 풍속은 그 지역의 기질과 풍속을 적고 있는데, 안동의 경우 "부지런한 것과 검소한 것

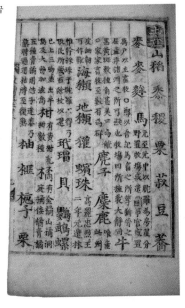

신증동국여지승람, 제주의 《토산》 부분 | 귤의 종류가 다양하게 언급되어 있다.

을 숭상하고 농사짓고 누에치는 일에 힘쓴다"고 기록하고 있으며, 석전이 매년 음력 정월 16일 열린다는 내용도 있다. 토산은 지역에서 생산되는 특산물, 관방은 주요 방어처, 누정은 정자, 불우는 사찰을 말한다. 역원과 봉수 항목은 당시 왕명 전달이나 긴급한 상황에서의 연락망 확충을 매우 중시했음을 말해준다.

《신증동국여지승람》이 이전에 편찬된 《세종실록지리지》와 크게 다른 것은 토지, 호구, 군사 항목이 없는 대신에 인물이나 제영의 비중을 늘린 점이다. 이는 성리학 이념이 조선 사회에 점차 확산되면서 이에 충실했던 충신, 효자, 열녀의 행적을 널리 전파하고, 관리나 학자들이 쓴 시문들을 알려 문화 국가로서의 면모를 강조하기 위한 것으로 풀이된다. 특히 《신증동국여지승람》의 편찬이 학문과 문화를 중시하는 사림파 학자들에 의해 주도되면서 이러한 점이 더욱 강조되었다.

500년 전 조선 팔도의 모습

《신증동국여지승람》에는 500여 년 전 조선 사회의 모습이 고스란히

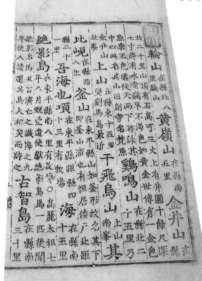

신증동국여지승람 동래현 〈산천〉 부분

담겨 있다. 우선 지방의 특산물을 살펴
보자. 영광의 조기, 영덕의 대게, 풍기
의 인삼, 담양의 대나무, 상주의 감, 제
주의 귤 등 현재도 전국적인 명망을
얻고 있는 특산물들이 〈토산〉으로 기
록되어 있다. 대게는 자해紫蟹, 즉
붉은 게로 기록되어 있으며 귤은
금귤, 산귤, 동정귤, 왜귤, 청귤의
다섯 종류가 있다고 적혀 있다.

　　　　서울에 소방서가 있었다는 기
록도 있다. 조선의 궁궐 및 관청 건물은 모두 목재로 만들어져 화재의
위험이 매우 높았는데, 화재를 막기 위해 수성금화사修城禁火司라는, 지
금의 소방서와 같은 관청이 서울의 종루에 설치되었다. 수성금화사는
각종 소화기구를 갖추고 있었고, 멸화군滅火軍이라고 불리는 소방대원
50여 명이 24시간 근무를 했다고 한다.

　한성부의 〈교량〉 항목에는 혜정교, 대광통교, 소광통교, 통운교, 연지
동교, 동교, 광제교, 홍제교 등 조선 전기부터 존재했던 다리의 명칭과
위치가 기록되어 있어서 청계천을 중심으로 한 조선시대 시가의 모습을
유추할 수 있게 한다.

　부산에 관한 내용 중에는 부산의 연원에 대한 기록이 눈길을 끈다. 당

시 부산은 동래현의 〈산천〉 항목에 기록될 정도로 도시라기보다는 산으로서 의미가 컸다. "동평현(동래현의 속현)에 있으며 산이 가마솥 모양과 같아서 이런 이름을 지었다. 그 아래가 부산포이니, 늘 살고 있는 왜호가 있으며 북쪽으로 현까지의 거리는 21리다"라고 기록되어 있다. 동래현 〈산천〉 항목의 '절영도'에 대해서는 "동평현 남쪽으로 8리에 있으며, 목장이 있다"고 하여 현재의 영도 지역이 목장으로 활용되었음을 알 수 있다.

그 밖에 거제현 〈형승〉 항목에서는 고려시대 학자 이규보의 시를 인용하여 "여름이면 벌보다 큰 모기가 사람을 깨무는데 참으로 무섭다"고 하였고, 개성부 〈탁타교橐駝橋〉 항목에서는 "고려 태조 왕건이 거란에서 보내온 낙타를 굶겨 죽인 데서 다리의 이름이 연원하였다"고 하는 등 흥미로운 기록들이 많다. 정몽주의 죽음으로 유명한 '선죽교'에 대해서는 "좌견리 북쪽에 있다"고만 짧게 언급되어 있다. 《신증동국여지승람》에서 향토의 역사와 풍속을 찾아보면서 시간여행을 해보는 것도 좋을 듯하다.

《신증동국여지승람》의 지도 〈동람도〉

《신증동국여지승람》에는 〈동람도東覽圖〉라는 지도가 포함되어 지리지와 지도집의 성격을 갖추고 있다. 〈동람도〉는 판각된 지도 중에서 가장 오래된 것이다. 《신증동국여지승람》은 1462년 중국의 명나라에서 간행된 《대명일통지大明─統志》의 체제와 양식을 따르고 있는데, 〈동람도〉 또한 《대명일통지》에 첨부된 중국 13성의 지도를 참고한 것으로 추

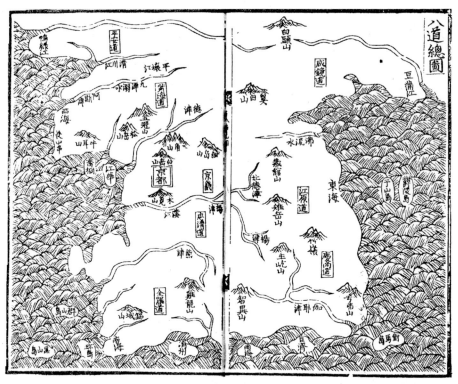

八道總圖

팔도총도 | 동서의 폭이 남북의 길이보다 넓어서 남북이 지나치게 축소되어 있다. 압록강과 두만강이 거의 직선상에 있으며 북부 지방이 특히 남북으로 압축되어 있다. 울릉도와 우산도가 따로 표시되어 있으나 그 위치는 반대로 되어 있다.

정된다.

첫머리에 〈팔도총도〉라는 제목을 붙인 조선 전도를 넣었고, 각 도 첫머리에는 도별로 지도를 넣었다. 이 지도들은 대량 보급을 위해 목판으로 인쇄되었다. 각 지도 옆에 독특한 형태의 파도 무늬가 보이는데 나뭇결에 새긴 듯한 이 무늬는 이 지도들이 목판 인쇄본임을 잘 보여준다. 지도는 모두 동서의 폭은 넓고 남북의 길이가 짧아 통통한 모습을 하고 있다. 규격을 일정하게 만든 것은 목판에 맞추어 찍으려고 한 의도로 보이지만 한편으로 북부 지역이 남부 지역에 비해 매우 작게 그려져 있어 변경에 대한 인식이 상대적으로 낮았음을 알 수 있다. 바다는 중국 지도에서 흔히 볼 수 있는 물결 모양의 수파묘로 채웠다.

〈팔도총도〉의 울릉도 왼쪽에는 독도로 추측되는 우산도于山島가 표기되어 있다. 또한 동해, 남해라는 명칭이 바다 아닌 육지에 적혀 있는데, 이는 바다에 제사 올리던 곳을 표시한 것이다.

지도 제작에 반영된 북벌의 꿈

요계관방지도

1706년(숙종 32) 이이명은 왕명을 받고 작업한 가로 600센티미터, 세로 135센티미터의 대형 지도 제작을 완성하고 이를 숙종에게 바친다. 지도의 이름은 〈요계관방지도〉. 요동 지방에서 북경 근처의 계薊 지역에 이르는 성책과 장성 등을 세밀히 그린 관방 지도로, 당시 청나라에서 해외로 유출이 금지된 각종 지도들을 비밀리에 입수하여 만든 것이다. 마치 첩보전을 방불케 하는 우여곡절 끝에 제작되어 숙종의 북벌 의지를 다잡게 했다는 〈요계관방지도〉. 현재 규장각에 소장되어 있는 이 지도는 작자와 제작 시기, 제작 동기가 분명하다는 점에서 큰 의미를 지닌다.

만주 지역을 둘러싼 국경 분쟁

압록강과 두만강을 경계로 하는 현재의 한반도 국경선이 확정된 것은 조선 세종 때다. 세종의 북방개척 의지와 이를 뒷받침한 김종서, 최윤덕 같은 인물이 북방의 6진과 4군 개척에 힘을 기울이고 적극적인 사민徙民정책으로 백성들을 이곳에 정착시킨 결과다. 이렇게 조선의 국경선은 확정되었지만 압록강과 두만강 인근 지역은 사람들이 그리 많이 살지 않아서 영토에 대한 관념이 희박했다. 압록강과 두만강 이북의 간도 지역에도 조선 농민들이 정착하여 농사를 짓고 살았다. 그런데 여진족의 후예인 청나라가 중원을 장악하면서 이 지역의 소유권을 둘러싸고 청과 조선 간에 잦은 충돌이 일어나기 시작했다. 이 분쟁은 숙종 때 국경 분쟁으로 치달았다.

숙종 때 조선은 청나라와의 국경 문제로 몸살을 앓았다. 청나라는 이제 조선을 침공한 오랑캐가 아니라 언제든 조선을 위협할 수 있는 군사 대국으로 인식되었다. 청나라와 전면전이 있을지도 모른다는 위기의식은 서북 지역의 개발을 촉진시켰다. 군사적 관심에서만 주목되던 서북 지역이 새로운 의미를 갖기 시작한 것이다. 특히 백두산은 분쟁의 주요 대상이었다. 우리나라는 일찍부터 백두산을 조산祖山으로 인식하여 신성시 했는데, 청나라 또한 백두산을 장백산이라 부르며 건국의 발상지로 성역화했기 때문에 종종 국경 분쟁이 발생했다. 청, 조선 두 나라 백성들이 서로 국경을 침범하는 사례가 빈번해지면서 17세기 후반부터는 조선과 청의 주요 외교 현안이 되었다.

1679년 청나라 사신이 백두산을 측량하고 돌아갔는데, 당시 청나라에서 가져온 지도는 백두산을 비롯한 조선의 산천에 대한 내용이 매우 자세하여 조정에서는 우리 측 지도가 유출된 것으로 판단하고 이에 대한 대비책을 세우도록 했다.

1692년 청나라에서는 다시 사신을 보내 국경선 조사를 요구했으나 조선 측의 강력한 반발로 성사되지 못했다. 이처럼 청나라가 조선과의 국경선에 대해 비상한 관심을 보이자 1697년 숙종은 국방에 해박한 남구만 등에게 대책을 세울 것을 지시했다. 남구만은 백두산에 대한 대비책을 세울 것과 두만강 이북은 목조, 익조 등 태조 이성계 선조들의 활동

요계관방지도 | 요동 지방에서 중국 북경 근처의 계 지역에 이르는 성책, 장성 등을 세밀히 그린 관방지도. 숙종의 명을 받은 좌참찬 이이명이 제작했다. 병자호란을 겪은 후 북방 지역에 대한 방어를 강화하는 분위기 속에서 제작되었다. 어람용으로 비단에 그려져 병풍으로 제작되었는데, 표현 방식은 전형적인 중국 양식을 따르고 있다. 1706년(숙종 32), 채색 필사본, 10폭 병풍, 139×635cm.

지역이었다는 점을 주지시키고, 이곳을 확보하는 방안을 추진했다. 그러나 청나라는 계속해서 천문지리에 익숙한 서양인을 앞세워 백두산 일대의 지형을 살피면서 영토 분쟁에서 유리한 여건을 만들어갔다.

강 하나만 건너면 닿는 만주 지역은 매력적으로 다가왔다. 고조선과 고구려의 옛 영토였다는 역사의식도 이곳에 대한 향수를 자극했다. 청과의 국경 분쟁은 더 이상 피할 수 없는 문제가 되었다.

〈요계관방지도〉를 제작하다

청과의 위기의식 속에서 조선은 청나라의 탄생지인 만주에 대한 지리 정보를 입수하고자 노력했다. 이러한 분위기 속에서 청나라 사신으로 간 이이명은 외교 활동 틈틈이 청나라에서 제작된 지도 입수에 힘을 쏟았다. 그리고 귀국 후 마침내 〈요계관방지도遼薊關防地圖〉를 완성하였다. 《숙종실록》 1706년(숙종 32) 1월 12일에는 그때의 상황이 기록되어 있다.

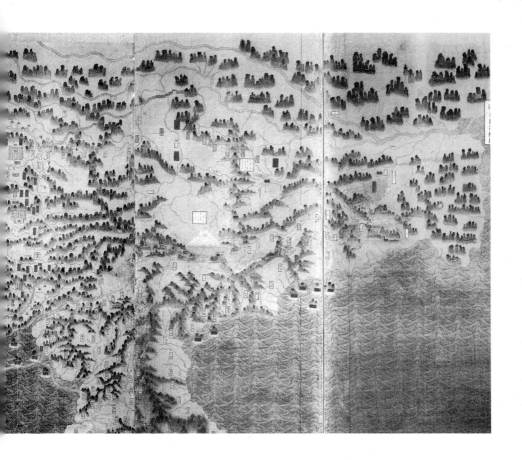

우참찬 이이명이 〈요계관방도〉를 드리고 인하여 차자를 올리기를, 〈요
계관방도〉는 신이 연경에 사신으로 나갔을 때에 사서 가져온 것인데, 명
나라의 직방랑職方郞 선극근이 저작한 것으로, 승산을 계획할 때엔 반드
시 보아야 할 책입니다. 신이 이미 옮겨 써서 올리라는 명을 받들고, 또
청인이 편찬한 《성경지盛京志》에 기재되어 있는 〈오라지방도烏喇地方圖〉
및 우리나라의 지난날 항해로 조공을 바치던 길과, 서북의 강과 바닷가

가 경계를 취하여 합쳐 하나의 지도를 이루었습니다. …… 효종 임금이
못다 이룬 큰 뜻을 이으시고 명나라 말년의 일을 교훈으로 삼으신다면
국가에 다행한 일일 것입니다.

1705년 청나라에 건너간 이이명은 이곳에서 입수한 명나라 지도인
〈주승필람籌勝必覽〉과 청나라의 〈산동해방지도山東海防地圖〉,《성경지》,
조선의 〈서북강해변계도西北江海邊界圖〉 등을 참고하여 지도 제작에 들
어갔다. 〈주승필람〉을 구입하는 데 성공한 이이명은 곧 〈산동해방지도〉
를 입수하는 일에 착수하였지만 이 일은 쉽지 않았다. 청나라에서 이 지
도를 대외 유출 금지 도서목록에 올려놓았기 때문이다. 이이명은 수행
한 화원을 시켜 현지에서 급히 이 지도를 베껴 그리도록 했다. 서울에
도착한 그는 곧 자신이 입수한 지도를 숙종에게 올렸고, 숙종의 명을 받
아 1706년 1월 만주 지역과 조선의 서북 지역을 함께 그려 넣은 〈요계
관방지도〉를 바치게 되었던 것이다. 첩보전을 방불케 하는 이이명의 기
민한 노력의 결실이자 북방에 대한 정보 수집과 지도 제작에 혼신의 힘
을 쏟던 숙종 때 시대정신의 산물이었다. 〈요계관방지도〉는 숙종에게
바치는 어람용으로 비단에 그려 10폭의 병풍으로 제작되었다. 왕 곁에
늘 이 병풍을 두고 북벌에 대한 의지를 다잡은 것이리라.

북벌 의지가 반영된 지도

〈요계관방지도〉에는 관북 지방과 관서 지방만 그려 있다. 이것은 이
지도가 국방지도의 성격을 띠고 있음을 말해준다. 중국 부분은 동쪽의

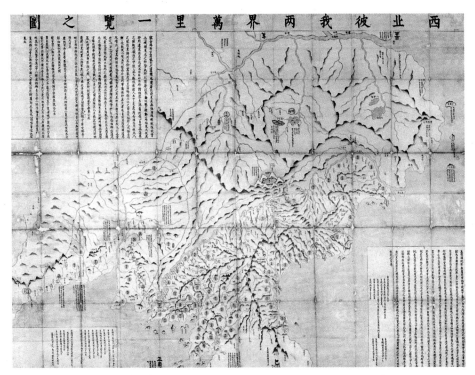

서북피아양계만리일람지도 | 조선의 서북 지방과 중국의 만주 일대를 그린 관방지도. '피야'는 청나라와 조선을 뜻한다. 청나라의 침입에 대한 방비를 목적으로 제작된 일종의 군사지도다. 백두산을 중심으로 만주의 흑룡강에서 서쪽 산해관에 이르는 지역을 포괄하고 있는데, 길게 세워진 성책과 도로를 따라 설치된 역참, 진보 등을 자세히 표시하였다. 무엇보다 방위의 배치가 독특한데, 남북 방향으로 배치하지 않고 국토의 좌향인 해좌사향亥坐巳向(북서북-남동남을 축으로 삼았다. 만주에는 청나라의 발상지인 오라와 영고탑이 붉은색으로 강조되어 있다. 18세기 중엽, 채색 필사본, 142×192cm.

흑룡강에서부터 서쪽의 산해관을 지나 남당아안南塘雅安에 이르고 있으며, 그 사이의 성책과 만리장성이 자세히 표시되어 있다. 육로는 통과 지점만 표시한 데 비하여, 조선에서 산동반도와 산해관에 이르는 해로는 뚜렷하게 그리고 있다. 성의 망루에는 적색기가 휘날리는 모습을 담아 군사적 주요 거점을 쉽게 알아볼 수 있도록 했다. 산 경계, 바다, 군사 기지 등은 전형적인 중국 양식에 따라 표현하고 있으며, 민족의 영산으로 인식된 백두산은 '백두白頭'라는 단어의 뜻처럼 흰색을 써서 강조하고 있다.

그런데 〈요계관방지도〉에 표시된 군사시설은 청나라 것이 아니고 명나라 말기의 것이었다. 명나라가 멸망한 지 이미 80년이 지난 시점이었기에 청나라의 군사시설은 크게 달라져 있었다. 따라서 이 지도는 실제로 북벌을 해서 청나라를 치자는 뜻보다는 국경에 대한 정보를 철저히 입수하여 어처구니없는 침략을 당하는 일을 막아보자는 취지에서 제작된 것으로 보인다.

〈요계관방지도〉는 효종 대에 추진되었던 북벌정책이 좌절된 뒤에도 청나라에 대한 위기의식이 가시지 않았던 당시의 시대 분위기를 보여준다. 이에 대한 대비책을 세우려는 노력이 〈요계관방지도〉라는 결실로 나타난 것이다. 청과의 국경 분쟁은 이후의 지도 제작에 많은 영향을 끼쳤다. 〈서북피아양계만리일람지도西北彼我兩界萬里一覽地圖〉나 〈서북강계도〉 등이 이러한 흐름을 반영하고 있다.

끝나지 않은 영토 분쟁, 백두산 정계비 사건

〈요계관방지도〉 제작 의도에서 확인할 수 있듯이 숙종 시대에는 청과의 영토 분쟁이 그치지 않았다. 1711년(숙종 37) 청과 조선 양국민 사이에 서로의 국경을 침범했다는 이유로 살인 사건이 일어나면서 양국 간 국경선을 확정하는 백두산 정계定界 문제가 본격적으로 거론되기 시작했고 이에 따라 치열한 외교전이 전개되었다. 1712년(숙종 38) 청나라는 예부를 통하여 정식 공문을 보내왔다. "청의 사신 목극등이 황제의 명을 받고 봉성에서 장백산까지 변경을 조사하려 했으나 길이 험하여 육로를 통해 토

백두산정계비

문강을 조사하려 하니 협조를 바란다"는 내용이었다.

양국은 수차례의 실랑이 끝에 백두산에 정계비를 세워 국경을 확정하는 데 합의했다. 당시 청나라 황제 강희제는 안정된 국력과 문화력을 바탕으로 국경 문제에 깊은 관심을 기울였고, 특히 청나라 왕조의 발상지였던 만주와 백두산 일대를 성지로 만들기 위해 여러 차례에 걸쳐 관리를 파견하여 이 지역을 자국의 영토로 확정하는 데 심혈을 기울였다.

조선에서도 함경도 북방으로 진출한 백성들을 보호하기 위해 이 지역에 대한 영토 조사에 들어갔다. 그 결과 양국이 백두산 마루의 분수령에 정계비를 세워 영토 구분을 명문화하기에 이른 것이다. 양측이 합의한 비문의 내용은 "서위압록, 동위토문西爲鴨綠 東爲土門(서쪽은 압록강을 경계로 하며 동쪽은 토문

강을 경계로 한다)"이었다.

그러나 이 비문의 해석을 둘러싸고 19세기 후반부터 조선과 청나라 사이에 영토 분쟁이 다시 일어났으니, 이를 '백두산 정계비 사건'이라 한다. 서쪽 경계를 압록강으로 정한 것에는 양측 모두 불만이 없었지만, 동쪽의 경계로 설정했던 토문강에 대한 해석을 둘러싸고 의견이 달랐던 것이다. 청나라는 토문강을 두만강으로 해석한 반면, 조선은 만주 쑹화강 지류로 해석했다. 토문강을 쑹화강의 지류로 해석하면 간도를 포함한 만주 일대가 조선의 영토가 되고, 이곳에 많은 조선인이 거주하고 있었던 조선의 입장에서는 영토 분쟁에서 상당히 유리한 입장이 된다.

백두산 정계 이후 조선은 북방 지역의 주민 거주와 경제 활동을 보장하고 행정구역을 신설하는 등 적극적인 북방정책을 추진했다. 이 같은 노력은 사상적으로도 자극을 주어 북방 고토에 대한 관심을 부각시켰으며, 역사적으로 북방 지역뿐 아니라 만주 지역까지도 과거 우리의 세력권이었음을 새롭게 인식하는 계기가 되었다. 이러한 역사적 배경에서 19세기 중엽부터 두만강변에 거주하던 주민들이 두만강을 넘어 간도 지역에 이주하여 토지를 개간했으며, 간도 영유권을 둘러싸고 청과 국경 분쟁이 일어났을 때도 조선은 두만강과 토문강은 다른 것이므로 정계비에 쓰인 문구대로 압록강과 토문강을 국경으로 정하자고 주장할 수 있었던 것이다.

그러나 20세기 들어 일본에게 나라를 빼앗기면서 국력이 약화된 조선은 이 지역에 대한 소유권을 더 이상 주장할 수 없게 되었다. 결국 이곳은 현재 중국의 영토로 편입되고 말았다. 오늘날 조선족이 간도 일대에 다수 거주하고 있는 것은 이 지역에 대한 소유권이 불분명할 당시 조선인들이 이곳을 찾아 정착한 역사적 배경과 관련이 깊다.

조선 후기 지도 제작의 결정체
대동여지도

현재 서울대학교 규장각한국학연구원의 지하 1층 전시실 벽면에는 가로 4미터, 세로 6.7미터 크기의 장대한 지도가 걸려 있다. 22첩으로 구성된 책자들을 모아서 한눈에 볼 수 있게 만든 지도, 한국인이라면 누구나 그 이름을 들어보았을 지도, 바로 김정호의 《대동여지도》다.

절첩식 지도 《대동여지도》

《대동여지도大東輿地圖》가 김정호의 작품이라는 것은 누구나 알고 있지만 대부분 《대동여지도》를 한 장의 '지도'로만 알고 있을 뿐, 책자 형태의 지도첩이 모여 완성된 것이라는 사실을 아는 사람은 드물다. 《대동여지도》는 1책에서 22책에 이르는 책자로, 모두 펼치면 우리나라 전도가 되는 절첩식(접었다 폈다 할 수 있는 책자 형식) 지도다. 축척은 약 16만분의 1, 각 책은 세로 30.2센티미터, 가로 20.1센티미터 크기이며, 8폭으

조선팔도지도 | 18세기 말에 제작된 것으로 추정되는 조선 지도. 조선 후기 지도 발달에 큰 획을 그었던 정상기의 《동국지도》의 수정본 계열에 속하는 전도이며, 김정호의 《대동여지도》 제작에도 큰 영향을 미쳤다. 각 도의 군현을 원으로 나타내고 바탕색을 구별함으로써 팔도의 경계를 구분하였다. 감영, 병영, 수영은 사각형으로, 진보, 역은 작은 원으로 표시하였다. 오른쪽 주기에는 서울에서 각지에 이르는 거리를 수록하였다. 다른 지도와 달리 도로망을 그리지 않아 미완의 작품이라는 느낌을 준다. 그러나 18~19세기로 이어지는 조선 전도의 발전 과정을 잘 보여주는 중요한 지도다. 18세기 말, 채색 필사본, 169×93cm.

로 접을 수 있다.

전체를 펼치면 세로 6.7미터, 가로 4미터 정도의 크기로, 실물을 본 사람은 우선 그 크기에 압도된다. 거기다가 보급을 위하여 목판으로까지 새겼으니 김정호는 정말 대단한 인물임에 틀림없다.

김정호는 왜 일생을 바쳐 그토록 지도 제작에 매달렸던 것일까? 지도 제작을 위해 백두산에 여러 차례 올라갔다는 일화가 전해지듯 김정호는 우리 국토의 모습을 지도에 담으려는 열정을 지닌 지도 마니아였다. 물론 이러한 지도 제작의 배경에는 지도 수요층의 증가라는 시대 상황이 반영되어 있다. 전국의 관공서나 양반들이 지도 하나쯤은 갖는 것이 보편화되어 있었고, 조선 후기 상업의 발달도 한몫했을 것으로 여겨진다. 상인들은 전국을 권역별로 자세히 파악할 수 있는 정보, 곧 지도가 필요했을 것이다. 《대동여지도》에 각 고을의 거리가 십리마다 표시된 것이나 역, 원 등 상업 관련 정보가 자세하게 적힌 것이 이를 입증한다. 김정호가 만든 절첩식 형태의 《대동여지도》는 상인들이 휴대하기에도 매우 편리했을 것이다. 아울러 목판으로 지도를 제작하여 대량 보급을 꾀한 것은 그만큼 이 시기에 지도 수요가 광범위했음을 보여준다. 김정호는 목판 제작 기술 또한 매우 뛰어났을 것으로 추정된다. 정교한 손기술이 없으면 〈동국지도〉와 같은 정밀하고 방대한 지도를 판각하기는 거의 불가능하기 때문이다.

김정호에 관한 기록들

김정호는 자타가 공인하는 우리나라 최고의 지도 제작자였다. 그러나 그가 남긴 위대한 업적에 비해 그의 생애에 대해서는 알려진 바가 거의 없을 뿐만 아니라 오히려 부정확한 이야기들이 많다. 이것은 무엇보다 그가 중인 출신으로 그에 관한 공식 기록이 거의 없는 데 연유한다. 김정호에 관한 가장 자세한 기록은 중인 출신인 유재건이 저술한《이향견문록里鄕見聞錄》이다. 《이향견문록》은 "김정호는 자신의 호를 고산자古山子라 했는데 본래 기교한 재예가 있고, 특히 지도학에 깊은 취미가 있었다. 두루 찾아보고 널리 수집하여 일찍이 〈지구도地球圖〉를 제작하고, 《대동여지도》를 만들었는데 자신이 그림을 그리고 새겨 세상에 펴냈다. 그 상세하고 정밀함은 고금에 그 짝을 찾을 수 없다. 내가 한 질을 구해서 보았더니 진실로 보배로 삼을 만한 것이었다. 그는 또《동국여지고東國輿地攷》10권을 편찬했는데 탈고하기 전에 세상을 떴으니, 정말 애석한 일이다"라고 김정호에 대해 간략히 기록하고 있다.

이처럼 그에 관한 기록이 소략하기 때문에 출생지나 근거지에 대해서 여러 가지 설이 제기되고 있다. 먼저 출생과 사망 시기에 대해서는, 1862년에 완성된《이향견문록》이 "《동국여지고》10권을 탈고하지 못하고 죽으니 애석하다"고 표현한 것으로 보아 그전에 사망한 것으로 추정할 수 있다. 그러나《대동여지도》의 재간행과《대동지지大東地志》가 모두 1864년에 완성되었으므로《이향견문록》에 기록된 사망 시기인 1862년 이후에도 생존했을 가능성이 있다. 또한 최한기, 최성환, 이규경과 교분이 깊었던 점을 고려할 때 대체로 1800년경에 태어나 1860년 중반까지 활동한 것이 거의 확실하다. 김정호의 출생지에 대해서는 황해도 토산이라는 견해가 많으며, 근거지에 대해서는 숭례문 밖의 만리재와 약현, 돈의문 밖의 공덕리에 살았다는 설이 있다. 대체로 서울의 도성에

대동여지도 | 《대동여지도》는 조선시대 지도학의 모든 성과들을 기초로 만들어진 것으로 축척은 대략 1:16만이다. 우리나라를 북쪽에서 남쪽으로 120리 간격으로 나누어 전체를 22층으로 만들고, 각 층은 80리 간격으로 끊어서 병풍처럼 첩으로 만들었다. 22개의 첩을 모두 연결시키면 660×410cm 정도의 대형 전도가 된다. 산지를 이어진 산줄기의 형태로 표현하여 전통적 산수분합의 원리를 반영하고, 각종 범례의 사용과 더불어 도로에 10리마다 표시하여 거리를 가늠케 함은 물론, 예술적 아름다움까지 갖춘 조선시대 지도의 최고 걸작품이라 할 수 있다. 1861년, 목판본, 22첩(각첩), 30.5×20cm.

인접한 지역이었다는 데 의견이 일치한다.

《대동여지도》는 전대 지도 제작의 종합판

김정호는 중인 출신이다. 중인들은 오래전부터 지도 제작 실무를 맡아오고 있었다. 그러나 김정호처럼 독자적으로 지도와 지리지를 기획하고 그 역사적 의의를 언급한 사례는 그전까지 없었다. 이것은 중인들의 의식이 전보다 성장하고 있음을 말해주는 것이다. 그러나 무엇보다 김정호의 지도 제작에는 전대의 성과들이 큰 바탕이 되었다.

16세기 명종 대에 이미 전국 지도인 〈조선방역도〉가 제작되었으며, 왜란과 호란을 경험한 17세기 이후에는 국경 지역에 대한 정밀한 정보를 확보할 필요성이 요구되면서 군사지도들이 제작되기 시작했는데, 남구만의 〈함경도지도〉가 대표적이다. 18세기에는 정상기, 정항령 부자가 백리척百里尺이라는 자를 만들어 〈동국지도〉를 제작함으로써 지도 제작 기술의 수준이 훨씬 높아졌다. 영조 대 후반에는 신경준이 〈여지도〉를 편찬했는데, 이 지도에도 땅의 측량과 축적을 활용한 방격법方格法과 백리척이 활용되었다. 이러한 전통은 정조 대에 계승되어 다양한 지도들이 제작되었다. 특히 열람과 휴대의 편리를 위한 휴대용 지도들이 만들어졌다.

이처럼 조선시대에는 일찍부터 지도 제작이 활발히 이루어졌으며, 조선 후기에는 한층 더 과학적인 방법으로 지도를 제작했다.

김정호는 전대에 제작된 이러한 지도의 성과들을 충분히 활용하고, 당시 서양에서 들어온 지도 제작기법을 도입하여 지도 제작에 매진하였고, 그 결정체로서《대동여지도》가 탄생한 것이다. 마치 정약용이 실학을 집대성한《여유당전서》를 집필하는 데 전대 실학자들의 연구 성과들이 바탕이 된 것과 같다.

김정호는《대동여지도》에 앞서 전국을 동서로 22판, 남북으로 29층으로 구획한 방안지도인《청구도》를 만들었다. 그러나《청구도》는 책으로 묶여 있어서 상하의 연결관계를 파악하기 힘든 단점이 있었다. 이에 김정호는《대동여지도》를 위아래 층이 연결될 수 있게 함으로써 각 지역의 연결관계를 유기적으로 파악할 수 있도록 하였다. 이는 책자 형태로 된 현대의 지도 제작 방식과 유사하다.

김정호가 선진 지도 제작 기술을 도입하는 데는 최한기, 최성환, 이규

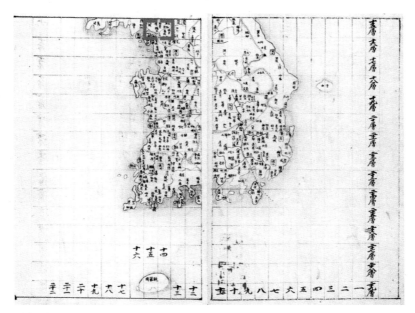

청구도 │ 김정호가 1834년(순조 34)에 제작한 전국 지도. 전국을 남북으로 29층, 동서로 22판으로 구분하였으며, 각 면은 남북 100리, 동서 70리가 되도록 하였다. 4책, 채색 필사본. 빨간색으로 표시된 부분은 오늘날의 수도권이다.

경과 같은 중인 학자들의 도움이 컸다. 이들은 서로 교류하면서 선진 정 보들을 주고받으며 새로운 지식을 습득해나갔다. 김정호는 1834년 최한 기가 기획한 〈지구전후도〉의 목판 작업을 담당하였고, 이규경은 자신의 저작 《오주연문장전산고》에서 김정호가 제작한 지도들을 소개했다.

《대동여지도》와 《동여도》

《대동여지도》에는 산과 산줄기, 하천, 바다, 섬, 마을을 비롯하여 역 참, 창고, 관아, 봉수, 목장, 진보鎭堡, 읍치, 성지城址, 온천, 도로 등이 고스란히 담겨 있다. 또한 범례에 해당하는 지도표를 만들어 훨씬 용이

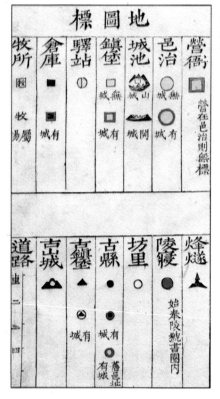

대동여지도 지도표 | 대동여지도의 뛰어난 점은 무엇보다도 현대 지도의 범례에 해당하는 지도표를 사용했다는 데 있다. 14개 항목의 22개나 되는 범례를 이용함으로써 좁은 지면을 효과적으로 활용할 수 있었다.

하게 지도를 볼 수 있게 하였다. 이것은 《대동여지도》가 목판본으로 제작되었기 때문에 필사본에서처럼 복잡한 글씨나 그림을 그리기가 매우 어려운 것을 보완하기 위해서였다. 복잡한 내용을 가능한 한 간단한 기호로 표시함으로써 목판본 지도의 단점을 보완한 것이다. 특히 도로는 하천과 혼동할 우려가 있어 직선으로 그리고, 10리마다 거리를 표시하여 축척의 기능도 하게 했다.

《대동여지도》의 정밀함은 20세기 초 일본 해군이 보유한 근대식 지도보다 더 우수한 것으로 평가받고 있다. 그만큼 김정호는 지도 제작 능력은 물론이고 판각 기술도 뛰어난 인물이었다.

규장각에는 《대동여지도》의 모본으로 추정되는 《동여도東輿圖》 23첩이 소장되어 있다. 《대동여지도》가 목판본인 데 비해 《동여도》는 채색 필사본이다. 《동여도》는 직접 손으로 그린 만큼 《대동여지도》보다 정밀하다. 목판에는 새길 수 없었던 내용까지 넣어 5천여 개 이상의 정보가 더 들어가 있다고 알려져 있다.

동여도 | 동여도는 대동여지도와 함께 김정호의 대표작으로 꼽히는 지도로, 대축척 필사본 지도다. 수록한 면은 서울과 인근 지역을 그린 것이다. 대동여지도처럼 22층의 절첩식으로 구성되어 있고 표현 양식도 유사한데, 목판본인《대동여지도》와 달리 약 7천여 개의 지명이 더 수록되어 있다. 19세기 중엽, 채색 필사본, 23첩(각첩), 30.5×20cm.

《동여도》는 우리나라 고지도 가운데서 가장 많은 정보를 담고 있는 전국 지도로, 그 가치는《대동여지도》와 견줄 만하다. 아마 김정호는 필사본《동여도》를 제작한 후 대중들에게 보급하기 위해 목판본《대동여지도》를 제작한 것 같다.

《대동여지도》에는 목판에 한 고을 한 고을 새겨나갔을 김정호의 숨결이 배어 있다. 평생을 지도 제작에만 매달린 열정적인 선각자가 있었기에 우리는 150여 년 전 조선 산천의 모습을 생생히 볼 수 있는 행운을 누리고 있다.

김정호의 죽음에 대한 공방

김정호의 죽음을 놓고 옥사
설 공방이 오랫동안 계속되
었다. 그의 옥사설은 일제
시대에 제기되었는데 1934년
에 발행된《조선어독본》에〈김
정호전〉이 수록됨으로써 널리
확산되었다. "병인양요가 일어
났을 때 대원군은 국가의 기밀
이 누설될 것을 우려하여《대동
여지도》지도판을 압수하고 김

대동여지도 백두산 부분

정호 부녀를 옥에 가두었고, 김정호는 결국 옥사했다"는 것이다. 그 후에도 여
러 학자들이 김정호의 옥사설을 주장해 거의 사실로 받아들여졌다.

그러나《대동여지도》의 판각이나 인쇄본이 별다른 수난 없이 전해져, 현재
숭실대학교 도서관과 국립중앙박물관에 목판본이 소장되어 있고, 신헌 등 김
정호를 후원한 정계의 실력자들이 별다른 처벌을 받지 않았다는 점을 고려하
면 김정호의 옥사설은 설득력이 떨어진다.

종합하면, 옥사설은 일제가 조작한 이야기일 가능성이 크다. 즉 김정호와
같은 위대한 지도학자를 탄압한 조선 정부의 무능과 함께 김정호가 쇄국정책
의 희생양이었다는 점을 강조함으로써, 개항에서 식민통치로 이어지는 일제
의 조선 지배를 합리화하기 위한 술수가 아니었을까?

지방 지도

흥선대원군이 만든 459장의 지도

해남과 진도의 거북선, 천안의 관아 건물에 표시된 태극 무늬, 양양의 설악산 아래 오색리 약수, 선산의 의구총, 남원의 방풍림, 주요 지역마다 표시된 사고, 태실, 척화비와 사창. 이러한 모든 정보가 생생하게 표시된 자료가 있다. 바로 흥선대원군 시대인 1872년에 그려진 459장의 지방 지도들이다. 현재 규장각에 소장되어 있는 이들 지도는 1876년 개항을 맞이하기 직전 조선의 마지막 모습을 담은 기록 필름과도 같다.

대원군의 야심작, 459장의 지도

1866년의 병인양요, 1871년의 신미양요 등 서양 열강과의 잇따른 전투에서 승리한 흥선대원군은 국방 강화의 필요성을 다시금 인식하였다. 전국에 '양이침범洋夷侵犯, 비전즉화非戰則和, 주화매국主和賣國(서양 오랑캐가 침범을 하는데 전쟁을 하지 않고 화친을 주장하는 것은 나라를 파는 것이다)' 이라는 글자를 새겨 넣은 척화비를 세우면서 항전의 결의를 더욱 굳게 다진 것도 이러한 인식의 발로였다. 흥선대원군은 서양의 동점에 대

흥선대원군 이하응 영정 | 회갑을 맞이한 해에 이창옥 등이 그렸다는 내용이 그림의 오른쪽 윗부분에 2행으로 된 행서의 제발문題跋文에 있다. 현존하는 흥선대원군의 초상화 중에서 이 작품은 가장 크고, 화법과 보존 상태도 가장 양호하며, 흥선대원군이 직접 쓴 제발문이 있다는 점에서 의의가 크다.

해 적극적인 대응책을 구상했다. 관제와 군제의 개편, 군사시설 확충과 함께 전국 각 지역, 특히 군사시설을 상세하고 정확하게 파악하기 위해 각 지방의 읍지 편찬을 명하는 한편 전국의 지도 제작을 지시했다.

1871년 전국에 읍지 편찬을 명령한 흥선대원군은 이듬해인 1872년 3월에서 6월에 걸쳐 전국 각 지방의 지도를 그려 올리게 했는데, 이 지도들은 모두 규장각에 소장되어 있다. 459장의 지도에는 섬, 진 등 국방에 관한 내용을 비롯하여 조선시대 각 군현의 특징 있는 정보들이 고스란히 담겨 있다. 그 덕분에 우리는 130여 년 전 조선 사회의 이모저모를 입체적이고 생동감 있게 살펴볼 수 있다. 1872년의 지방 지도는 오늘날의 지도와는 달리 산수화풍으로 그려져 있고 지도의 색채 또한 아름답다. 광물이나 식물에서 채취한 천연 물감으로 그려서 색채가 선명하고 변색하지 않는 장점이 있다. 이처럼 천연색으로 그려진 지도는 예술적으로도 가치가 높다.

조선시대 국가 사업으로 추진한 지도 제작에는 사물을 정확히 표현하는 능력을 지닌 전문 화원들의 역할이 컸다. 조선의 화원들은 일반적으로 알려진 것과 달리 개인 작품보다 지도나 기록화 제작 같은 국가의 공식 행사에 참여하는 경우가 훨씬 많았다. 화원들은 기록을 담는 사진사 역할을 했던 것이다. 우리가 흔히 접하는 풍속화는 화원들이 국가의 각종 행사에 동원되고 남은 시간에 자신의 기량을 키우는 방편으로 그려진 것이 대부분이다.

지방지도는 도별로 제작되었기 때문에 각 지역마다 독특한 양상을 띠고 있다. 이중 가장 회화적으로 그려진 전라도 지도들은 음양오행 사상에 입각하여 청, 백, 홍, 흑, 황의 색채를 적절히 조화시켰으며 예술적 가치가 가장 뛰어나다. 오늘날 호남 지방이 예향으로 불리는 데는 조선시대 화원들의 예술적 전통이 한몫했다는 생각이 든다. 반면 경기도, 경상도, 함경도, 평안도의 일부 지도는 체제의 통일성을 갖추지 못하고 있다. 각 지방의 정서와 개성이 지도에 반영되었다고 볼 수 있지만, 몇 차례의 수정과 보완을 거쳐 체제를 통일한 전라도 지도와는 달리 지방 수령들이 중앙정부의 명령을 받고 급하게 제작한 흔적이 역력하다. 어쩌면 중앙정부의 지도 제작 의지와 신념이 각 지역마다 골고루 전달되지 못한 당시 상황을 반영한 것인지도 모른다.

흥선대원군의 정책이 반영된 지도

1872년에 제작된 지방 지도의 가장 큰 특징은 지도책이 아닌 낱장 지

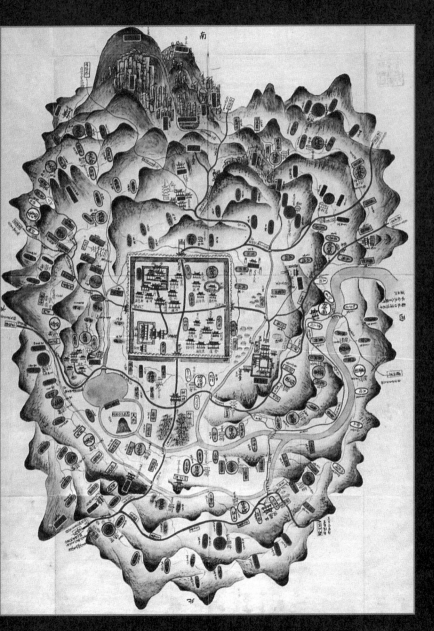

광주지도 | 전라도의 이름난 도시 광주의 모습을 회화적으로 이름답게 묘사한 지도다. 흡사 한 송이의 꽃이 활짝 핀 모습으로 산봉우리를 그리고, 가운데에 성곽으로 둘러싸인 읍치를 배치했다. 현대 지도와는 다르게 남쪽을 지도의 상단으로 배치했는데, 고을의 진산인 무등산을 강조하려는 의도다. 1872년, 채색 필사본, 121×75cm.

도로서, 전국 대부분의 지방을 포함하고 있는 대축척 대형 지도라는 점이다. 각 지도의 크기는 가로 70~90센티미터, 세로 100~120센티미터 정도로, 지역마다 크기가 조금씩 다르다. 오늘날의 측량 지도처럼 정확하지는 않지만, 지도의 내용은 매우 상세하고 정밀하며 회화적 아름다움을 지니고 있다. 산과 하천, 도로, 고개, 성곽, 포구, 능원陵園, 사찰, 서원, 향교, 누정, 면리, 역, 점店, 시장에 이르기까지 각 지역의 모습을 다른 어느 지방지도보다 상세하게 담았다.

흥선대원군 시절의 국가 정책을 반영하듯 사창이 전국에 그려져 있어 흥미롭다. 흥선대원군은 고리대금업으로 전락한 환곡제의 폐단을 없애기 위해 전국에 사창을 설립할 것을 지시하고, 이것이 구체적으로 실현되었는지 여부를 지도를 통해 확인한 것 같다. 아울러 흥선대원군이 강력하게 추진한 해방海防정책이 강조되어 있다. 각 지방에 소속된 영營, 진보, 목장, 산성 등 군사시설을 별도로 그린 지도도 다수 포함되어 있다. 일례로 국경 방어와 관련된 진보 지도는 경기도 2매, 전라도 28매, 경상도 41매, 황해도 19매, 평안도 45매, 강원도 2매 등 총 139매에 달한다. 전체 지도의 약 30퍼센트가 국방 지도라는 사실은 전국에 표시된 척화비와 함께 흥선대원군의 대외정책 방향을 상징적으로 보여주고 있다.

지도에 담긴 것들

오늘날의 부산광역시를 포괄하고 있는 동래부 지도에는 국방을 중시한 당대의 분위기가 압축적으로 표현되어 있다. 읍치에는 군사적 목적

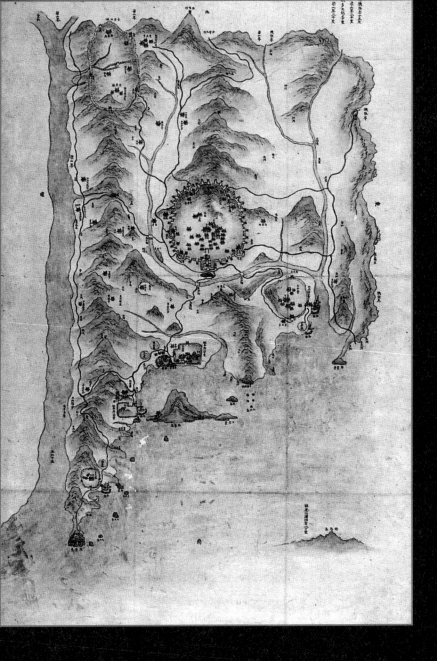

동래부지도 | 조선시대 동래부는 지금의 부산광역시에서 기장군과 낙동강 서쪽 지역을 제외한 지역으로 일본과 가장 가까워 관문 역할을 했던 곳이다. 읍치에는 군사적 목적으로 축조된 읍성이 그려져 있는데 익성, 옹성으로 이루어진 모습과 성을 둘러가면서 세워진 망루의 모습이 성내의 관아 건물과 더불어 자세히 묘사되었다. 읍성 안에는 쌀가게도 보인다. 1872년, 채색 필사본, 121.9×72.5cm.

가산진지도 | 가산진은 지금의 경북 칠곡군 가산면에 있었던 산성진山城鎮이다. 가산산성은 준험한 산지에 자리잡고 있으며 남북으로 대로와 접해 있는 내륙 방어의 요충지였다. 지도에는 기암절벽 성첩수목까지 상세하게 묘사되어 있는데, 전문 화원의 솜씨로 추정된다. 지도의 상단에는 이 지역의 형세에 대해 쓴 글이 실려 있다. 1872년, 채색 필사본, 130×73cm.

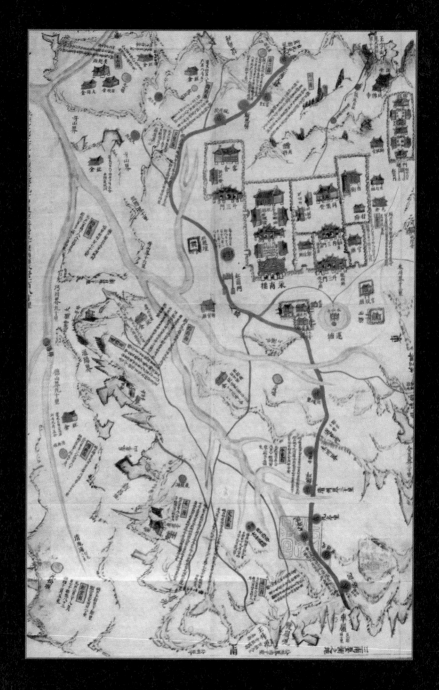

천안지도 | 읍치 관아 건물에 태극 무늬가 선명하게 나타나 있는 것이 주목되며, 오른쪽 하단의 '三岐里'라는 지명은 지금도 유명한 천안삼거리다. 104×60cm.

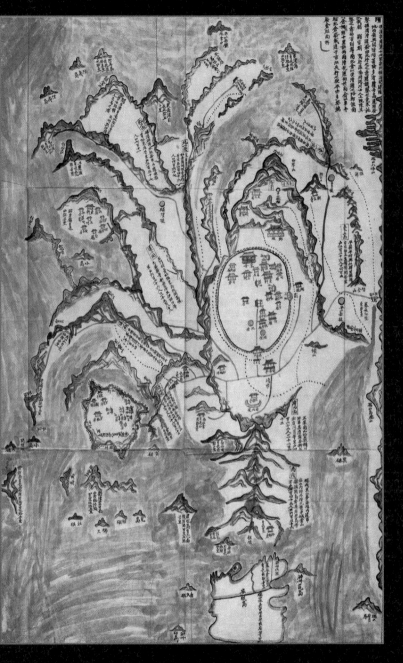

태안지도 | 지도에서 굴포와 홍인교를 연결하는 점선이 표시되어 있는데, 이것은 태안과 서산을 잇는 운하공사를 시
도했음을 보여주고 있다. 90×64cm.

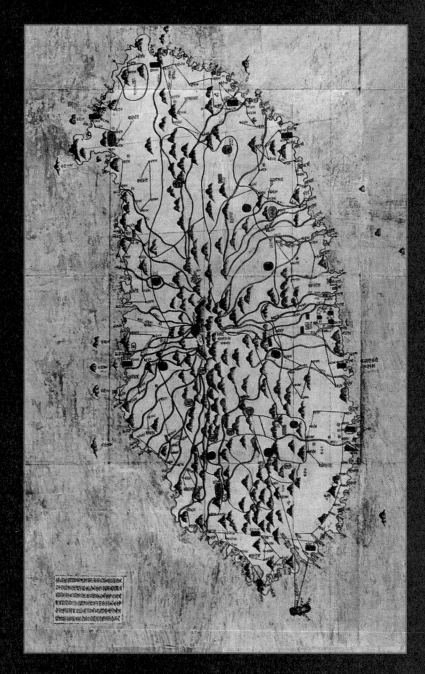

제주삼읍전도 | 조선시대의 제주도는 제주목, 정의현, 대정현 세 읍으로 나뉘어 있었다. 육지에서 바라본 시점으로 그려 남쪽이 지도의 상단으로 배치되어 있으며 주위에 간지干支로 된 24방위를 배치한 점이 독특하다. 기생화산인 오름의 모습을 자세히 그렸고 중산간 지대에는 10개의 말 목장을 경계와 함께 표시했다. 각 면(面)에 소속된 마을들을 직선으로 연결하여 인접한 면과 구분한 점도 다른 지도에서 볼 수 없는 점이다. 국토의 최남단에 위치한 마라도의 모습도 뚜렷하게 그려져 있고 남쪽 끝에는 동남아시아의 여러 나라도 표시되어 있다. 1872년, 채색 필사본, 69×109cm.

으로 축조된 읍성이 그려져 있는데 익성翼城, 옹성甕城과 성을 둘러가며 세워진 망루의 모습이 성내의 관아 건물과 함께 자세히 묘사되어 있다. 조선시대 동래부는 왜적 방어의 최전방 기지였다. 읍성을 중심으로 해안 지역에 좌수영, 부산진, 다대진 등의 진영이 있고, 북쪽에는 금정산성이 보인다. 남쪽의 절영도 근처에는 왜인들과 교역을 했던 왜관이 그려져 있다. 동래부 전체가 동남해안 방어의 중심지임을 확연히 나타내는 지도다.

그 밖에도 각 지방의 지도에는 다양한 내용이 담겨 있다. 읍성 안의 관아 배치, 산과 하천, 도로, 시장, 고적, 봉수, 조선시대 농협의 기능을 했던 사창은 거의 모든 고을에 표시되어 있다. 왕이나 왕자, 공주의 태를 봉안한 태실, 실록과 의궤 등 기록물을 보관한 사고, 의로운 소와 개의 무덤인 의우총과 의구총은 연고 지역에 표시되어 있다. 왕실, 기록물, 의리를 중시한 선조들의 의식을 엿볼 수 있는 대목이다. 각 지역 관아 뒤편에는 둥근 형태 또는 가시나무로 둘러쳐진 형태 등 각기 다른 모습의 감옥이 그려져 있다. 지도에 감옥을 그려 넣음으로써 사람들에게 죄 짓지 말라는 메시지를 강하게 전하고자 했던 것은 아닐까?

천안지도에는 차령을 넘어 호남으로 통하는 길목마다 둥근 원 안에 점이 표시되어 있어 눈길을 끈다. 점은 민간 숙박업소를 말한다. 원래 이런 자리에는 관원들의 숙박업소인 역원이 있게 마련인데, 조선 후기에 이르면 이처럼 민간 숙박업소가 교통의 요지에 등장한다. 천안지도에 보이는 '삼기리三岐里'는 지금도 유명한 '천안삼거리'다. 조선시대부터 이 명칭이 사용되어왔음을 알 수 있다.

무주지도에는 적상산 사고의 모습이 부속 건물까지 상세히 그려져 있

양양읍지도 | 강원도 양양은 관동팔경의 하나인 낙산사로 유명한 고을이다. 기골이 장대한 설악산을 위쪽에 그렸는데, 여기에서 뻗어 내린 산지의 모습이 독특하게 표현되어 있다. 조선의 개국공신인 조준과 하륜이 잠시 은거했다는 하조대의 특색 있는 모습도 보인다. 아름다운 경치를 지닌 청초호와 현재는 매립되어 농경지로 변해버린 쌍호雙湖 등의 호수도 그려져 있으며, 설악산 오색령 아래에는 지금도 유명한 오색약수가 표시되어 있다. 1872년, 채색 필사본, 70×52cm.

다. 이 한 장의 지도는 사고를 복원하는 데 큰 자료가 되었다. 강원도 양양의 지도에는 지금도 관광지로 유명한 설악산의 오색온천이 표시되어 있다. 전라도 해남과 진도, 순천지도에 표시된 구선龜船은 당시에도 거북선이 존재했음을 알려주며, 오작교와 광한루가 과장되게 그려진 남원지도는 당시에도 남원이 춘향의 고을이었음을 짐작하게 한다. 개성의 지도에 그려진 선죽교 역시 정몽주를 오래도록 기억하게 했을 것이다.

태안지도에는 굴포 부근에 점선으로 표시된 부분이 있다. 이 점선이 의미하는 것은 무엇일까? 바로 운하 공사 예정지다. 당시 호남의 세곡은 서해를 통해 한강을 거쳐 경창으로 들어왔다. 그런데 태안 앞바다에서 세곡선이 침몰하는 일이 자주 발생하자 고려시대부터 운하 공사를 시작했고, 조선시대에도 여러 번 시도되었다. 태안과 서산을 잇는 운하(태안 지도에는 굴포와 흥인교를 연결하는 점선으로 표시되어 있다) 공사가 여전히 큰 숙제였음을 지도는 말해주고 있는 것이다. 2007년 한 대통령 후보가 주요 공약으로 한반도 대운하 건설을 내세우는 것을 보면 지도에 그려진 운하 건설 표시가 그저 옛일로만 느껴지지 않는다.

459장의 지도 세트에 포함되지는 않았지만 비슷한 시기에 제작된 평양의 지도에는 대동강 주변의 가옥이 즐비한 곳에 '냉면가冷麵家'라고 표기된 19세기의 평양냉면집을 볼 수 있다. 평양냉면의 유구한 역사적 전통이 고지도 한 장에 담겨 있는 것이다. 그 밖에 진주 지도에는 논개가 왜장을 끌어안고 목숨을 던졌다는 의암義巖이 남강변에 크게 그려져 있다. 논개의 충절을 길이 기억하기 위함일 것이다.

459곳 군현의 모습이 담긴 1872년 지방지도를 통해 각 지역의 130여 년 전의 모습을 파악할 수 있을 뿐만 아니라, 현대의 도시로 발전한 과

남원부지도 | 1872년에 제작된 군현지도 중에서 걸작으로 손꼽을 수 있다. 아름다운 색상, 정교한 필체, 풍부한 내용을 바탕으로 당시 고을의 모습을 생생하게 보여주고 있다. 읍성을 중심으로 산들을 둥글게 배치하여 중심 공간을 부각시켰고 주변 지역의 마을도 다양한 색채를 사용하여 상세하게 수록했다. 홍선으로 도로를 그렸는데 굵기를 다르게 하여 대로와 소로로 구분하였다. 읍성의 남문 밖에는 소설 《춘향전》을 통해 널리 알려진 광한루와 오작교도 뚜렷하게 그려져 있다. 1872년, 채색 필사본, 103×83cm.

정을 이해하는 데 큰 도움이 된다. 잊혀져가는 전통사회의 모습을 찾아
보는 데 1872년 지방 지도가 귀중한 자료로 적극 활용되어야 함은 물론
이다.

춘향의 고을 남원 지도

전라도 남원 지도는 459장의 지도 중 가장 아름다운 지도로 꼽힌다. 지도에서 건물 표시를 빼면 산수화가 되고 다시 넣으면 지도가 될 정도로 한 폭의 아름다운 산수화 같다. 더하여, 지도에 담긴 내용은 매우 상세하고 풍부하다.

중앙에 크게 그려 넣은 남원 읍성은 마치 활짝 핀 꽃의 꽃술 같다. 동서남북의 문과 각 문을 연결하는 성벽은 남원이 전형적인 읍성이었음을 보여준다. 읍성의 중심을 이루는 관아의 건물 모습이 다양하다. 백성들이 자주 드나드는 남문 가까이에 있는 보민청補民廳(지방민의 구제기관)과 연호청烟戶廳(백성의 부역을 관리하는 기관)도 눈에 들어온다.

광한루와 오작교는 춘향의 정절과 함께 남원의 상징이다. 한눈에 알아볼 수 있을 만큼 큼직하게 그려진 것으로 보아 당시 이곳을 얼마나 중요하게 여겼는지 알 수 있다. 《춘향전》의 영향으로 19세기 후반 조선인의 가슴에도 남원은 춘향이의 고을로 인식되었고, 춘향전의 무대인 오작교는 명소로 각광받았다. 광한루 옆에는 울창한 숲이 보인다. '동림東林'이라 쓰여 있는데, 나무줄기와 가지까지 자세히 표현되어 있다. 이 숲은 풍수지리에 따라 허한 기를 보충하기 위해 인위적으로 조성한 비보림이었다고 한다. 현재 동림은 사라지고 없지만 동림교라는 다리가 있어 옛 자취를 느끼게 해준다. 남원지도는 사라진 풍경과 함께 조선시대 남원 사람들의 생각까지 말해주고 있다.

세계적인 기록유산들

조선시대판 타임캡슐

조선왕조실록

《조선왕조실록》은 1대 태조부터 25대 철종에 이르는 조선왕조 472년(1392~1863)간의 역사를 편년체로 서술한 공식적인 국가 기록이다. 규장각에 소장되어 있는 정족산본 완질의 경우 1,707권 1,187책(약 6,400만 자)에 이르는 방대한 분량으로 조선시대 정치, 외교, 경제, 군사, 법률, 사상, 생활 등 각 방면의 역사적 사실을 망라하고 있는 그야말로 '조선시대판 타임캡슐'이다. 실록은 국보일 뿐만 아니라, 1997년 10월 1일 유네스코 세계기록유산으로 등록되어 세계적으로도 그 가치를 인정받고 있다.

우리의 선조들은 실록의 객관성과 공정성을 최대한 유지하기 위해 왕도 열람할 수 없게끔 제도적 장치를 마련하는가 하면, 가장 안전하게 실록을 보관하기 위해 불편함까지 기꺼이 감수했다. 실록에는 선조들의 투철한 기록 보존 정신이 녹아 있다.

조선시대판 타임캡슐

실록이 편찬되는 과정을 살펴보자. 왕이 승하하면 임시로 실록청을 설치하고, 영의정 이하 정부의 주요 관리들이 모여 실록 편찬을 공정하게 집행한다. 실록청에서는 사관들이 전왕대에 작성한 사초史草와 시정기時政記 등을 광범위하게 수집하여 실록 편찬에 착수한다. 사초는 사관들이 일차로 작성한 초초初草와 이를 다시 교정하고 정리한 중초中草, 실록에 최종적으로 수록하는 정초正草의 세 단계 수정 작업을 거쳐 완

성된다. 초초와 중초는 물에 씻어 그 내용을 모두 없앴으며, 물에 씻은 종이는 재활용한다. 이러한 작업을 세초洗草라 일컬었는데, 세검정 일대의 개천이 주요 세초 장소였다. 차일암遮日巖이라 불린 널찍한 바위에서 물에 씻은 종이를 말렸으며, 말린 종이는 조지서造紙署에서 새로운 종이로 재활용되었다. 세초를 했던 개천과 조지서의 모습은 조선시대 지도에도 선명히 표시되어 있다. 세초를 마치면 이를 축하하는 행사인 세초연이 베풀어졌다.

시정기는 서울과 지방의 각 관청에서 시행한 업무들을 문서로 보고받아 춘추관에서 그 중 중요 사항을 기록으로 남긴 것이다. 《관상감일기》, 《춘추관일기》, 《의정부등록》, 《내의원일기》, 《승정원일기》 등이 이에 해당한다. 시정기는 매년 책으로 편집하였으며, 보관된 시정기는 실록의 주요 자료로 활용되었다. 시정기가 적극 활용되면서, 실록은 왕 중심의 기록에서 벗어날 수 있었다. 천재지변이나 의녀, 코끼리 등 생활사에 관한 내용이 실록에 다수 포함된 데에는 시정기의 활용에 힘입은 바가 크다.

조선시대의 주요 책들은 편찬이 완료되면 왕에게 바쳤지만 실록은 예외였다. 총재관이 완성 여부만 왕에게 보고한 뒤 춘추관에서 봉안 의식

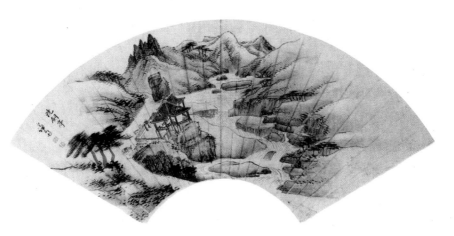

세검정도 | 세검정이 1748년에 지어진 것을 감안하면 이 그림은 정선이 70세 이후에 그렸을 것으로 추정된다. 18세기, 종이에 담채, 23×62.4cm, 국립중앙박물관 소장.

을 가진 다음 춘추관과 지방의 사고에 보관했다. 왕의 열람을 허용할 경우 실록 편찬을 담당하는 사관의 독립성이 보장받지 못하고 역사적 진실이 왜곡될 것을 우려했기 때문이다.

실록이 산으로 간 까닭

앞서 말했듯 편찬된 실록은 봉안 의식을 치른 후에 서울의 춘추관과 지방의 사고에 1부씩 보관하였다. 조선 전기에는 춘추관을 비롯하여 충주, 전주, 성주 등 지방의 중심지에 실록을 보관했다. 그러나 지방의 중심지는 화재와 약탈 등 분실 위험이 적지 않았다. 실제로 중종 때는 관청의 노비들이 비둘기를 잡으려다가 성주 사고에 화재를 일으킨 적도 있다. 당시의 정황을 기록한 실록을 보자.

강화부지도 | 원 안에 그려진 것은 전주 사고본 실록의 원형이 보관되었던 정족산 사고. 정족산 사고의 실록은 현재 서울대학교 규장각에 보관되어 있다.

관노官奴 종말과 그의 아들 말이 등이 사고의 누각 위 중층에 산비둘기가 모여 잠자는 곳에서 불을 켜들고 그물을 쳐서 비둘기를 잡다가 불이 창틈으로 떨어졌고 비둘기 둥우리로 인하여 불이 났는데 마침 바람이 세차게 불었으므로 걷잡을 수 없이 타버린 일로, 세 차례 형벌과 고문을 받고서 승복하였다. —《중종실록》 중종 34년 1월 14일

이처럼 어처구니없는 일이 일어나기도 했지만 사고는 여전히 지방의 중심지에 있었다. 하지만 임진왜란을 겪으면서 전주 사고본을 제외한 모든 사고의 실록이 소실되자 조정도 더 이상 안일하게 대응할 수 없게 되었다. 사고를 험준한 산지로 옮겨야 한다는 주장이 다시금 힘을 얻기 시작했다.

1592년에 일어난 임진왜란은 교통과 인구가 밀집된 읍치에 사고가 있다는 게 얼마나 위험한 일인지를 여실히 보여주었다. 왜군의 주요 침입 경로였던 서울의 춘추관, 충주, 성주의 사고는 모두 병화의 피해를 입고 사라졌다. 다행히 전주 사고에 소장된 실록은 사고 참봉인 오희길과 전주 지역 유생 손홍록, 안의 같은 이들의 헌신적 노력으로 내장산까지 옮겨지는 등 우여곡절 끝에 보존될 수 있었다. 전쟁이 끝난 후 사고가 지방의 중심지에서 험준한 산 위로 올라간 것은 바로 이러한 수난을 피하기 위해서였다. 실록을 여러 곳에 분산 보관했기에 완전한 소실은 면했지만 교통이 편리한 지역은 전쟁이나 화재, 도난의 우려가 커서 완벽하게 보존하기가 어렵다는 것을 체험한 것이다. 결국 당대인들이 관리하고 보존하기에는 훨씬 힘들지만 후대에까지 길이 보존하기 위해 험준한 산지를 골라 사고를 설치하게 되었다.

임진왜란이 끝난 후 사고는 5사고 체제로 운영되었다. 서울의 춘추관을 비롯하여 강화도의 마니산 사고, 평안도 영변의 묘향산 사고, 경상도 봉화의 태백산 사고, 강원도 평창의 오대산 사고가 그것이다. 지역별 안배를 고려하여 험준한 산지에 사고를 배치했다. 그 후 묘향산 사고는 후금(뒤의 청나라)의 침입에 대비하여 적상산성이라는 천연의 요새로 둘러싸인 전라도 무주의 적상산 사고로 이전했으며, 강화의 마니산 사고는 1660년(현종 1)에 인근의 정족산 사고로 옮겼다. 조선 후기 지방의 4대 사고는 정족산, 적상산, 태백산, 오대산으로 확정되었고 이 체제는 조선이 멸망할 때까지 그대로 지속되었다. 사고 주변에는 수호 사찰을 두어 사고를 안전하게 지키게 했다. 강화도의 전등사(정족산 사고), 무주의 안국사(적상산 사고), 봉화의 각화사(태백산 사고), 평창의 월정사(오대산 사고)가 이러한 기능을 담당했다.

오늘날 우리가 실록의 원형을 그대로 볼 수 있는 것은, 분산 보관이라는 원칙을 지키고 가장 안전한 산간 지역에 실록을 보관한 선조들의 지혜 덕분이다.

조선 전기 실록의 원형은 규장각에 있다

일제 강점기 때 4대 사고의 실록들은 모두 조선총독부에 의해 접수되었다. 정족산, 태백산 사고의 실록은 경성제국대학 도서관에, 적상산 사고의 실록은 이왕직 소속 도서관인 창경궁 장서각에, 오대산 사고의 실록은 1913년 일본의 동경제국대학으로 반출되었다. 그 후 정족산 사고 실록은 현재의 서울대 규장각에 보관되었고, 태백산 사고 실록은 국가

태종실록 | 정족산본의 표지. 조선 전기에 제
작되어 전주 사고에 보관되어 있다가 정족산
사고에 옮겨진 것이다. 원래의 청색 표지가 남
아 있다.
밀랍본 | 1411년(태종 11) 2월 22일 일본 왕
원의지源義持가 사신을 보내 태종에게 코끼리
를 선물했다는 기사. 표지의 겉면에는 방충과
방습을 위해 밀랍을 입혔다.

기록원(부산센터)에 보관
되었다. 적상산 사고 실
록은 한국전쟁 때 행방불
명되었는데, 현재 북한에 보관되어 있는 것으로 알려져 있다. 일본 동경
제대에 있던 오대산 사고 실록은 1923년 관동대지진의 여파로 소실되고
현재 일부만이 동경대학(47책)과 서울대 규장각(27책)에 남아 있다가,
2006년 7월 마침내 동경대학에 있던 47책이 서울대 규장각으로 돌아왔
다. 1913년 일본에 유출된 지 93년 만에 귀환한 것이다.

현재 규장각에 소장된 정족산 사고 실록은 임진왜란 속에서도 유일하
게 살아남은 전주 사고본으로 조선 전기에 편찬된 실록의 원형을 그대
로 간직하고 있다는 점에서 그 가치가 높다. 조선 전기의 실록은 완벽한
상태로 보존하고자 각 장마다 방충, 방습을 위한 밀랍을 입힌 것이 특징
이다. 그러나 현재 밀랍본 실록은 밀랍을 입히지 않은 생지본 실록보다
훼손이 심한 편이다. 그리하여 국립문화재연구소 주관 아래 규장각 한
국학연구원, 강원대학교 산학협력단에서 밀랍본 실록 보존 방안을 위해
함께 노력하고 있다. 실록은 선조들이 그랬던 것처럼 우리가 후손에게
물려주어야 할 자랑스러운 문화유산이기 때문이다.

생활사에 대한 기록도 풍부

실록에는 일상사에 관한 기록도 눈에 띈다.《태종실록》에는 태종 때 일본에서 코끼리가 건너온 이야기가 실려 있다. 대마도주가 환심을 사기 위해 바친 것이다. 그러나 조선에 처음 온 코끼리는 엄청난 식사량과 사람을 밟아 죽게 했다는 죄목으로 전라도 장도라는 섬에 보내져 쓸쓸한 최후를 맞는다.

조선시대 1,500여 회에 걸쳐 일어났던 지진에 관해서도 매우 자세하게 기록하고 있다. 이는 우리나라가 지진의 무풍지대가 아니라는 것을 말해준다. 실록에 기록된 지진의 시기와 발생 지역을 체계적으로 연구하면 지질학 등 자연과학 연구에 많은 도움이 될 것이다.

최근에는 실록에 등장한 인물을 주인공으로 한 영화나 드라마가 크게 성공하기도 했다. 2005년 한국 영화의 최고 흥행작 〈왕의 남자〉의 공길은 《연산군일기》에 등장하는 '실존' 인물이다. 연산군에게 《논어》를 인용하여 "임금이 임금답지 않고 신하가 신하답지 않으면 아무리 곡식이 있더라도 내가 먹을 수 있으랴"는 바른말을 했다가 곤장을 맞고 유배 간 인물로 기록되어 있다.

한류의 간판 드라마 〈대장금〉의 주인공 장금長今은 《중종실록》에 여섯 번이나 등장한다.

대비전의 증세가 나아지자 왕이 약방들에게 차등 있게 상을 주었다. …… 의녀 신비와 장금에게는 쌀과 콩 각 10석씩을 하사하였다.
― 중종 17년 9월

연산군일기(왼쪽) | 1505년(연산군 11) 12월 29일, "배우優人 공길孔吉이 《논어》를 인용하여 연산군을 비판했다가 곤장을 맞고 유배를 당했다"는 대목이 실린 부분이다.
선조실록(오른쪽) | 1592년(선조 25) 4월 13일, 임진왜란의 발발 상황을 적은 '왜구가 침범해왔다'로 시작하는 부분이다.

상에게 병환이 있어 정원政院에서 문안을 드렸다. …… 아침에 의녀 장금이 내전에서 나와 말하기를, "하기下氣가 비로소 통하여 매우 기분이 좋다고 하셨습니다"라고 했다. — 중종 39년 10월

장금은 미천한 신분이었지만 실록에 등장할 만큼 대단한 여성이었음에 틀림없다. 그런데 장금은 "호산護産의 공이 있다"거나 왕의 병환에 "오령산, 밀정蜜釘 등의 약재를 썼다"는 기록에서 보이듯 약재에 밝았던 전형적인 의녀로, 드라마 속 '궁중음식의 달인'이라는 이미지와는 거리가 있다. 그러나 실록의 기록이 드라마의 모티브가 된 것만은 분명하다.

실록은 왕의 동정을 중심으로 조선의 정치, 경제, 사회, 생활 등 다양한 분야를 종합하고 있는 '조선시대판 타임캡슐'이다. '명품' 기록유산을 철저히 보존했던 선조들의 정신을 지켜 나가는 것은 이제 우리들의 몫이다.

실록에 기록된 세종과 영조의 건강

실록에서는 왕의 건강에 관한 기사도 읽을 수 있다. 조선의 최장수 왕 영조는 주로 채식을 했으며, 조선시대 최고의 업적을 쌓았으나 각종 질환에 시달렸던 세종은 육식을 즐겨 했다.

《영조실록》 1750년(영조 26) 2월 10일의 기록을 보자.

"내가 일생토록 얇은 옷과 거친 음식을 먹기 때문에 자전께서는 늘 염려를 하셨고, 영빈도 매양 경계하기를, '스스로 먹는 것이 너무 박하니 늙으면 반드시 병이 생길 것이라'고 했지만, 나는 지금도 병이 없으니 옷과 먹는 것이 후하지 않았던 보람이다. 모든 사람의 근력은 순전히 잘 입고 잘 먹는 데서 소모되는 것이다. 듣자니, 사대부 집에서는 초피貂皮의 이

불과 이름도 모를 반찬이 많다고 한다. 사치가 어찌 이토록 심하게 되었는가?"

영조는 사치의 문제점을 지적하는 한편 자신이 병이 없는 것은 일생 동안 거친 음식을 먹고 얇은 옷으로 생활했기 때문이라고 말하고 있다. 한편 태종 때 세자로 책봉되어 정통 왕세자 교육을 받은 세종은 평소에 기름진 궁중요리와 육식을 즐겼다. 다음은 성산부원군 이직 등이 세종의 건강을 염려하여 올린 글이다.

졸곡 뒤에도 오히려 소선을 하시어 성체가 파리하고 검게 되니, 여러 신하들이 바라보고 놀랍게 생각하지 않는 사람이 없으며, 또 전하께서 평일에 육식이 아니면 수라를 드시지 못하는 터인데, 이제 소선한 지도 이미 오래되어, 병환이 나실까 염려되나이다. ―《세종실록》4년 9월 21일

"육식이 아니면 수라를 드시지 못할 정도로" 세종은 육식을 좋아했다는 것이다. 육식 위주의 식단이 세종의 건강을 위협한 것은 아닐까?
《정조실록》에는 정조가 과도한 업무가 겹쳐 점차 시력을 잃어서 안경을 썼음을 보여주는 기록도 있다. 이처럼 실록의 행간을 통해 왕의 건강과 관련된 기록을 찾아나갈 수 있다.

1442년 (세종 24)	춘추관	충주		
1455년 (세종 27)	춘추관	충주	전주	성주	
1592년 (임진왜란, 선조 25)	소실	소실	내장산 → 해주 → 강화 → 묘향산	소실	
1606년 (선조 39)	춘추관	태백산	마니산 ↓ 정족산 (1660년)	묘향산 ↓ 적상산 (1633년)	오대산 (교정쇄)
1910년	소실 (화재 등)	조선총독부	조선총독부	장서각	조선총독부 ↓ 동경제대 (1913년) ↓ 소실[1923년 관동대지진, 74책 잔존, 동경대47책(2006년 서울대학교 규장각 환수), 경성제대 27책]
1930년		경성제대	경성제대	장서각	
1946년		서울대학교 ↓ 정부기록 보존소(부산센터, 1984년)	서울대학교	북한 (1950년)	
현재		국가기록원 (부산센터)	서울대학교 규장각	평양중앙 역사박물관	서울대학교 규장각

오대산본 조선왕조실록

——————— 93년 만에 고국의 품에 안기다

2006년 5월 30일 서울대와 동경대는 동시에 기자회견을 했다. 기자회견에는 놀랍고도 반가운 소식이 담겨 있었다. 일제가 1913년 동경대로 반출한 오대산본 조선왕조실록 47책을 조건 없이 대한민국에 반환(동경대 측에서는 '기증'이라는 표현을 사용)한다는 것이었다. 7월 14일 마침내 오대산본 실록이 서울대학교 규장각 한국학연구원으로 돌아왔다. 오대산에 보관되어 있었던 실록은 왜 47책만이 돌아올 수 있었을까? 또 이 실록은 다른 실록과 어떤 차이점이 있는 것일까?

오대산 사고의 설치와 실록의 보관

임진왜란으로 전주 사고에 보관한 실록 이외에 춘추관, 충주, 성주 사고에 보관되었던 실록이 소실되자 1603년 7월부터 1606년 4월까지 전주 사고본 실록 576책을 바탕으로 하여 《태조실록》에서 《명종실록》까지 13대 실록 804권 259책을 새로 인쇄하여 간행했다. 이를 복인본이라 한다. 원래보다 책 수가 줄어든 것은 복인본을 간행하면서 두세 권을 1책으로 묶기도 했기 때문이다.

그리하여 전주 사고의 원본과 3부의 복인본, 교정본 1부를 합하여 총 5부의 실록이 만들어졌다. 전주 사고에 보관되었던 원본은 강화의 마니산으로 옮겨졌고, 복인본 3부는 서울의 춘추관, 영변의 묘향산, 봉화의 태백산에 각각 1부씩 봉안했다. 오대산에는 교정 초본 1부를 보관했다. 이때의 상황이 《선조실록》(선조 39년 5월 7일)에 기록되어 있다.

실록청이 아뢰기를, "실록은 지금 봉심하고 분류하였습니다. 구건舊件은 그대로 강화에 보관하고 새로 인출한 3건은 춘추관 및 평안도 묘향산과 경상도 태백산에 나누어 보관하고, 방본 1건은 바로 초본인데 지금 보관할 만한 지고地庫가 없으나 그냥 버리기가 아까우니, 강원도 오대산에 보관하는 것이 마땅합니다. 길일을 이미 가렸으니, 당상과 낭청을 속히 나누어 보내 장마 전에 봉안해야 하겠기에 감히 아룁니다" 하니, 알았다고 전교하였다.

위의 기록을 보면 초본을 오대산 사고에 보관하기로 결정한 사실과 함께 오대산 사고가 이미 확보되었다는 것을 알 수 있다. 특히 '그냥 버리기가 아깝다'라고 표현한 부분에 주목할 필요가 있다. 이것은 13대 실록 259책(804권)을 다시 제작할 때 든 종이나 표지의 조달이 만만치 않았음을 반영하고 있다. 특히 전쟁 직후였던 만큼 물자 조달이 어려웠을 것이다. 원래 전주 사고에 보관되었던 《명종실록》까지의 정족산본 실록 표지는 무늬가 없는 감견(푸른색 계통의 비단) 표지였다. 그러나 개장된 태백산본은 다양한 능화문이 있는 황지(노란 빛깔의 종이) 표지로, 오대산본은 연화보상문이 있는 황지 표지로 바뀌었다.

오대산 사고 | '금강사군첩'으로 불리는 화첩 중의 한 폭이다. 김홍도가 정조의 어명을 받들어 관동 지방의 풍경을 그려온 봉명도사첩奉命圖寫帖으로 전해진다. 1788년, 비단에 담채, 30.4×43.7cm.

결국 임진왜란 이후 실록을 산간 지역에 분산 보관하기 위해서 여러 본의 실록을 편찬했고, 그 중 교정본 1부는 종이 절약 차원에서 미완성 형태로 오대산 사고에 보관했던 것이다.

오대산본 실록의 귀환

조선이 일제에 병합된 후 오대산본 실록은 일본으로 유출되는 비운을 맞았다. 오대산 지역인 강원도 평창군 일대가 동해안과 가까워서 일본

2006년 7월 서울대에서 있었던 오대산본 인도인수식 장면

으로 가져가기 편리했기 때문일 것이다. 오대산본 실록은 주문진항을 거쳐 일본으로 건너가 동경제대 도서관에 보관되었다. 그러나 운명의 장난이었는지 오대산본 실록은 크게 훼손되는 수난을 겪는다.

1923년 일본 관동 지역에서 '관동대지진'이 일어났고 이 사건의 여파로 오대산본 실록은 대부분 불타버렸다. 다행히 대출된 것으로 알려진 74책이 살아남았고, 이 중 27책은 1932년에 서울대학교의 전신인 경성제국대학으로 돌아와 현재 서울대 규장각에 보관되어 있다. 나머지 47책은 오랜 기간 동경대학교 도서관에 보관되어 있다가 2006년에 고국의 품으로 돌아왔다. 비록 동경대에서는 서울대에 기증하는 형식을 취했지만 서울대는 반환이라는 점을 분명히 했다. 2006년은 최고의 국보급 문화재를 되찾은 의미 있는 해로 기억될 것이다.

현재 서울대학교 규장각에는 오대산본 실록 이외에 오대산본 실록의

《조선고적도보》에 실린 일제시대 오대산 사고

장서 점검 기록부에 해당하는 《실록형지안》이 소장되어 있어서 조선시
대까지 존재했던 오대산본 실록의 실태를 파악할 수 있다.

오대산 《실록형지안》에는 실록의 이름과 궤짝 수, 각 실록의 권수, 해
당 권의 기간을 간지로 표기하고 있는데, 태조에서 명종 대의 13대 실록
은 책 수와 권수만 적고 있고 《선조실록》 이후는 각 권의 시작과 끝에
해당 기간을 간지로 부기해놓았다. 사실 오대산 실록은 관동대지진으로
대부분 소실되어 정확한 책 수량을 파악하기 어렵다. 그러나 다행스럽
게도 《실록형지안》이 남아 있어 오대산본 실록의 궤짝별 실록 수를 파
악할 수가 있다(자료 2 〈오대산 사고의 궤짝별 실록 보관 현황〉 402~404쪽 참
조). 표에 따르면 원래 오대산본 실록은 총 788책이다.

교정 항목	주요 내용
글자 바꿈	붉은 글씨 또는 검정 글씨로 덧쓰거나 옆에 고쳐 씀
글자 추가	붉은 점을 찍고 붉은 글씨로 삽입함
옆으로 경사 세움	붉은색으로 /표를 하거나 덧씀
옆으로 누운 글자 세움	글자 옆에 붉은 점을 찍고 바로 써 넣음
글자 뺌	빼야 할 글자 위에 ×, ○, — 등으로 표시함
글자 붙임	빈 간격을 — 로 이어줌
띄어쓰기	띄어야 하는 만큼 ○를 삽입함
글자 뒤바꿈	위 글자 옆에 下, 아래 글자 옆에 上자를 표시함

교정본의 특징을 담고 있는 오대산본 실록

특히 오대산본 실록은 완간하기 직전의 교정쇄이기 때문에 실록의 제작 과정을 볼 수 있다는 점에서 가치가 높다. 완성된 실록이 아닌 교정본을 보관한 것은 무엇보다 종이를 조달하는 비용이 만만치 않았기 때문이다. 즉《태조실록》에서《명종실록》에 이르기까지 활자는 이미 만들어놓았으므로 3부를 인쇄하든 4부를 인쇄하든 인쇄에 따르는 부담은 크지 않았으나, 인쇄할 종이가 제대로 조달되지 않아 불완전한 교정본이나마 오대산에 보관한 것으로 보인다. 오대산본 실록에서 확인된 주요 교정 사례를 도표로 정리하면 위와 같다.

오대산본 실록은 모두 교정본이 아니라 임진왜란 이전에 제작된《태조실록》부터《명종실록》까지만 교정본이다. 그런데 현재 실물이 남아

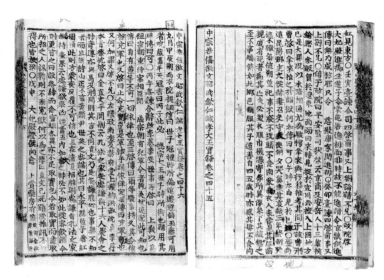

오대산본 《중종실록》의 교정 사례 | 글씨가 잘못 인쇄되었거나, 잘 보이지 않는 글씨에 대해서 붉은 글씨나 검은 글씨로 교정할 것을 표시했다.

있는 것은 《성종실록》, 《중종실록》, 《선조실록》이다. 오대산본의 《실록형지안》에 따르면 오대산본 《중종실록》은 총 53책인데, 서울대 규장각과 2006년에 반환된 동경대 소장본을 합하면 권11～권12, 권47～권48, 권98～권99의 3책을 제외한 50책의 《중종실록》이 현존하고 있다. 거의 완질에 가까운 《중종실록》 교정본이 남아 있는 것이므로 교정본 실록의 제작 경위를 비롯하여 서지학적 연구에 큰 도움이 될 것이다.

특히 동경대에 보관되어 있었던 권1～권2로 구성된 1책이 돌아오면서 규장각 소장본과 짝을 맞출 수 있게 되었다. 필자는 이 과정을 지켜보면서 마치 이산가족이 재회하는 듯한 감동을 느꼈다.

오대산본 실록 귀환 현장에서

2006년 5월 2일 필자는 한 방송국에서 진행하는 문화재 환수 관련 프로그램에 출연했다. 해외로 유출된 우리 문화재 7만 4,434점의 중요성을 환기시키고 이를 되찾아와야 함을 강조하는 캠페인성 프로그램이었다.

오대산 사고에서 한나절 동안 진행된 녹화의 주요 내용은 실록을 산간 사고에 보관하게 된 과정과 일제시대에 오대산본 실록이 강제로 유출된 상황에 관한 것이었다. 휴식 시간에 담당 연출자가 물었다. 언제쯤 오대산본 실록이 돌아올 수 있을 것 같으냐고. 필자는 일본이 그리 호락호락 내줄 것 같지 않다는 취지의 답변을 했다.

그런데 열흘쯤 후였을까, 놀라운 소식이 날아들었다. 동경대에서 소장 중인 오대산본 실록 47책을 우리나라로 보내기로(일본은 기증, 한국은 반환) 결정했다는 소식이었다. 잠시 귀를 의심했다. 실록의 보관과 이동이 옛 역사 속 일이 아니라 오늘날에도 일어날 수 있는 일이라는 게 놀라웠고, 필자가 근무하는 규장각이 그 중심 공간이라는 것도 가슴을 뛰게 했다.

일본의 사과를 받고 환수해야 한다는 목소리도 있었지만, 무엇보다도 국내로 실록이 돌아와야 한다는 입장이 우세해지면서, 오대산본 실록은 비교적 순탄하게 고국의 품으로 돌아올 수 있었다.

실록 연구자로서, 규장각 근무자로서 이 현장을 지켜볼 수 있었던 짜릿함과 감동은 오래도록 잊혀지지 않을 것이다.

실록청의궤와 실록형지안

실록 제작의 전 과정을 기록한 책

조선왕조실록이 세계기록유산으로 지정될 정도로 탁월한 기록물임은 널리 알려져 있다. 그런데 이 뛰어난 기록물을 만든 전 과정을 정리한《실록청의궤》가 있다는 사실은 잘 알려져 있지 않다. 실록 편찬 과정을 기록으로 남긴《실록청의궤》에는 실록 제작에 들어간 각종 물품과 수량, 실록을 넣은 궤짝의 제원 등이 기록되어 있다. 《실록청의궤》를 통하여 실록이 구체적으로 어떻게 제작되었는지 살펴보자.

조선시대《실록청의궤》의 편찬

실록 편찬은 조선시대의 국가적 대사이자 각 왕대마다 반복되는 일이었으므로 전대의 의례를 참조하기 위한 자료로 의궤가 만들어졌다.《실록청의궤實錄廳儀軌》는 완성된 실록을 춘추관 사고에 봉안한 후에 제작되었다. 일반적으로 의궤를 편찬할 때 이를 담당할 임시기구로 도감을 설치하는 것과 마찬가지로,《실록청의궤》를 제작하기 위해 의궤청을 설치했다. 그리고 실록 제작을 주관했던 실록청의 당상과 낭청 중 일부가

영종대왕실록청의궤 | 1776년(정조 즉위년) 5월부터 1781년 7월까지 《영조실록》의 편찬 과정을 기록한 의궤. 원명은 '영종대왕실록'이었으나 1889년(고종 26)에 묘호를 '영조'라 했기 때문에 '영조실록'이라 부른다.

의궤청으로 차출되어 의궤 제작을 위한 기본 원칙이라 할 《의궤사목 儀軌事目》을 바탕으로 의궤를 만들었다.

《실록청의궤》는 일반적으로 5부를 작성하여 서울의 춘추관과 지방의 정족산, 태백산, 오대산, 적상산 등 4개 사고에 1부씩 봉안하였다. 그리고 의궤의 겉표지에 '춘추관 상上', '태백산 상' 등으로 봉안처를 기록하였다. 그래서 남아 있는 의궤의 표지를 보면 어느 곳에 봉안되어 있던 것인지를 확인할 수 있다. 현재 춘추관과 적상산본은 한국학중앙연구원 장서각에, 오대산, 태백산, 정족산본은 서울대 규장각에 소장되어 있다.

현존하는 《실록청의궤》는 모두 인조 이후에 제작된 것이다. 서울대 규장각에는 《광해군일기찬수청의궤》부터 《철종대왕실록청의궤》에 이르는 총 14종의 역대 《실록청의궤》를 비롯하여, 효종 때 제작된 《선조실록수정청의궤》와 숙종 때 제작된 《단종대왕실록부록찬집청의궤》가 소장되어 있고, 한국학중앙연구원 장서각에는 11종의 《실록청의궤》가 소장되어 있다. 인조 이전에도 《실록청의궤》가 만들어졌다고 추정되나, 임진왜란을 거치며 모두 소실된 것으로 여겨진다(자료 3 〈규장각 소장 실록청의궤 현황〉 405쪽 참조).

앞서 언급했듯이 《실록청의궤》에는 실록의 제작 과정이 여러 항목에 걸쳐 상세하게 정리되어 있다. 특히 제작에 소요되는 각종 물품의 내역과 수량, 투입된 인원 등이 소상하게 기록되어 있어서 이를 바탕으로 당시 제작 과정을 재현해볼 수도 있다. 실록 제작에 소요된 물품들은 〈이문질〉과 〈감결질〉, 그리고 〈실입질〉에 기록되어 있다. 대부분의 《실록청의궤》에는 〈인출제구印出諸具〉라는 항목 아래 실록 인출과 장정, 그리고 궤의 제작에 사용된 물품 내역이 상세하게 기록되어 있다.

사초의 정리부터 유공자 포상까지

《실록청의궤》는 어떤 내용들로 채워져 있을까? 먼저 실록 편찬 과정과 관련된 전교傳敎(왕이 지시한 사항), 계사啓辭(왕의 지시에 대해 담당 관리들이 보고한 사항)가 나오고, 각 부서별 업무 내용이 구체적으로 기록되어 있다. 업무 내용에는 각 관청 간 주고받은 문서와 참여 인원 명단, 물자 조달 상황, 포상, 의궤의 보관 등이 기록되어 있다.

《실록청의궤》의 표본이라 할 《영종대왕실록청의궤》를 중심으로 《실록청의궤》의 구성과 주요 내용을 살펴보자. 영조 사후 '영종'이라는 묘호가 내려졌으나, 고종 때 왕실의 위상을 강화하는 과정에서 '영조'로 추상되었다. 《실록청의궤》가 제작될 때의 제목은 '영종대왕실록청의궤'였다.

《영종대왕실록청의궤》는 상·하 2책으로 되어 있는데, 전체 목차는 없고, 항목들 중에는 명칭이 분명하지 않은 것도 있다. 하지만 내용에 따라 항목을 나누고 기록된 순서대로 목차를 만들면 《실록청의궤》의 기본 체제를 파악할 수 있다.

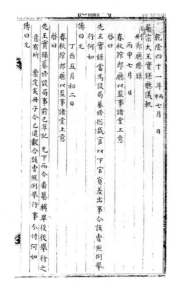

영종대왕실록청의궤 산절청등록

실록찬수청등록

상책은 실록 편찬 과정을 시간 순서에 따라 정리한 것이고, 하책은 실록 편찬에 참여한 사람들의 명단과 각 부서의 작업 내용을 정리한 것이다. 상책을 구체적으로 살펴보자.

먼저 〈산절청등록刪節廳謄錄〉은 실록 편찬 개시 논의가 시작될 때부터 시정기의 산절(필요 없는 내용을 깎아서 줄임) 작업이 완료될 때까지의 주요 업무를 정리한 것이다. 1776년 7월부터 1778년 3월 27일까지의 전교와 계사가 수록되어 있다. 춘추관에 있는 시정기를 실록청으로 옮긴 후《승정원일기》를 참조하면서 각 방에서 분담하여 산절 작업을 하는데, 산절청에서는 시정기 중에서 버릴 것과 취할 것을 골라내는 작업을 한다. 한꺼번에 시정기를 다 꺼내오지 않고, 4년 또는 6년 단위로 옮겨와서 실록에 들어갈 내용을 초출하였다. 아마도 실록청의 여유 공간 때문이었을 것이다. 1777년 6월 16일 기사에는 〈실록청사목實錄廳事目〉이 수록되어 있고, 1777년 6월 2일 기사와 1778년 2월 25일 기사에 실록청을 처음 설치할 때의 도청과 각 방의 관원 명단이 수록되어 있다.

다음은 〈실록찬수청등록實錄纂修廳謄錄〉이

다. 실록 중초의 찬수가 시작된 때부터 완료 될 때까지의 업무 내용을 정리한 것으로 1778년 4월 5일부터 1780년 4월 16일까지의 기사가 수록되어 있다. 제일 앞부분에 14조 항의 〈찬수범례〉가 실려 있는데, 실록 편찬 에 사초와 시정기뿐만 아니라 비변사의 장 계, 의금부의 추안, 형조의 핵심 문서, 사변 과 추국에 대한 주서의 일기(승정원에서 기록 을 담당한 주서는 급하게 생긴 사변이나 죄인의 심 문에 관한 추국을 기록했다) 등을 광범하게 참 고한 사실이 나타난다. 이외에 실록청 관원 들의 교체 상황과 왕의 독려 등이 자세히 실 려 있다.

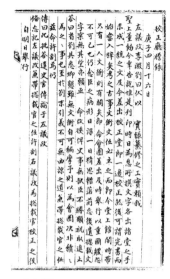

교정청등록

〈개찬수청등록改纂修廳謄錄〉은 이미 찬술 된 실록의 중초를 토대로 다시 찬수 작업을 한 내용을 정리한 것으로 1780년 9월 6일부 터 1781년 4월 26일까지의 기사가 수록되어 있다. 찬수 당상 및 낭청들의 임명과 교체, 그리고 개찬수 작업 진행 상황이 중심을 이 루고 있다.

〈교정청등록校正廳謄錄〉은 실록 중초의 교 정 및 인출에 대해 정리한 것으로 1780년 4 월 16일부터 1781년 6월 17일까지의 기사가

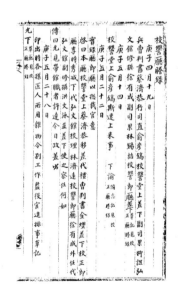

교수청등록

수록되어 있다. 교정 당상 및 낭청들의 교체 상황과 교정 및 인출 작업의 진행 상황에 관한 내용이 주를 이루고 있다.

〈교수청등록〉은 실록 인출 작업 중 교수校讐에 관한 내용과 인출이 완료된 이후 실록의 봉안, 사초의 세초에 관한 사항들을 정리한 것으로 1780년 4월 19일에서 1781년 7월 26일까지의 기사가 수록되어 있다. 별단, 세초, 포상비망기 등이 포함되어 있다.

실록 제작을 위해 주고받은 문서들

상책이 시간 순서에 따라 실록 편찬 과정을 기록한 것이라면 하책은 실록의 찬수와 교정, 교수에 참여한 인원, 부서별 업무 내용을 기록한 것이다. 주요 사항을 항목별로 정리하면 다음과 같다.

먼저 〈총재관찬수교정교수당상낭청병록總裁官纂修校正校讐堂上郎廳並錄〉을 보면 총재관, 당상, 낭청 등으로 구분하여 관직, 임명된 날짜, 그만둔 날짜를 기록하고 있다. 중간에 교체되었다가 다시 임명된 경우에는 교체 날짜를 기록하지 않았다. 뒷부분에는 실록청에서 근무한 원역員役(작업에 참여한 관리와 장인)들의 명단이 기록되어 있다. 이어 간행과 인쇄에 참여한 공장들의 명단인 인역공장印役工匠, 그리고 인출 제구가 실려 있다. 인출 제구는 인출 작업에 쓰인 각종 도구와 물자들을 정리한 것으로, 책의 제작에 관련된 '책제冊制', 장정(표지)에 들어간 재료를 정리한 '매일책장황소입每一冊粧䌙所入', 궤짝 제작과 관련된 재료를 정리한 '궤자樻子', '착칠소입着漆所入', '궤자장식樻子粧飾', '궤자내도소입樻子內塗所入' 등의 항목으로 되어 있다. 오늘날 실록 제작 과정을 복원한다면 아주 유용할 것이다.

〈이문질〉, 〈내관질〉, 〈감결질〉 등은 실록 제작과 관련하여 주고받은 문서를 모아놓은 것이다. 〈이문질〉에는 각 기관에 협조를 요청하기 위해 보낸 공문이 수록되어 있다. 실록청에 소속된 인원과 공장 등의 처우에 관한 내용이 가장 많다. 예를 들면 이들에게 급료를 지급하는 호조와 병조에게 급료와 점심미點心米 등을 정해진 때에 지급하라고 요청하거나, 이들이 소속된 군영에 이들의 역을 면제해달라고 부탁하는 공문들이다.

〈내관질〉은 〈이문질〉과 반대로 다른 관청에서 실록청에 보낸 공문을 모아놓은 것이다. 대개 실록청의 협조 공문을 받은 관청이 시행 상황이나 문제점 등을 보고한 것으로, 물자와 보조인원 조달에 관한 내용을 구체적으로 기록하고 있다.

〈감결질〉은 〈이문질〉과 마찬가지로 실록청에서 각 기관에 보낸 공문을 모아놓은 것으로, 물자 조달이나 인원 징발과 관련된 구체적인 지시 사항이 들어 있다. 〈이문질〉에 수록된 공문이 전반적인 물자 조달을 요구하고 있다면 〈감결질〉에 수록된 공문은 구체적인 분량과 공급 시기 등을 자세히 요구하고 있다. 이를 통해 실록청에 근무한 관원 및 물품 제작자들이 사용한 물자에 대한 구체적 내역뿐만 아니라, 실록 편찬 과정에서 부서 간의 업무 협조 상황도 알 수 있다.

이어 각 부서별로 업무 처리 과정을 기록한 부분이 나온다. 〈일방등록〉, 〈이방등록〉, 〈삼방등록〉은 시정기의 산절을 담당했던 각 방의 업무 내용을 정리한 것이다. 여러 관청에 필요한 물자들을 요청한 문서들을 모은 〈품목질〉과 〈감결질〉, 그리고 각 방에 소속된 관원들의 명단으로 구성되어 있다. 《실록청의궤》 전체로 보면 '의궤 속의 의궤'의 형태를 따고 있는 부분이다.

최고의 종이부터 돼지털까지

실록 제작에서 가장 중요한 것은 종이였다. 실록정본지라 불렸던 주재료인 종이는 처음에 고급 종이인 초주지를 쓰다가, 영조 때《숙종실록》을 만들면서부터 저주지를 사용했다. 사치 방지를 국정의 지표로 삼던 영조의 의지가 실록 제작에도 반영된 것으로 여겨진다.

실제 들어간 물품을 뜻하는 〈실입질〉 항목에서는 실록 제작에 소요된 물품 전체의 내역을 파악할 수 있다. 이 중에는 이름만으로도 용도를 알 수 있는 물품들(붓, 먹, 각종 종이, 아교, 칠 등)이 있는가 하면, 용도가 정확하게 밝혀지지 않은 물품도 있다.

저모猪毛(돼지털), 마염馬鬣(말갈기), 미추尾箒(개의 꼬리털)와 같은 재료들의 사용처는 〈감결질〉에 일부 밝혀져 있다. 〈감결질〉에 따르면, 돼지털은 '장책粧冊' 및 '책장소용冊匠所用'으로, 마염과 미추는 '인출 장소용' 및 '인출 시소용'으로 기록되어 있다. 돼지털은 실록을 책으로 묶을 때, 마염과 미추는 실록을 인출할 때 사용하였음을 알 수 있다. 털이니 만큼 아마도 먼지를 털어내는 데 사용했을 것이다.

현재 실록 복원과 관련하여 중요한 재료가 되고 있는 황밀 또한 〈실입질〉에 기록되어 있는데, 황밀은 실록의 정본지에는 사용하지 않고 표지의 방충과 방습을 위해 사용된 것으로 여겨진다. 조선 전기 실록까지는 밀랍을 입혔으나, 조선 후기에 들어와서는 모든 실록을 밀랍을 입히지 않은 생지본으로 제작했다. 밀랍본은 외부에 노출될 경우 더 심하게 훼손된다는 것을 알았기 때문이다. 현재 규장각에 소장된 실록을 보아도 《세종실록》처럼 밀랍본으로 제작된 것 중 임진왜란 때 외부에 노출되었던 책은 훼손 정도가 더 심한 상태다. 조선 후기 실록에는 전혀 밀랍을 입히지 않았으나, 다만 숙종 때 기왕에 밀랍을 입힌 실록의 보수를 위해 밀랍을 사용한 사례는 있었다.

《실록청의궤》에 기록된 물품들의 용도를 알려면 《실록청의궤》이외의 여러 자료들을 통해 각 물품의 일반적인 용도를 먼저 파악한 다음, 실록 제작 과정에서의 용도를 유추해보는 작업이 필요할 것이다(자료 4 〈실록 제작에 필요한 물품과 수량〉, 《전거: 영종대왕실록청의궤》 406~407쪽 참조).

점검 기록부 《실록형지안》

실록만으로도 조선시대 기록문화의 우수성을 충분히 알 수 있지만, 실록 편찬의 전 과정을 완벽하게 정리한 《실록청의궤》로 우리 선조들의 기록 정신은 더욱 빛난다. 그런데 여기서 그치지 않는다. 실록의 꾸준한 점검과 관리를 위해 작성한 《실록형지안》이 있다.

《실록형지안》은 실록의 봉안이나 포쇄曝曬(실록을 햇볕이나 바람에 말리는 일), 고출考出(전거가 필요할 때 뽑아서 열람함), 실록각의 보수 등의 사유로 불가피하게 사고를 열어야 할 때 그 사유와 함께 당시의 보관 상황을 기록한 일종의 '장서 점검 기록부'다. 《실록형지안》에는 사고를 연 시기, 사고별·궤짝별로 보관된 서책의 종류와 수량, 그곳에 파견된 사관과 실무자들의 명단 등이 기록되어 있다.

1601년 9월 11일에 작성된 《묘향산사고포쇄형지안》을 보자. 《태조실록》에서 《명종실록》까지 궤에 보관하였는데, 1궤에 《태조실록》 15책과 《정종실록》 6책을 보관한 것에서 시작하여 45궤에 《명종실록》 9책을 보관한 사실이 기록되어 있다. 1개의 궤짝에 최저 7책에서 최고 30책까지 담겼는데 아마도 각 책의 크기를 고려한 결과일 것이다.

그 밖에도 《실록형지안》에는 의궤, 역사서, 지리지, 의례서, 천문학 관련 서적 등의 보관 상태가 기록되어 있다. 《실록형지안》은 조선시대에 실록을 비롯하여 각 사고에 보관된 서책을 꾸준히 점검하고 관리했음을 알려준다.

실록 보존의 꽃, 포쇄

정기적인 포쇄 작업은 실록의 엄격한 관리 실태를 보여준다. 포쇄는 책을 바람에 말려 습기를 제거하여 부식과 충해를 방지함으로써 오랫동안 보존하기 위한 작업이다. 대개 3년(과거시험 식년과 같이 진술축미년)에 한 번씩 행해졌지만 2년 또는 5년을 주기로 하는 경우도 있었다. 포쇄는 주로 봄과 가을의 청명한 길일을 택했으며, 춘추관에서 파견된 사관이 담당했다. 《실록형지안》을 보면, 대부분 음력 3~5월과 8~10월에 포쇄

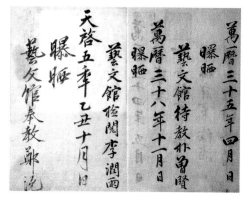

가 행해졌고 한여름과 겨울에 행해진 사례는 거의 없다.

포쇄는 새로운 실록이나 어제, 의궤 등을 봉안, 이안하거나 고출 및 사고를 개수할 때도 행해졌기 때문에 《실록형지안》에 기록된 작업 내용 중 가장 큰 비중을 차지한다. 오대산 사고의 경우 100건의 형지안 중 봉안, 개수를 포함하여 포쇄를 행한 사례가 83건이다.

조선 후기의 문신이자 학자인 신정하는 1709년(숙종 35) 가을 포쇄관에 임명되어 태백산 사고로 떠났다. 신정하는 이때의 경험을 〈태백기유太白紀遊〉라는 기행문과 〈포사曝史〉라는 시를 지어 남겼다. 〈태백기유〉의 한 대목을 보자.

사각史閣(실록을 보관하는 곳)은 담장을 쳤고, 담장 동쪽에 사관이 포쇄할 때 머무는 연선대라는 건물이 있다. 사각에는 번을 서는 참봉과 이를 지키는 승려가 늘 머무른다. 사각에 이르면 네 번 절한 뒤 자물쇠를 열고 봉심奉審(살펴서 조사함)한다. 포쇄는 3일 동안 이루어졌는데 날씨가 늘 맑았으며, 이때 포쇄한 서적은 서른여섯 상자다. 포쇄가 끝나면 서적을 상자에 담아 사각의 누옥에 넣고 전처럼 봉인을 한다.
— 신정하, 《서암집恕菴集》권11 〈태백기유〉

《조선고적도보》에 실린 태백산 사고 전경과 사각

다음은 신정하가 포쇄할 때의 느낌을 읊은 〈포사曝史〉라는 시다.

나는 임금의 조서를 받들고	我來唧丹詔
가을 바람에 말을 달려왔네	馹騎橫秋風
두 번 절한 뒤 손수 자물쇠를 열고서	再拜手啓鐍
면대 가에서 포쇄를 하네	曝之蓮臺畔
귀한 상자 서른여섯 개를 내놓으니	金箱三十六
해가 하늘 중앙에 이르렀네	白日當天半
지나는 바람에 때로 함께 책장을 열고	過風時與披
날던 새가 갑자기 책에 그림자를 남기네	度鳥忽遺影
때때로 서적 가운데서	時於簡編中
시시비비를 스스로 깨닫네	是非獨自領

— 신정하, 《서암집》 권3, 〈포사〉

햇볕 좋고 바람 잘 부는 날 36개의 상자에 담긴 실록을 펼쳐놓은 모습이 그림처럼 묘사되어 있다. 하늘을 나는 새가 문득 그림자를 남길 때 사관 신정하는 스스로의 마음을 다잡는다. 왕도 마음대로 볼 수 없는 실록을 그는 '포쇄'라는 임무 덕분에 직접 볼 수 있는 영광을 얻은 것이다.

현재 서울대학교 규장각에는 500여 책의 《실록형지안》이 보관되어 있다. 《실록형지안》에 담긴 철저한 기록과 관리 정신에서 조선시대 기록문화의 면모를 다시금 확인할 수 있다.

《실록형지안》의 종류

실록의 보관 및 관리를 담당하는 기관은 실록을 편찬하는 춘추관이었다. 춘추관은 모두 겸직이었으므로 포쇄와 형지안 작성 실무는 춘추관 기사관을 겸임하는 예문관의 봉교奉敎, 대교待敎, 검열檢閱이 맡았다.

《실록형지안》은 그 목적에 따라 포쇄형지안, 실록을 사고에 봉안한 상황을 기록한 봉안형지안, 실록을 다른 사고에 옮긴 상황을 기록한 이안형지안, 특별히 필요한 경우 실록을 꺼낸 내역을 기록한 고출형지안, 사각을 보수한 상황을 기록한 사각개수형지안 등으로 분류할 수 있다.

형지안 중에는 포쇄가 가장 많다. 정기적인 점검 외에 봉안이나 고출 시 포쇄를 함께 행한 경우에도 형지안을 작성했다. 이 경우 제목은 '봉안후 포쇄', '고출 및 포쇄'로 기재했다.

《실록형지안》에서 실록과 관련하여 기재한 내용은 왕대별 실록명, 궤수, 책 수 및 권수, 각 권의 해당 기간 등이다. 실록의 보관 내역을 기재한 후에는 어제 및 의궤, 형지안, 각종 서책의 제목을 궤별로 적었다. 형

태백산 사고 궤짝 | 1931년 《조선고적도보》에 실린 사진.

지안의 마지막 부분에는 봉안 임무를 띤 사관의 직책과 이름을 기록하고, 요즘의 사인에 해당하는 수결을 두었다.

가장 오래된 《전주 사고 형지안》

현재 남아 있는 《실록형지안》 중 가장 오래된 것은 《전주 사고 형지안》
이다. 1588년 9월 1일 전주 사고의 실록을 포쇄한 후 봉안한 실태를 기록
했다. 《전주 사고 형지안》은 임진왜란(1592년) 직전의 실록 보존 상태를
살펴볼 수 있는 유일한 자료다. 현재 규장각에 보관되어 있는데 도서번호
는 〈규10004〉, 표지 제목은 '만력십육년무자구월초일일 사고포쇄형지안
萬曆十六年戊子九月初一日 史庫曝曬形止案'이다. 내제(표지 안쪽의 제목)는 '만
력십육년무자구월초일일 전라도 전주 사고포쇄형지안全羅道全州 史庫曝曬

외규장각형지안 | 1856년 강화도 외규장각에 보관되어 있던 책들의 내역을 기록한 형지안. 형지안은 일종의 장서 점검 기록부다. 1866년 병인양요 때 프랑스 군에 약탈당하기 직전의 외규장각 도서 현황을 파악할 수 있다. 1책, 필사본.

形止案 이다(자료 5 〈형지안에 기록된 실록의 보관 상태〉 408쪽 참조).

《전주 사고 형지안》은 임진왜란 이전에 작성되었기 때문에 《태조실록》에서 《명종실록》까지의 보관 상태만 기록되어 있다. 실록을 왕별로 궤에 담은 것이 특징이며 재위년이 오래된 왕은 실록을 담은 궤짝 수가 많다. 《성종실록》부터는 1궤에 담은 권수가 늘어났으며, 《연산군일기》부터는 권수와 함께 책 수를 기록했다. 《중종실록》은 권수와 책 수가 일치하는 양상을 보이고 있다.

한편 실록 이외의 서책도 각 궤에 보관했다. 이 서책들은 천자문의 순서대로 궤짝 순서를 정했다. 자료 6(〈전주 사고 형지안에 나타난 실록 이외 서책〉 409쪽 참조)은 각 궤에 보관된 서책을 정리한 것이다. 농사와 관련이 깊은 역법, 역사서가 주종을 이루고 있다.

형지안 중에는 강화도 외규장각의 도서 보관 상태를 기록한 《외규장각형지안》도 있다. 이 형지안을 통해 1866년 병인양요 때 약탈당하기 전 외규장각에 보관된 왕실 자료의 면면을 확인할 수 있다.

실록의 보존과 약재

완성된 실록을 궤짝에 담아서 보관한 이유는 영구 보존을 위해서였다. 궤짝 하나에 대개 15~20책 정도의 실록을 넣어 보관하였다. 각 실록이 서로 닿는 것을 막기 위해 초주지를 중간에 끼워 넣고, 붉은 보자기로 쌌는데 방수와 함께 나쁜 기운을 없애는 목적도 있었을 것이다.

그리고 방충과 방습을 위해 천궁과 창포라는 한약재 가루를 보자기에 담아 궤짝 속에 넣었다. 천궁은 중국이 원산지인 약용 식물로 그 뿌리와 줄기가 진정, 진통, 강장 등에 효능이 있어 한방에서 두통, 빈혈증, 부인병 등을 치료하는 데 사용되었다. 또 방향제 기능도 있어서 민간에서는 좀을 예방하기 위해 옷장에 넣어두기도 했다. 창포는 연못가나 도랑가에서 자라는 식물로 민간에서는 단오날 창포를 넣어 끓인 물로 머리 감고 목욕을 하는 풍습이 있었다. 창포는 건위, 진경, 거담 등에 효과가 있어 역시 한방에서 약재로 이용되었으며, 뿌리는 소화불량, 설사, 기관지염 등의 치료에 쓰였다. 창포의 뿌리와 줄기는 방향성 건위제로 사용된다. 이 두 가지 약재는 실록의 손상을 막고 원형을 보존하는 데 가장 핵심 역할을 한 것으로 추정되며, 주로 혜민서에서 조달했다.

실록 궤에는 손잡이 아쇠와 4개의 다리 횡족橫足이 달려 있으며, 정철正鐵, 송지松脂, 유철鍮鐵 등을 이용하여 국화동菊花童, 결쇄, 원환 등으로 겉을 장식했다.

실록을 담은 후 실록 궤짝은 철저하게 봉인하고 자물쇠를 채웠다. 실록을 관리하는 사람조차도 함부로 열지 못하게 했고, 오직 왕명을 받은 사관만이 궤짝을 열 수 있었다. 그만큼 사고의 실록들을 소중히 여긴 것이다. 사관은 왕명을 받아 사고에 가는 것을 커다란 명예로 생각했다.

왕의 숨결까지 놓치지 않은 기록
승정원일기

2001년 유네스코의 세계기록유산 심의위원회는 한국이 제출한 기록유산을 놓고 격렬한 토론을 벌였다. 문제가 된 책은 바로 《승정원일기》였다. 《조선왕조실록》이 이미 기록유산으로 등록된 마당에 왜 《승정원일기》까지 지정되어야 하는지를 세계인들은 의아해했던 것이다. 그러나 격론 끝에 《승정원일기》는 세계기록유산에 등재되었다. 전통시대 국가의 공식 연대기 기록이 2종이나 세계기록유산으로 등재된 것은 그만큼 조선시대의 기록문화가 탁월했음을 증명한다.

세계의 기록유산 《승정원일기》

《승정원일기》는 조선시대 왕명의 출납을 맡으면서 비서실 기능을 수행했던 승정원에서 날마다 취급한 문서와 사건을 일자별로 기록한 책이다. 원래 조선 건국 초부터 작성되었을 것이나 현재는 1623년(인조 1)부터 1910년(융희 4)까지 288년간의 기록 3,243책이 남아 있다. 《승정원일기》는 세계 최장의 역사 기록물이라 할 수 있으며, 1999년 4월 9일 국보 제303호로 지정되었고, 2001년 9월에는 세계기록유산으로 등재되었다.

승정원일기 | 조선시대 왕의 비서기관인 승정원에서 왕명 출납, 행정 사무, 각종 의례 등을 기록한 일기. 조선 건국 초부터 기록되었으나 임진왜란으로 대부분 소실되고, 현재는 1623년(인조 1)부터 1910년(융희 4)까지 288년간의 기록이 남아 있다. 국보 제303호.

정치의 미세한 부분까지 담은 방대한 기록, 288년간 빠짐없이 기록한 날씨, 1870년대 이후 대외관계에 관한 상세한 기록 등은 《승정원일기》만이 지닌 가치다.

《승정원일기》는 《조선왕조실록》(국보 151호), 《비변사등록》(국보 152호), 《일성록》(국보 153호)과 함께 조선시대 관찬 연대기의 우수성을 보여준다. 책의 크기는 일률적이지 않지만 대체로 세로 40센티미터, 가로 28센티미터 정도다. 한 책의 장수는 70~200장 정도로 편차가 있는데, 3,243책의 총 장수는 38만 2,487장으로 평균 125장이 한 책을 이루고 있다. 288년에 걸쳐 기록되었다는 점과 3,243책 총 2억 4천만여 자에 달하는 방대한 분량이라는 점에서 《승정원일기》는 세계 최대의 역사 기록물이라 할 수 있다.

《승정원일기》는 실록 편찬에 가장 기본적인 자료로 활용되었으며, 특히 왕의 최측근 기관인 비서실에서 작성함으로써 왕의 일거수일투족과 정치의 미세한 부분까지 자세히 기록되어 있다. 조선시대에는 왕의 초상인 어진을 그릴 때도 전신이라 하여 왕의 모습과 함께 정신을 옮기는 데 혼신의 노력을 다했다고 한다. 왕을 최측근에서 모시는 후설(목구멍과 혀)의 직책에 있었던 승정원의 기록인 만큼 그야말로 왕의 기분, 숨결 하나까지도 놓치지 않고 담으려 했을 것이다.

승정원의 다양한 역할

승정원은 조선시대 왕명의 출납에 관한 일을 맡아보던 기관으로 오늘날 청와대 비서실에 해당한다. 승정원에서는 왕의 지시 사항이나 명령을 정부 각 기관과 외부에 전달하는 역할과 함께 왕에게 보고되는 각종 문서나 신하들의 건의 사항을 왕에게 전달하는 임무를 수행했다. 정원政院 또는 후원喉院, 은대銀臺라는 별칭으로 불렸는데 '후' 는 목구멍을 뜻하는 한자어로 승정원이 왕의 입을 대신하는 곳임을 상징한다. '은대' 는 중국 송나라 때 궁궐 은대문 안에 은대사를 두어 천자(중국의 황제)에게 올리는 문서와 관아 문서를 주관하도록 한 데서 유래한 말이다.

《창덕궁지》 '승정원' 조에 의하면, "승정원은 인정전 동쪽에 있다. 하나는 창경궁의 문정문文政門 밖에 있는데 왕명의 출납을 맡고 있다"고 하여 승정원이 궁궐 내부와 외부에 각각 한 곳씩 배치되었음을 알 수 있다. 궁궐 외부에도 승정원을 둔 것은 왕에게 보고할 내용을 좀 더 쉽게 접수할 수 있도록 배려했기 때문일 것이다. 1820년대 창덕궁과 창경궁의 모습을 담은 〈동궐도〉에는 인정전 동쪽 대청과 문서고 사이에 '은대' 라는 명칭으로 승정원이 표시되어 있다.

승정원의 임무에 대해 각종 법전에는 "왕명의 출납을 관장한다"고 기록되어 있지만, 왕명의 출납뿐만 아니라 왕의 최측근에서 국정 전반에 걸친 업무를 보좌하는 것이 이들의 임무였다. 왕이 내리는 모든 명령과

지시를 전달하고 왕에게 보고되는 정사의 처리나 왕의 자문에도 응했다. 또한 외국 사신의 접대, 종묘제와 같은 국가 의식에서 왕 수행, 형정의 처리 및 인사 참여, 국방, 과거, 교육 등 국정 전반에 관여했다. 그 밖에도 궁궐 내의 관약管鑰(궁문이나 성문의 자물쇠)과 궁궐문의 출입을 담당하여 궁궐 출입자에게 일종의 출입증인 신부信符를 발급하였다. 현재 청와대 비서실이나 경호실에서 출입자를 체크하는 것과 비슷하다.

승정원의 가장 중요한 업무 《승정원일기》 편찬

《승정원일기》는 왕의 비서실인 승정원에서 국정 상황을 매일 일기로 기록하고 이것을 월 단위로 모아 편찬한 책이다. 《승정원일기》를 편찬하는 것은 승정원의 가장 중요한 업무였다. 편찬은 '승사承史'라 칭하는 승지와 주서가 공동으로 담당했으며 최종 기록은 주서들이 맡았다. 승지는 무관도 임명될 수 있었으나 주서는 반드시 학문과 문장이 검증된 문관을 임명했다. 또한 주서는 춘추관 기사관을 겸임해 승정원을 거친 문서나 기록뿐만 아니라 실록 편찬에 참고했던 국내외의 각종 기록을 두루 검토하고 정리하는 임무를 수행했다.

《승정원일기》는 조선왕조 건국 후 매일 기록한 일기이므로 전량이 남아 있다면 6,400여 권에 달하는 방대한 분량이 될 것이다. 그러나 조선 전기에 기록된 《승정원일기》는 임진왜란이나 1624년 이괄의 난 같은 병화와 정변으로 소실되고, 인조 이후의 것만 남아 있다. 그 후에도 1744년(영조 20)과 1888년(고종 25) 등 몇 차례 화재를 겪으며 일부가 없어졌으나 그때마다 세자시강원의 기록인 《춘방일기春坊日記》, 《조보》, 주서

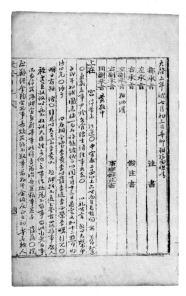

승정원일기 | 기록 방식은 한 달을 기준으로 책머리에 월간 경연 상황, 내전의 동향을 기록하고 다음에 승정원 관리 및 당직자의 표시와 출근 실태, 마지막에 구체적인 기재 내용을 실었다.

를 지낸 사람의 기록인《당후일기堂後日記》, 지방에서 널리 수집한 각종 기록들을 종합하여 빠진 부분을 채워 나갔다.

'승정원일기'라는 이름은 근대 들어 관제가 개편되면서《승선원일기》, 《궁내부일기》, 《비서감일기》, 《비서원일기》, 《규장각일기》로 바뀌었다. 1894년 이후 다양한 제목의《승정원일기》가 나타나는 것은 왕실 비서실 기능의 거듭되는 변화와 궤를 같이

▌《승정원일기》의 국보 지정 내역

지정일	지정 번호	도서명	책 수
1999년 4월 9일	국보 제 303호	승정원일기承政院日記	3,045책
		승선원일기承宣院日記	4책
		궁내부일기宮內府日記	5책
		전비서감일기前秘書監日記	8책
		비서원일기秘書院日記	115책
		후비서감일기後秘書監日記	33책
		규장각일기奎章閣日記	33책
			총3,243책

한다. 이는 결국 우리 근대사의 아픔을 《승정원일기》가 함께 겪었음을
여실히 보여주는 것이다. 역사의 격동 속에서도 《승정원일기》는 계속
기록되어 총 3,243책이 우리에게 전해졌다. 그 중 제목이 《승정원일기》
로 되어 있는 것은 총 3,045책이다.

왕의 숨결까지 전달한 철저한 기록 정신

《승정원일기》는 무엇보다 매일의 기록이라는 점에서 가장 큰 의미가
있다. 하루도 빠짐없이 적었기 때문에 하루의 정치, 한 달의 정치, 1년
정치의 흐름을 파악할 수 있다. 또한 왕의 동정을 비롯하여 정치의 주요
현안이 되는 자료, 중앙이나 지방에서 올린 상소문의 원문을 거의 그대
로 수록하고 있어 사료로서의 가치도 돋보인다. 왕의 건강이나 심리 상
태에 대한 기록이 자세하고, 왕이 정무를 보는 장소와 시간대별 왕의 이
동 상황을 반드시 기록하고 있어 왕의 동선까지 파악할 수 있다. 특히
왕이 주체가 된 행사의 경우 다른 자료와 비교해보면 《승정원일기》의
기록이 훨씬 세밀하다.

동일한 사안에 대해 《조선왕조실록》과 《승정원일기》가 어떻게 달리
기록하고 있는지 비교해보자. 《숙종실록》 26년 7월 25일의 기록에는 좌
의정 이세백이 평안도 지역에 학문 진흥 분위기가 일어 선비들이 학문
을 전수받을 곳을 구하느라 문신 수령을 원하고 있다고 숙종에게 보고
하고 숙종이 이를 수용한 내용이 나온다. 이 부분은 《숙종실록》에는 약
10행(1행은 30자)인 데 반해, 《승정원일기》의 같은 날 기록은 4면(1면은
30행, 1행은 27자) 21행에 걸쳐 있다.

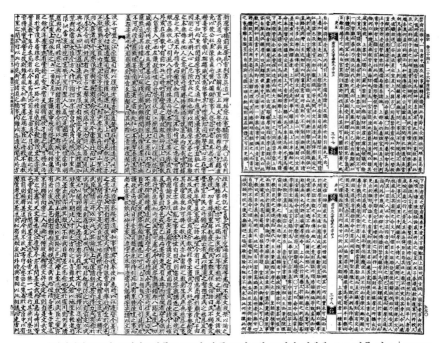

승정원일기(왼쪽)와 조선왕조실록(오른쪽)의 숙종 26년 7월 25일의 이세백 보고 기록 비교 | 승정원일기의 기록이 훨씬 자세하다.

《숙종실록》은 이세백이 건의한 핵심 내용과 결과만 기술한 반면,《승정원일기》는 왕과 이세백의 대화를 모조리 기록하고 있다. 왕의 의견이나 지시인 '상왈', 이세백의 말인 '이세백왈'이 계속 되풀이되면서 이세백의 건의 내용을 훨씬 구체적으로 보여주고 있다. 결국 이세백은 문신 수령이 무신 수령보다 민폐를 없애는 데도 훨씬 적극적일 것이라는 등의 이유를 들어 정주, 가산, 박천 등지에 문신 수령 파견을 허락받는다. 이처럼 《승정원일기》에는 실록에는 생략되어 있는 논의 과정이 구체적으로 드러나 있다.

《승정원일기》는 비서실의 기록인 만큼 왕과 신하들의 독대 기록이 특히 자세하며, 왕의 표정이나 감정 하나까지도 상세히 표현하고 있는 경우가 많다. 또한 역대 왕들이 자신의 병세를 신하들에게 이야기하고 약방이나 의원에게 자문을 구하는 등 왕의 기분과 병세, 나아가 왕실의 건강 상태에 대해서도 많은 분량을 할애하고 있다. 왕의 언행, 기분 하나하나까지도 놓치지 않으려 했던 철저한 기록 정신. 이것이야말로 세계적으로 가장 방대한 분량의 기록물인 《승정원일기》가 탄생할 수 있었던 근본 요인이다.

실록을 보완하는 《승정원일기》

《승정원일기》에는 실록에 미처 기록하지 못한 내용들이 자주 눈에 띈다. 《영조실록》 15년 5월 30일조에는 "영조 대에 덕적도에 군사시설을 두는 문제를 두고 강화유수가 지도를 작성해 올려 보냈다"는 기록이 나오지만 지도 작성자에 대해서는 전혀 언급하지 않고 있다. 그런데 같은 날 《승정원일기》는 지도 작성자가 강화유수의 군관인 심동상과 경기수사의 군관인 이세황이라고 밝히고 있다. 《승정원일기》를 통해 역사 속에 묻힌 인물을 찾아낼 수 있는 것이다.

《승정원일기》 1866년(고종 3) 3월 3일의 기록에는 고종이 직접 창덕궁 춘당대에 나아가 유생들을 시취(시험을 치러 인재를 뽑음)하는 장면이 나오는데, 왕이 거둥한 시간과 입시한 신하의 명단, 왕의 복장과 궁궐에서의 이동 경로, 시험 실시 과정, 시상 등이 상세히 기록되어 있다. 특히 시험 도중 왕과 신하들이 주고받은 대화를 모두 기록하여 시험장 분위기를 생생하게 전달하고 있어 마치 현장을 중계하고 있는 듯한 느낌이 든다.

《영조실록》 36년 3월 16일에는 청계천 준설 공사를 완료하고 《준천사실》이라는 책자를 완성한 내용이 담겨 있다. 같은 날짜 《승정원일기》에는 실록에서는 간단히 요약된 사항이 매우 자세히 실려 있다. 왕과 면담한 인물들의 관직과 성명, 왕과 신하들의 대화 내용이 모두 실려 있다. 왕이 준천한 경계를 묻자 호조판서 홍봉한이 송전교에서 광통교에 이르는 지역이라고 답했으며, 수표교에서 광통교에 이르는 지역은 넓어서 공사가 힘들었다는 이야기, 왕이 직접 《준천사실》이라는 책명을 정한 사실 등은 《승정원일기》를 통해서만 알 수 있다.

물론 《승정원일기》가 모든 정보를 자세히 기록한 것은 아니다. 왕을 보좌하는 비서실에 보고된 내용을 중심으로 다루었기 때문에 왕이 주체가 되지 않은 의식이나 지방에서 일어난 사건들은 오히려 실록보다 간략히 취급되기도 했다. 예를 들어 1817년(순조 17) 3월 11일에 행해진 왕세자(효명세자) 입학식 행사에 대해 《순조실록》에서는 매우 자세하게 의식의 절차와 과정을 기록하고 있는데 《승정원일기》는 담당자에게 받은 업무 보고와 왕의 지시 사항만 간략히 기록하고 있다. 또한 지진과 같이 전국에서 발생한 천재지변에 관한 사항은 각 관청의 기록을 종합 정리한 실록이 훨씬 자세하다.

또한 실록은 오늘날 신문의 사설이나 논평처럼 사관의 견해를 제시함으로써 사건에 대한 '해설'을 들을 수 있는데 이는 객관적인 사실의 기록에 치중한 《승정원일기》와 대비된다. 《승정원일기》는 《조선왕조실록》과 서로 보완하여 이용할 때 자료적 가치가 더욱 크다.

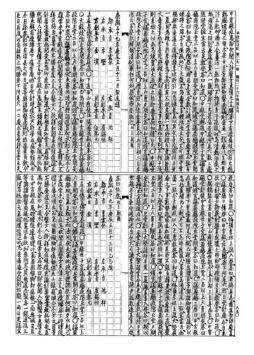

풍부하고 정밀한 날씨 정보

왕의 숨결까지 느낄 수 있을
정도로 방대하고 치밀한《승정
원일기》의 가치를 더욱 돋보이
게 하는 요소는 앞부분에 기록
된 날씨 정보다. 288년간의 날
씨가 빠짐없이 기록되어 있다.
청晴(맑음), 음陰(흐림), 우雨
(비), 설雪(눈) 등으로 적혀 있는데 '오전청오후설(오전에 맑았다가 오후에
눈이 옴)', '조우석청(아침에 비가 왔다가 저녁에 갬)' 등으로 하루 중 날씨
변화까지 기록했으며, 비가 내린 날은 측우기로 수위를 측정한 결과를
꼼꼼히 적었다.《승정원일기》의 날씨 기록만 모아도 전통시대 기후 연
구에 큰 도움이 될 것이다. 나아가 이를 통계 처리하면 세계 기후 조사
의 표본으로 활용할 수 있다.《승정원일기》는 역사 기록물로서뿐만 아
니라 자연과학 연구에도 소중한 자료가 되는 것이다.

《승정원일기》에 기록된 1866년 3월 3일 춘당대 시험장 풍경

상이 익선관과 곤룡포 차림으로 여輿에 올라 선화문을 나갔다. 약방 제조 김병주와 부제조 이재면이 앞으로 나와 아뢰기를,

"아침 일찍 수고로이 거둥하셨는데 성상의 체후는 어떠하십니까?"

하니, 상이 한결같다고 하였다. 이어 협양문을 나가 건양문, 동룡문, 청양문을 지나 춘당대로 갔다. 통례가 꿇어앉아 여에서 내리기를 계청하자 상이 여에서 내려 좌座에 올랐다. 이재면이 아뢰기를,

"표신을 내어 둘러친 포장을 열어 유생을 입장시킬까요?"

하니, 상이 이르기를,

"이미 내린 표신으로 거행하라."

하였다. 이재면이 아뢰기를,

"시위侍衛와 따라 올라와 있는 사람 중에도 시관試官으로 낙점된 자가 있는데, 내려가서 예를 행하게 해도 되겠습니까?"

하니, 상이 그렇게 하라고 하였다. …… 부수찬 엄세영 및 유생들이 차례로 서서 사배례를 행하고 차례차례 자리로 갔다. 황종현이 입문단자를 읽었다. 상이 시관에게 부賦의 제목을 쓰라고 명했는데, "대궐문에 나와 정치에 대해 묻는 날에 조정과 향당에 하유하시니 기강이 서고 풍속이 바로잡히네端門訪治之日 諭朝廷鄕黨 立紀綱正風俗"라는 것이었고, 마감 시간은 신시였다. 김세균이 꿇어앉아 써서 읽기를 마치자 홍대종이 받들고 나가 내걸었다. 황종현이 강할 서책 망단자를 올리자 상이 《시전》을 낙점하였다. 이어 강을 열라고 명하니, 황종현이 아뢰기를,

"강할 장은 어떻게 해야겠습니까?"

하자, 상이 이르기를,

"추첨해서 하라."

하였다.

상이 직접 4명의 강을 받았다. ······ 황종현이 아뢰기를,

"첫 번째 장이 이미 들어왔으니, 둘러친 포장을 열어 시권을 낸 유생들을 차례로 내보낼까요?"

하니, 상이 그렇게 하라고 하였다.

상이 직접 5명의 시권을 받고, 이어 소차로 들어갔다. 잠시 후에 상이 소차를 나와 직접 6명의 시권을 받고 상이 소차로 들어갔다. 조연창이 강을 끝내고 방목을 써 들였다. 이재면이 사알을 통해 구전으로 여쭙기를,

"이번에 몇 명을 뽑으며, 과차는 어떻게 해야겠습니까?"

하니, 사알을 통해 구전으로 하교하기를,

"10명을 뽑으라."

하였다. ······ 이어 명하여 전교를 쓰게 하기를,

"춘도기 강에서 통通으로 수석한 유학 이신국과 제술의 부에서 삼하三下로 수석한 유학 홍만식은 직부전시直赴殿試하고, 강에서 통으로 2등 한 유학 김복성 등 7명과 제술에서 초삼하로 2등 한 김영수는 직부회시直赴會試하고, 강에서 약略으로 3등 한 유학 유정식 등 6명과 제술에서 차상次上으로 3등 한 유학 조병호에게는 2분分을 주고, 강에서 약으로 4등 한 유학 권재학 등 6명과 제술에서 차상으로 4등 한 진사 조용섭 등 2명에게는 1분을 주고, 강에서 조粗로 5등 한 생원 정달교 등 13명과 제술에서 차상으로 5등 한 생원 유도 등 5명에게는 각각 《규장전운奎章全韻》 1건을 하사하라."

하고, 또 명하여 전교를 쓰게 하기를,

"합격한 유생들을 내일 대령시키라."

하였다. 통례가 예가 끝났음을 무릎 꿇고 아뢰니 상이 자리에서 내려왔고, 통례가 여에 타도록 계청하자 상이 여에 탔다. 청양문, 홍덕문, 명광문, 동룡문, 견양문을 지나 협양문에 이르렀을 때 병조참판 이주철이 방장放杖을 계품하였고, 이원회가 표신을 내어 해엄解嚴하기를 청했다.

왕의 일기에서 출발한 국정 최고 기록물 ----------|
일성록

정조는 조선의 왕 중 여러 면에서 모범을 보인 인물이다. 특히 매일 일기를 쓰고 이것을 국정 기록으로 남긴 점은 왕으로서 정조의 능력을 다시금 새겨보게 한다. 정조가 세손 시절부터 써온 일기는 왕이 된 이후에도 계속되었다. 1783년(정조 7) 이후에는 신하들이 기록하는 방식으로 바뀌었지만, 이후의 왕들 역시 정조를 모범 삼아 역시 국정 일기를 썼다. 이렇게 해서 모인 책이 《일성록》, 하루 세 번 살핀다는 《논어》의 글귀에서 제목을 따온 것이다.

《일성록》은 정조부터 마지막 왕 순종까지 150년간에 걸쳐 기록된 2,327책이다. 국보 153호로 지정되어 현재 규장각 국보 서고에 보관되어 있다. 《일성록》으로 조선시대 기록문화의 또 다른 면모를 만나보자.

《일성록》을 만들기까지

《일성록日省錄》의 모태가 된 것은 정조가 세손 시절부터 쓴 《존현각일기尊賢閣日記》였다. 정조는 증자가 말한 '오일삼성오신(吾日三省吾身: 매일 세 번 나를 반성한다)'에 깊은 감명을 받아 일찍부터 일기 쓰는 습관을 들였다. 이것은 정조가 《일성록》 편찬을 명하면서 증자의 글귀를 인용한 것에서도 잘 드러난다. 1785년(정조 9) 정조는 자신이 태어난 후부터 《존현각일기》에 이르기까지와 즉위한 후의 행적을 기록한 《승정원일기》 등

일성록 | 1760년(영조 36)부터 1910년(융희 4)까지 조선 후기 150년간의 국정에 관한 제반 사항을 기록한 일기체의 연대기. 1760년에 세손이었던 정조가 직접 자신의 언행과 학문을 기록함으로써 시작되었다. 정조가 왕위에 오르면서 규장각의 각신이 기록했고, 그 내용을 정조가 직접 열람·수정했는데, 정조 이후에는 시정에 관한 행사를 중점적으로 기록했다. 국보 제153호.

을 기본 자료로 삼아 중요 사항을 강

綱과 목目으로 나누어 왕의 일기를 편찬하라고 명했다. 규장각 신하들이 실무를 맡았고, 1760년(영조 36) 정조가 세손으로 있을 때부터의 기록이 정리되었다.

정조는 왕의 비서실에서 작성하는 《승정원일기》와는 다른 방식의 편찬을 지시했고, 결국 《일성록》은 주요 현안을 강과 목으로 나누어 국정에 필요한 사항을 일목요연하게 찾을 수 있는 방식으로 만들어졌다. 책의 제목은 증자의 말에서 따온 '일성록'으로 정해졌으며 조선이 멸망하는 1910년까지 151년간 편찬 작업이 계속되었다.

열람에 편리한 표제, 요점 중심의 기록

《일성록》은 왕 주변에서 매일 일어난 일들을 요점 정리하는 식으로 간추린 책이다. 신하들이 올린 상소문을 비롯하여 왕의 동정과 윤음綸音(임금이 백성이나 신하에게 내리는 말), 암행어사의 지방 실정 보고서, 가뭄·홍수 구호 대책, 죄수 심리, 정부에서 편찬한 서적, 왕의 행차 시 처리한 민원 등이 월, 일별로 기록되어 있다. 주요 현안을 요점 정리하고

上侍　卒

正月初一日　卯癸

禮仍
御仁政殿受賀余率百官行禮仍詣毓

敬奉閣　宗廟　璿源殿展拜余隨　篤行

祥宮　歷拜奉常寺　神室余隨篤行禮仍陪還

是日　藥房口傳問安于　大殿答曰睡覺聞曉

冲子將祗謁子懷誠一切此辰氣何諭乘萬億與

卿寺　上詣　太廟　璿源殿展拜余隨叅行禮　領

詑　上御仁政殿受賀余入就位行禮如儀領

일성록 | 조선시대의 대표적인 관찬 연대기로서, 다른 연대기에 수록되어 있지 않은 정치적 사건, 사회 상황 등을 다수 수록하고 있다는 점에서 가치가 높다.

기사마다 표제를 붙여서 열람하기 편리하도록 했다. 예를 들어 1776년(정조 즉위년) 3월 4일의 경우 "강계의 삼 값과 환곡의 폐단을 바로잡도록 명하였다"는 표제를 붙여 이 날의 주요 현안이 환곡 문제였음을 한눈에 알게 했다.

《일성록》의 첫 부분은 날씨로 시작한다. 《일성록》의 날씨 기록은 《승정원일기》와 함께 조선시대 기상 상황을 체계적으로 파악할 수 있게 한다. 오늘날 어린이들이 일기 첫머리에 꼭 날씨를 기록하는 것도 어쩌면 이러한 전통의 산물인지 모르겠다.

한 글자 한 글자 붓으로 써 내려간 《일성록》에서 유난히 눈에 띄는 용어는 나를 지칭하는 '여予'다. 일인칭 한자인 '여'는 《조선왕조실록》이나 《승정원일기》에서 왕을 지칭하는 '상'과 대비되는데 왕 스스로가 쓴 일기임을 확실히 증명해준다.

《일성록》에는 위민정치를 실천한 정조의 모습이 잘 나타나 있다. 격쟁(꽹과리를 두드려 억울함을 호소함), 상언에 관한 철저한 기록이 그것인데, 《일성록》에는 1,300여 건 이상의 격쟁 관련 기록이 실려 있다. 정조는 행차 때마다 백성들의 민원을 듣고 그 해결책을 신하들에게 지시했다.

《일성록》에는 실록이나 《승정원일기》에 없는 내용도 다수 실려 있다. 예를 들어 정조가 왕세손 시절에 올린 혼례식은 《영조실록》이나 《승정원일기》에는 매우 소략하게 실려 있지만, 당사자인 정조의 일기에는 아주 상세하다.

《일성록》에 기록된 수치들은 매우 구체적이다. 이는 선례를 참고하여 국정을 원활히 이끌어나가기 위한 것이었다. 또한 《고종실록》이나 《순종실록》이 일제의 주도하에 편찬되어 한계가 따를 수밖에 없다는 점을 고려할 때 동시대의 《일성록》은 매우 소중한 자료다.

《일성록》이 칼로 잘려나간 까닭은?

《일성록》은 원칙적으로 국가의 주요 정책이나 전례의 고증이 필요한 경우 열람을 허용했다. '왕실의 비사'로 인식하여 보관에 주력한 《조선왕조실록》과는 달리 《일성록》은 국정 참고용 기록물의 성격을 띠고 있었다. 그러나 19세기 정치의 소용돌이 속에서 《일성록》은 큰 수난을 겪었다. 최고 집권자 측에서 자신의 정치적 입지에 불리한 기록을 오려내는 사건이 발생한 것이다.

현재 《일성록》에서 오려진 부분은 정조 10년 12월 1일부터 정조 23년 11월 5일까지 총 635곳에 달한다. 누가 왜 《일성록》을 오려낸 것일까? 그것은 19세기 세도정치기에 왕을 마음대로 즉위시킨 외척 세도가문과 밀접한 관련이 있다. 헌종이 죽자 왕을 임명할 수 있는 최고 위치에 있었던 사람은 순조의 비 순원왕후 김씨였다. 안동 김씨 세도정치의 정점에 있었던 순원왕후는, 헌종의 후계자로 강화에 귀양 가 있던 이원범(후

의 철종)을 지명했다. 이원범은 정조의 이복동생인 은언군의 후손으로, 은언군은 정조 때 역모사건에 휘말려 강화도에 귀양을 갔다가 천주교 박해 사건에 연루되어 죽었다. 원범은 은언군의 아들인 전계군의 셋째 아들로 역모죄로 강화도에 귀양 온 선대를 따라 조용히 농사지으며 살아가는 평범한 인물이었다. 그런 원범에게 갑자기 거창한 의장 행렬과 함께 왕위에 오르라는 조정의 분부가 떨어진 것이다.

　19세기 후반 권위가 추락한 조선왕조의 단면을 보여주는 해프닝이지만 어쨌든 원범은 얼떨결에 25대 왕 철종으로 즉위했다. 농사를 짓다가 하루아침에 왕이 되는 상황, 어쩌면 무너져가는 조선왕조의 모습을 암시하는 대목이다. 그러나 원범의 선대가 역적이라는 점은 철종을 왕으로 지목한 순원왕후와 안동 김씨 세력에게 정치적으로 큰 부담이 되었다. 그래서 급기야 《일성록》의 정조 시대 기록 중 원범의 선대와 관련된 주요 기록을 도삭刀削(칼로 삭제됨)하기에 이른 것이다. 도삭된 날짜를 《철종실록》과 비교하면 대부분 은언군이나 상계군(은언군의 아들, 정조 즉위 초부터 정치적 사건에 휘말려 고초를 당함)에 관한 기록으로, 모두 철종의

선대에게 불리한 내용이다. 결국
도삭의 정치적 배후에 순원왕후
를 중심으로 한 안동 김씨 세력
이 있었음을 짐작할 수 있다.

　현재《일성록》원본에는 칼로
잘려나간 흔적이 고스란히 남아 있다.《일성록》이 조선 후기 세도정치
로부터 결코 자유로울 수 없었음을 말해주는 쓸쓸한 대목이다. 잘려나
간 부분은 실록과 대조하면 어느 정도 그 내용을 유추해낼 수 있다.

《일성록》과《승정원일기》의 관계

　《일성록》과 가장 흡사한 성격을 띠는 자료가《승정원일기》다. 원래
《일성록》은 순수한 역사 기록이라기보다는 왕의 수기修己를 위한 기록
물에 가깝지만 실제 조정과 내외 관리들에 관한 광범한 내용도 담고 있
다. 정조는《홍재전서》에서,

　내각(규장각)에서 정리하는《일성록》은 병신년(1776년) 이전에는 없었던
것이다. 그 상세한 기술과 빈틈없는 수록에서 승정원의 주서는 아마 10
분의 1에도 미치지 못할 것이다. 대개 신하들을 인접하고 경연 석상에서
수응酬應한 내용, 관료들이 정사에 대해서 논의한 내용, 상소나 상차 등

안으로 백사百司의 문건에 대한 판단과 밖으로 팔도의 장계에 이르기까지 조금도 빠뜨림이 없고 포괄하지 않음이 없으니 실로 거대한 전거이고 광대한 기록이다.

라고 하여 《일성록》의 기록이 《승정원일기》보다 방대함을 강조하고 있다. 이는 정조가 의욕적으로 시작한 《일성록》 편찬 작업에 대해 명분을 강화하려는 속뜻이 담긴 말이기도 하다.

또한 정조는 중국에서는 당나라 이래로 중서성에 시정기를 비치하고 추밀원에 내정일력內廷日歷을 비치해왔다면서, "우리 왕조에 승정원에 《일기》를 두고, 내각에 《일성록》을 두게 된 것도 이러한 의미다"라고 하여, 《일성록》과 《승정원일기》를 따로 둔 것은 중국 역대의 전례에 비추어도 타당하다고 강조했다.

정조는 규장각에서 편찬되는 《일성록》이 《승정원일기》와 함께 좋은 짝을 이룰 수 있다고 확신한 듯하다. 《일성록》과 《승정원일기》가 모두 국보이자 세계기록유산으로 지정되었으니, 정조의 확신이 맞아떨어졌다고 할까.

조선시대의 일기 문화

왕의 일기인 《일성록》뿐만 아니라 규장각에는 다양한 일기류들이 소장되어 있다. 우리가 잘 알고 있는 이순신의 《난중일기》를 비롯하여 유희춘의 《미암일기眉巖日記》, 이귀의 《묵재일기默齋日記》, 오희문의 《쇄미록鎖尾錄》, 이필익의 《북찬록北竄錄》, 윤창후의 《수주적록愁州謫錄》, 유만

미암일기 | 선조 때 학자인 미암 유희춘의 일기. 임진왜란으로 선조 25년 이전의 기록이 다 불타 없어지는 바람에, 《선조실록》을 편찬하는 데 이이의 《경연일기》와 더불어 《선조실록》의 기본 사료가 되었다.

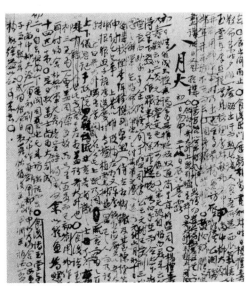

주의 《흠영欽英》 등이 대표적이다. 《난중일기》 외에도 《용사잡록龍蛇雜錄》, 《난중잡록亂中雜錄》, 《고대일록孤臺日錄》 등 임진왜란과 관련된 일기가 다수 남아 있다. 이순신은 전쟁이라는 위급한 상황 속에서도 차분히 일기를 써 내려갔다. 긴박한 상황에서 자신을 정리하는 한편 전쟁을 준비해가는 방편으로 활용했을 것이다. 《난중일기》에는 가족에 대한 걱정, 원균에 대한 불쾌한 심정 등 인간 이순신의 진솔한 모습이 나타나 있는 점도 주목할 만하다.

《쇄미록》은 임진왜란 중 민간인 오희문이 겪은 일을 기록한 일기이며, 《고대일록》은 북인의 영수이자 의병장으로 활약했던 정인홍의 제자인 정경운이 쓴 일기로 임진왜란 때 의병 활동의 구체적인 모습이 생생하게 나타나 있다.

유배 일기도 눈에 띈다. 바쁜 관직 생활보다는 상대적으로 시간이 많은 유배 생활이 오히려 일기에 전념하게 한 셈이다. 16세기의 학자 유희춘이 쓴 《미암일기》에는 꿈이나 질병, 지방의 풍속 등 저자의 일상에 관한 것들이 자세하게 기록되어 있어서 16세기 생활사 연구에 큰 도움을 준다.《북찬록》은 이필익이 안변에서의 유배 생활을 기록한 일기로, 북방 지역의 생활상이 잘 드러나 있다.《수주적록》은 18세기의 문신 학자인 윤창후가 함경도 종성에서 유배 생활을 하면서 겪은 일과 잡문을 기록한 일기로 국경 지역의 국방 상황 등이 잘 나타나 있다. 특히 말미에 저자가 청나라 사람들과 교유하면서 배운 만주어를 한글 발음으로 기재해놓은 것이 눈에 띈다. 윤창후는 북방에서의 유배 생활을 어학 학습의 장으로 활용한 것이다.

《흠영》은 유만주가 21세부터 33세로 요절하기까지 13년 동안 하루도 거르지 않고 쓴 144권의 일기다. 저자는 서문에서 일기에 꼭 들어가야 할 것으로 사건, 대화, 문장, 생각을 꼽았다. 이 일기에는 저자가 공부한 내용을 중심으로 서양문물에 관한 것, 생활사에 관한 것이 잘 정리되어 있어서 18세기 지식인의 수준을 파악하는 데 중요한 자료가 된다. 방대한 분량도 놀랍지만 하루도 일기를 거르지 않은 성실함과 근면함에서 조선시대 학자의 참모습을 엿볼 수 있다

정조가 세손 시절부터 쓰기 시작한 일기가 발판이 된《일성록》을 비롯해 전쟁 일기, 유배 일기, 생활 일기 등 다양한 일기류 자료들은 조선시대인의 투철한 기록 정신과 그들의 생생한 삶을 만나게 해준다.

유배인가, 출장인가?《북찬록》이 말하는 조선시대 유배 생활

1674년 11월 유생 이필익은 유배길에 올랐다. 서인 계열의 유생이었던 이필익은 갑인예송(서인과 남인이 왕실에서 상복을 입는 것을 두고 벌인 논쟁. 예의 해석을 둘러싼 사상적 대립의 성격이 짙었으며, 갑인년에 일어났다고 하여 갑인예송이라 부른다)에서 서인의 영수 송시열의 입장을 지지했다. 그러나 갑인예송이 남인의 승리로 끝나면서 이필익은 함경도 안변으로 유배를 가게 되었고, 이때의 상황을 일기로 쓴《북찬록》을 남겼다.

북찬록

흔히 유배하면 무척이나 고초를 겪는 것으로 생각한다. 물론 고생이 심한 경우도 있지만, 생각보다는 편하게 유배 생활을 하는 경우가 많다. 더욱이 유배지가 유배자와 같은 정치적 성향의 인물이 다스리는 곳이면, 유배는 정치의 소용돌이에 휘말리지 않고 재충전하는 시간이 되기도 했다. 〈북찬록〉에서도 그런 대목을 찾아볼 수 있다.

밤에 안변부에 들어갔다. 덕원에서 50리다. …… 거처할 곳은 이미 서문 밖 김예길의 집으로 정해두었다고 한다. 그 집에 이르니 김예길이 절하며 "집을 수리 청소해두고 기다린 지 여러 날입니다" 라고 하였다.

(처가 오기 전에) 여러 친구들이 나의 간고(가난과 고초)를 보고, 첩을 얻을 것을 권했다. 모씨의 딸과 중매를 드는 사람이 있어 날짜까지 잡았는데, 겨우

6, 7일을 남기고 있었다. 이때 처가 (안변으로) 들어왔다. 형세가 미칠 수 없어서 좋은 일이 이루어지지 못했으니 진실로 배꼽을 잡을만하다. 5필의 말과 6명의 노비가 일시에 와서 호구지책이 걱정이다. 그러나 산 사람의 입에 어찌 거미줄을 치겠는가?

무슨 죄인이 아니라 잘 아는 곳에 여행하러 온 듯한 분위기를 자아내며, 유배 중에도 첩을 들일 것을 생각하는 너무나 한가한 모습이다. 게다가 부인과 딸, 노비까지 왔으니 유배지인지 고향집인지 거의 분간하기 어렵다. 그 밖에도 이필익은 안변부의 수령, 서원이나 향교, 유배지 인근의 지인들로부터 지원을 받아가며 편안한 유배 생활을 보냈다. 거의 매일 일기를 쓸 수 있었던 것도 이러한 여유 때문에 가능했을 것이다.

조선시대 선비들의 일기를 보면 상식을 뛰어넘는 내용을 자주 발견하게 된다. 이것이 일기 자료가 더 적극적으로 활용되어야 하는 까닭이기도 하다.

조선 왕실 기록문화의 꽃

의궤

'의궤'는 조선시대에 국가나 왕실에서 거행한 주요 행사를 글이나 그림으로 남긴 보고서 형식의 책을 말한다. 의식과 궤범을 합한 말로 '의식의 모범이 되는 책'이란 뜻을 지니고 있다. 전통시대엔 중요한 국가 행사가 있으면 전왕 때의 사례를 참고하여 거행하는 것이 관례였다. 따라서 행사의 관련 기록을 의궤로 정리해둠으로써 후대에 시행착오를 최소화한 것이다.

조선시대에는 왕의 혼인을 비롯하여 세자 책봉, 왕실 잔치, 왕실 장례, 궁궐 건축과 같이 국가나 왕실에서 거행하는 중요한 행사가 있으면, 행사가 진행되는 동안 관련 기록을 모아두었다가, 행사에 끝난 뒤에 의궤 편찬을 담당할 임시 기구를 만들어 의궤를 편찬했다. 말하자면 국가적 행사를 추진할 전담기구 설치, 행사 보고서 작성, 왕에게 보고하는 과정을 거친 다음에야 비로소 행사를 마무리했다.

의궤 제작의 전통은 조선 초부터

의궤儀軌에는 행사 기간 중 왕이 내린 명령서, 업무를 분담한 관청 간에 오간 공문서, 업무 분담 상황, 업무 담당자의 명단, 행사 또는 공사에 동원된 인원, 소요 물품, 경비 지출 내역, 유공자에 대한 포상 내용이 모두 기록되어 국가 재정이 낭비되거나 다른 곳으로 전용되는 것을 방지할 수 있었다.

의궤의 또 다른 특징은 그림이다. 의궤는 행사의 전 과정을 보여주는

명성황후빈전혼전도감의궤 | 명성황후의 사후 시신을 모시는 빈전도감과 혼백을 모시는 혼전도감에서 한 일을 기록한 의궤. 왼쪽 노란색 비단 표지는 고종 황제에게 올린 것이며, 오른쪽 붉은색 비단 표지는 황태자에게 올린 것이다. 1898년(광무 2), 3책, 필사본.

반차도班次圖나 각종 건물 또는 물품을 그린 도설을 수록한 그림책이기도 하다. 통상 천연색으로 그려진 그림들을 통해서 우리는 행사가 진행되던 당시의 모습을 입체적으로 느낄 수 있으며, 문자 기록만으로는 미처 파악할 수 없었던 물품의 세부 사항까지 정확히 알 수 있다. 의궤는 기록과 그림이 함께 어우러진 종합적인 행사 보고서라고 할 수 있다.

의궤는 조선 초부터 제작된 것으로 보인다. 실록에 따르면 1411년(태종 11)에 "종묘제례에 앵두를 올리는 시기가 의궤에는 5월 초하루와 보름이라고 규정되어 있다"는 구절이 있고, 1422년(세종 4)에 태종의 국장 제도를 의논하면서 태조와 정종의 《상장의궤喪葬儀軌》, 태종 비 원경왕후의 《국상의궤國喪儀軌》를 거론하는 내용이 나온다. 따라서 의궤는 조선이 건국된 직후부터 국가의 주요 행사가 열릴 때마다 만든 것으로 추

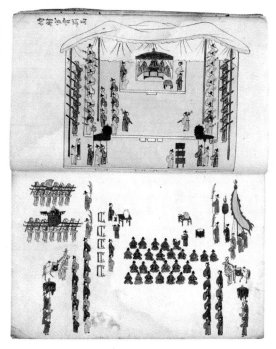

정된다. 그러나 현재
남아 있는 의궤는 모두
17세기 이후에 만들어
진 것이며, 그 이전의
것은 발견되지 않는다.
16세기 말에서 17세기
초 사이에 왜란과 호란
이라는 두 차례의 큰
전쟁을 겪으면서 조선
정부의 공식 기록들이
대부분 불타버렸는데, 의궤 역시 전란의 와중에 소실된 것 같다.

의궤는 대부분 손으로 직접 쓰고 그림을 그린 필사본이다. 그런데 정조 대에 편찬된 《원행을묘정리의궤園行乙卯整理儀軌》, 《화성성역의궤華城城役儀軌》를 필두로 하여 일부 의궤는 활자본으로 제작되었다. 널리 알려진 정조의 화성 행차도는 활자본 의궤 속에 포함된 목판본 그림을 바탕으로 제작한 것이다. 조선 후기에는 궁중 잔치의 모습을 담은 《진찬의궤》나 《진연의궤》도 활자본으로 제작해서 행사에 참여한 주요 인사들에게 나누어주었다. 활자본 의궤를 만든 것은 더 많은 사람들에게 보급하여 왕의 국정 운영 상황을 알리기 위해서였다. 의궤 편찬 전통은 조선이 일제에 합병될 때까지 계속되었다.

의궤에 기록된 다양한 왕실 행사

조선시대에 왕실에서 거행한 행사는 매우 다채로웠다. 그런 만큼 의궤의 종류도 다양했다. 의궤에는 특히 왕의 일생과 관련된 것이 많다. 왕실에서 왕자가 탄생하면 그 태胎를 모아서 땅에 묻고 그 과정을 기록한《원자아기씨장태의궤元子阿只氏藏胎儀軌》를 편찬했다. 왕자가 왕세자로 책봉되면《세자책례도감의궤》를, 왕세손으로 책봉되면《왕세손책례도감의궤》를 만들었다.

조선시대 세자는 대부분 전왕이 사망하고 장례가 진행되는 도중에 왕위에 올랐으므로 즉위식은 기쁜 행사가 되지 못했다. 그래서인지 왕의 즉위식을 기록한 의궤는 좀처럼 보이지 않는다. 다만 고종 황제의 경우 왕으로 있다가 황제로 즉위했고, 즉위식 자체가 군주국에서 황제국으로 격상되는 중요한 의식이었기 때문에 의궤가 작성되었다. 1897년에 작성된《고종대례의궤高宗大禮儀軌》가 바로 그것이다.

왕실에 혼례가 있을 때는《가례도감의궤》가 작성되었다. 왕비 또는 왕세자빈을 간택할 때는 전국에 금혼령을 내려 세 차례 선발 과정을 거쳤고, 다시 여섯 가지 절차를 거쳐 혼례를 치렀다. 의궤에는 왕비를 간택하는 과정, 혼수물품, 왕이 왕비를 맞으러 가는 과정이 기록되었고 그 화려한 행렬이 '반차도'라는 그림으로 생동감 있게 표현되었다.

왕이나 왕비가 사망했을 때는《국장도감의궤》가, 왕세자나 세자빈이 사망했을 때는《예장도감의궤禮葬都監儀軌》가 만들어졌다. 여기에는 장

挿屏 長八尺寸廣六尺寸

圖說
龍床 長兩尺六寸四分廣五尺九寸八分高七寸三分

龍文椅 長一尺九寸廣一尺寸

五峯屏 長四尺五寸六分廣二尺五寸二分

어진도사도감의궤도설御眞圖寫都監儀軌圖說 | 1901년(광무 5)부터 1902년까지 고종과 황태자(순종)의 초상화를 제작하는 과정을 담은 의궤. 고종 51세 때 어진과 황태자 29세 때 예진睿眞의 도사 과정을 수록했다. 사진의 오봉병과 삽병은 초상화 제작에 필요한 기물로서 일월오봉산도를 그린 병풍이다. 용교의는 왕이 임시로 쓰는 의자로 접었다 폈다 할 수 있다.

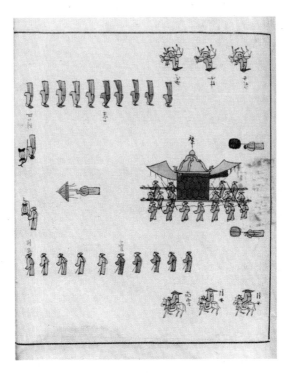

소현세자가례도감의궤 | 1627년(인조 5) 소현세자와 세자빈 강씨의 결혼식 과정을 정리한 의궤다. 현존하는 가례 도감의궤 중 가장 오래된 것이다. 8면의 반차도가 실려 있으며, 그림은 왕비 가마 부분이다. 1책, 필사본.

례 절차는 물론이고 장례에 쓰이는 상여, 기물, 부장품 등 일체의 물품을 그려 함께 수록했다. 또한 《국장도감의궤》와 동시에 《빈전혼전도감의궤殯殿魂殿都監儀軌》와 《산릉도감의궤》가 작성되었다. 산릉도감은 무덤을 조성하는 공사를 담당한 기관으로, 《산릉도감의궤》에는 조선시대 왕릉 조성에 얽힌 역사가 담겨 있다.

이외에도 왕과 신하들의 활쏘기 모습을 담은 《대사례의궤大射禮儀軌》, 왕이 친히 농사 시범을 보인 《친경의궤》, 국가 행사에 필요한 악기의 조성 과정을 담은《악기조성청의궤》, 명나라 사신을 맞이하는 외교 의전 관계를 정리한《영접도감의궤》등이 전한다.

의궤, 세계기록유산으로 지정되다

왕실의 주요 행사를 의궤 형태로 남긴 것은 다른 나라에서는 찾아볼 수 없는 조선의 독특한 전통이었다. 의궤에는 행사에 사용된 물품의 재료, 수량, 빛깔뿐만 아니라 하급 참여자의 실명도 기록했다. 김노미金老味, 김돌쇠金乭金 등 미천한 신분의 이름이 그대로 적혀 있다. 국가 최고의 기록물에 참여자 이름까지 하나하나 기록하여 그들이 남다른 책임감과 사명감을 가지고 작업에 참여하게끔 한 것이다.

의궤에는 조선시대 왕실 행사가 시리즈 형태로 정리되어 있어서 왕실 행사의 변천 모습을 파악할 수 있다. 특히 반차도와 도설은 화려한 행사 모습을 생동감 있게 전해준다.

의궤가 지니는 희소성과 세밀함, 300여 년 넘게 지속되어온 점 등을 근거로 2006년 정부는 의궤를 세계기록유산으로 등재해줄 것을 신청했으며 2007년 6월 14일 마침내 세계기록유산으로 지정되기에 이르렀다. 기록물로서의 가치를 세계적으로 인정받은 것이다.

의궤가 프랑스로 간 까닭은?

의궤는 보통 5~8부를 만들었다. 그 중 가장 정성들여 만든 1부를 왕에게 올렸다. 이를 어람용 의궤라 하는데, 왕이 열람한 후 국방상 안전지대였던 강화도 외규장각에 보내 보관하게 했다. 어람용 의궤는 왕이 친히 보는 만큼 사고에 보내는 일반 의궤보다 뛰어났다. 초주지를 사용한 대부분의 의궤와는 달리 어람용 의궤는 저주지를 사용했으며, 비단 표지, 놋쇠 변철, 국화 모양 장식 등 문외한이라도 한눈에 어람용 의궤를 구별할 수 있을 만큼 고급스럽게 만들었다.

영국 대영도서관에 소장된 《기사진표리진찬의궤》 | 전형적인 어람용 의궤의 모습을 띠고 있다.

1866년 강화도를 침공한 프랑스 군대는 유독 의궤에 눈독을 들이고 이를 약탈해갔다. 이때 약탈당한 의궤 중 1993년 미테랑 프랑스 대통령이 방한했을 때 가지고 온 《휘경원원소도감의궤》 1책만 현재 국립중앙도서관에 보관되어 있고, 297책은 아직도 파리 국립도서관에 보관되어 있다.

필자는 2002년 1월부터 2007년 6월까지 4번에 걸쳐 파리 국립도서관에 소장된 의궤의 상태를 조사, 연구했다. 12책을 제외한 대부분의 의궤가 원래의 비단 표지가 아닌 상태로 개장된 것이 아쉬웠지만, 정성들여 쓴 글씨와 품격 있는 재질의 종이, 인물의 수염 한 올 한 올까지 묘사한 그림 등 의궤의 문화재적 가치는 매우 뛰어났다. 파리 국립도서관에 보관되어 있는 어람용 의궤들이 하루빨리 돌아와 조선시대 왕실 문화의 진수를 많은 사람들이 체험할 수 있기를 바란다.

영접도감의궤 · 화기도감의궤 · 흠경각영건의궤

---- 의궤를 통해 되살아난 광해군 시대의 외교, 국방, 과학

선왕의 전통을 그대로 지켜나가려는 의지가 강했던 조선 왕실에서는 국가의 중요한 행사가 있으면 가능한 한 전대의 법도를 따라 의궤를 간행했다. 따라서 대다수 의궤에는 왕실의 혼인, 잔치, 장례식, 산릉 조성 등 반복되는 왕실 의식이 시리즈 형식으로 정리되어 있다. 그런데 규장각에 소장된 의궤 목록을 검토해보면 광해군 대에 제작된 의궤 중에는 후대에 그대로 이어지지 않은 의궤가 몇 종 눈에 띈다. 이 의궤들을 통해서 광해군 정권의 성격을 살펴볼 수 있다.

외교에 눈뜬 왕, 광해군

의궤는 조선 초부터 제작되었지만, 현존하는 의궤 중 가장 오래된 것은 선조 후반인 1601년(선조34)에 제작된 《의인왕후빈전혼전도감의궤》와 《의인왕후산릉도감의궤》다. 그러므로 선조의 뒤를 이어 즉위한 광해군 대에 제작된 의궤는 의궤 중에서도 상당히 오래된 것으로 분류된다. 광해군 대에 제작된 주요 의궤는 선조의 국장, 부묘, 묘호 개상, 존호와 관련된 의궤, 명나라 사신을 영접한 의궤, 생모인 공성왕후의 추승에 관

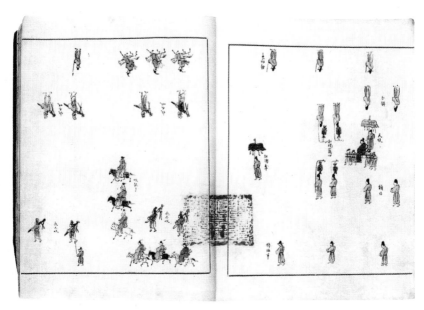

영접도감사제청의궤 │ 1609년 4월 선조의 장례식에 참석한 명나라 사신 일행을 영접한 절차를 기록한 의궤. 1책, 필사본. 그림은 웅화의 행차를 그린 천사반차도天使班次圖.

련된 의궤, 화약무기 제작 과정을 담은 《화기도감의궤火器都監儀軌》, 천문 관측기구를 보관하는 흠경각과 보루각 건축 의궤, 제기祭器 제작에 관한 의궤, 《삼강행실도》를 새로 펴낸 과정을 담은 《동국신속삼강행실찬집청의궤》 등이다. 이 중 《화기도감의궤》와 《흠경각영건의궤》, 《보루각영건의궤》, 《영접도감의궤》, 《동국신속삼강행실찬집청의궤》는 광해군 대에만 특별히 제작된 의궤로서 국방과 외교 분야에서 큰 성과를 이룬 광해군 정권의 성격을 잘 보여준다.

광해군 재위 16년 동안 총 27종의 의궤가 편찬되었다. 그 중 6종이 명나라 사신을 접대하는 외교와 관련된 의궤다. 선조의 국상에 조문하러

온 사신과 광해군의 왕 책봉을 위해 파견된 사신의 영접에 관한 의궤를 편찬한 것은 외교와 의전에 관한 전례를 만들려는 노력의 소산으로 보인다. 특히 외교 관련 의궤가 편찬된 것은 이때가 처음이었다는 점에서 의미가 있다. 흔히 광해군 정권의 큰 특징으로 '실리외교'를 꼽는데 광해군 즉위 직후 외교 관련 의궤가 편찬된 것에서 광해군의 국정 운영 방향을 엿볼 수 있다.

광해군은 1609년 4월 부왕 선조의 장례식에 참석한 명나라 사신 웅화熊化 일행을 영접한 과정을 《영접도감사제청의궤迎接都監賜祭廳儀軌》로 편찬하였으며, 아울러 같은 해 6월 자신의 왕 책봉을 위해 참석한 사신 유용 일행을 접대한 과정을 정리한 《영접도감도청의궤》, 《영접도감미면색의궤米麪色儀軌》도 편찬했다.

국방의 뜻이 담긴 《화기도감의궤》

1614년 광해군은 평안병사 이시언의 보고를 받았다. "수성하는 기구로는 화기만 한 것이 없는데 그 중에 화포가 최상이요, 삼안총三眼銃도 말 위에서 사용하면 아주 좋은데 중국 사람들도 말 위에서 사용합니다. 바야흐로 양쪽이 서로 대치하고 있을 때 하나하나가 모두 명중한다고는 할 수 없어도 적들이 반드시 두려워할 것입니다"라는 내용이었다. 임진왜란 때 참전 경험이 있었던 광해군은 화기 제작의 필요성을 직감했다. 광해군의 독려 속에 화기가 제작되었다. 화기도감에서 불랑기佛狼機, 삼안총 등 각종 화약 무기가 만들어졌으며 그 제작 과정을 1615년 《화기도감의궤》로 기록했다. 제작된 무기에 대한 그림도 의궤에 실렸다. 《화

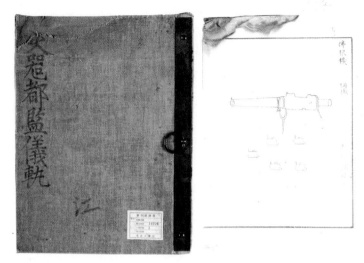

화기도감의궤 | 1615년 화기도감에서 불랑기, 삼안총 등 각종 화약 무기를 제조한 과정을 기록과 그림으로 정리한 의궤. 무기에 관한 내용을 기록한 유일한 의궤. 1책, 필사본.

기도감의궤》는 무기에 관한 내용을 기록한 유일한 의궤로 국방에 관심을 기울였던 당시 분위기를 대변해준다.

《화기도감의궤》의 기록에 의하면 화기도감에서 제작한 화기류는 불랑기 4호와 5호, 현자총통, 백자총통, 삼안총, 소승자장가小勝字粧家, 쾌창快鎗 등이었다. 이 중에서 불랑기와 현자총통, 백자총통은 동철銅鐵로 만들었고, 삼안총과 소승자장가총은 정철正鐵로 만들었다.

불랑기는 서양에서 만들어진 화포였다. '불랑'은 당시 중국에서 유럽을 지칭하는 말인 'Frank'에서 유래했다고 한다. 불랑기는 후일 홍이포紅夷砲라고도 불렀다. 명종 때 중국을 거쳐 도입된 신형 화포로 하나의 모포에 여러 개의 자포가 달려 있어 미리 장약해둔 화포를 엄청나게 빠른 속도로 연사할 수 있어서, 임란 이후 조선군 주력 공용 화기로 사용되었다. 17세기 초 이수광의 《지봉유설》의 제국諸國 조에 '불랑기국'이

화기 명칭	재료	수량	중량	길이
삼안총	정철	203자루	7근반斤半/자루	1척 4촌 8푼
소승자장가	정철	304자루	7근/자루	2척
쾌창	정철	724자루(혹은 726)	8근/자루	2척 4촌
불랑기 4호	동철	50위位	90근/위	3척 1촌 7푼
4호 자포	동철	150문門	12근/문	
불랑기 5호	동철	50위	60근/위	2척 6촌 5푼
5호 자포	동철	250문	6근 4냥/문	
현자총통	동철	50위	70근/위	2척 3촌 5푼
백자총통	동철	20위	28근/위	2척 7촌

란 항목이 나오는데, "불랑기국은 섬라의 서남쪽 바다 가운데에 있으니, 서양의 큰 나라다. 그 나라의 화기를 불랑기라고 부르니 지금 병가에서 쓰고 있다"고 기록하고 있다. 17세기 초에 불랑기가 사용되었음을 확인할 수 있다.

　현자총통玄字銃筒은 전선에 탑재하여 적선을 공격하는 데 필수적인 무기로, 임진왜란 때 조선군의 주력 화기로 사용되었다. 《난중일기》에도 명량해전에서 현자총통이 크게 활약했다는 기록이 있다. 백자총통百字銃筒은 임진왜란 때 명나라 군사가 사용했던 소형 소총이다. 불랑기와 비슷하나 구경에 비해 포신이 상당히 길고 포신 중앙에 포가를 얹을 수 있는 포이가 있다. 삼안총은 길이가 짧은 3개의 총열을 한데 묶어서 연속 발사할 수 있도록 만든 소형 화기로 제작이 간단하고 말 위에서도 사용할 수 있으나 총열이 짧고 가늠쇠가 없어서 사거리가 짧고 정확도가 떨어진다. 소승자총통은 가늠자와 가늠쇠 처리가 더욱 발전된 형태로 총가에 고정

시킬 수 있도록 정철을 부착한 것이 특징이다. 쾌창은 재래식 소형 총통과 거의 같은 형태이나 긴 나무자루를 달아 타격 무기를 겸한 것이 특징이다.

과학이 꽃핀 광해군 시대

광해군 시대는 세종 시대에 꽃핀 과학 전통을 계승했다. 《흠경각영건의궤》와 《보루각수개의궤》가 이러한 흐름을 잘 보여주는 의궤다. 이들 의궤는 현존하지는 않지만, 광해군 대에 흠경각과 보루각을 영건하거나 수개하는 도감이 만들어졌고, 《외규장각형지안》에 그 목록이 나타나는 것으로 보아 의궤가 제작되었음은 분명하다.

현재 규장각에 소장된 1857년과 1858년의 《외규장각형지안》에 따르면, 《흠경각영건의궤》와 《보루각수개의궤》는 외규장각의 북좌탁에 보관되어 있었다. 다른 의궤와 달리 부본을 만들어 사고에 분산시키지 않았기 때문에 1866년 병인양요 때 강화도에 소장되었던 어람용 한 부가 화재로 불타면서 구체적인 내용을 파악할 수 없게 되었다.

세종 때 처음 만들어진 흠경각은 간의, 물시계, 해시계 등 천문 관측 기기들을 집대성해놓은 건물로, 조선시대 과학 수준을 보여주는 건물이었다. '흠경'이라는 전각 이름은 《서경》에 "하늘을 공경하고 순응하여 백성에게 농시農時를 내린다"는 뜻에서 유래했다. 세종은 흠경각을 편전인 천추전 가까이에 짓고 수시로 드나들며 천체의 운행을 관찰했다. 《흠경각영건의궤》는 광해군 대에 흠경각을 다시 만드는 과정을 기록한 의궤다.

보루각 또한 세종 때 만들었으며 자격루를 설치한 곳이다. 그런데 창설한 지 100여 년이 지나자 자격루는 고장이 잦고 기계에 손상이 생겨 시간 측정의 기능을 제대로 하지 못했다. 그리하여 보루각을 새로 설치하자는 논의가 일었고 결국 보루각은 창경궁으로 옮겨졌다. 1614년(광해군 5) 광해군은 보루각을 다시 세운 후 그 개수 과정을 의궤로 기록하게 했다. 그것이 바로 현재 이름만 전하는 《보루각수개의궤》다.

세종 때 만들어진 흠경각과 보루각을 광해군 대에 와서 새롭게 조명했다는 것은 매우 중요하다. 광해군이 과학과 실용문화에 깊은 관심을 갖고 이를 적극 실천하려는 의지가 강했음을 말해주는 것이다.

광해군 시대를 어떻게 볼 것인가?

광해군에 대한 평가는 역사학계의 주요 이슈 중 하나다. 1623년 인조반정으로 폐위된 포악한 군주상에서 대동법, 화폐 주조, 은광 개발 등 적극적인 사회경제정책을 추진하고, 탁월한 외교 감각으로 실리외교를 추진한 현명한 군주라는 쪽으로 평가가 바뀌고 있다. 그러나 대북 세력에 의해 추진된 무리한 왕권 강화책과 그로 인한 '폐모살제廢母殺弟(어머니 인목대비를 폐위시키고 동생 영창대군을 죽임)', 북인의 학문적 연원인 남명 조식을 문묘에 종사하는 과정에서 빚어진 이언적과 이황의 문묘 출향 논의는 사류들의 강한 비판을 받았다. 과거의 잘못을 바로잡는다는 명분 아래 추진한 조처였지만 오히려 정권에서 소외되었던 서인과 남인을 결집시키는 빌미를 제공했다. 인조반정으로 광해군과 북인 정권은 역사의 전면에서 완전히 사라졌다. 광해군 정권의 실패는 개혁의 방향

광해군 묘 | 광해군 묘는 쌍분으로, 오른쪽은 부인인 문성군부인 유씨의 묘다. 연산군 묘와 비슷하게 군묘君墓 형식으로 간소하게 조성되어 있으며, 두 봉분에 각각 비석과 상석이 있고, 장명등 그리고 망주석과 문인석 한 쌍이 있다.

이 옳더라도 독선적으로 정국 운영을 하면 더 큰 반동을 야기할 수 있음을 말해준다.

그러나 광해군은 국방이나 외교, 과학 분야에서만큼은 탁월한 군주임에 틀림없다. 명과 청의 세력 교체라는 국제 정세에 대한 정확한 인식을 바탕으로 실리외교를 수행하고 화기 제작으로 국방 강화에 주력함으로써 '예견된 전쟁'을 슬기롭게 막아내는 능력을 보여주었다. 그의 시대에 제작된 《영접도감의궤》, 《화기도감의궤》, 《흠경각영건의궤》는 그 능력을 축소판처럼 보여주고 있다.

외교 관련 의궤가 더 이상 제작되지 않은 까닭은?

조선시대 외국 사신의 접대를 기록한 《영접도감의궤》는 광해군 시대에 최초로 제작되었다. 이후 인조 때에 몇 차례 더 제작되기는 했지만, 1643년(인조 21)을 끝으로 외교 관련 의궤는 더 이상 제작되지 않았다. 이것은

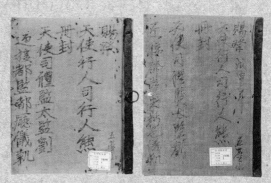

영접도감도청의궤(왼쪽) | 1609년 4월 선조의 장례식에 참석한 명나라 사신과 같은 해 6월 광해군의 즉위식에 온 사신의 영접에 대한 의식과 절차를 기록한 의궤. 1책, 필사본.
영접도감미면색의궤(오른쪽) | 1609년 4월과 6월에 온 명나라 사신에 대해 미면색에서 수행한 일을 정리한 의궤. 미면색이란 신들에게 각종 음식과 집기, 물자를 제공하는 업무를 맡은 부서를 말한다. 1책, 필사본.

청나라가 중국의 지배자가 된 것과 관련이 깊다고 여겨진다. 전통적으로 오랑캐라고 멸시하던 청나라 사신의 영접을 위해 의궤를 제작하는 것은 조선으로선 자존심이 허락하지 않는 일이었다. 인조 이후 정권 주도층이 명나라에 대한 의리와 명분을 강조하는 서인이었다는 점을 고려하면, 《영접도감의궤》가 인조 시대를 끝으로 단절된 이유를 짐작할 수 있다. 비록 군사적으로는 청에게 패배했지만 문화적으로는 우월하다는 인식과, 멸망한 명에 대한 존화尊華 사상은 현실의 국제 관계를 인정하지 않게 했고, 결국 외교 관련 의궤는 전통으로 자리 잡지 못한 것이다.

왕실 잔치와 관련된 의궤

인조반정으로 광해군을 몰아내고 즉위한 인조에게는 무엇보다도 반정에 대한 정당성이 필요했다. 반정의 주요 명분으로 '폐모살제'를 내세워 광해군의 패륜 행위를 적극 부각시켰고, 반정이 성공한 직후 서궁(지금의 경운궁)에 유폐된 인목대비를 찾아 왕위의 정당성을 인정받았다. 즉위 후에도 인조는 인목대비에게 최대한 예의와 존숭을 표했다. 인목대비는 왕실의 최고 어른일 뿐만 아니라 광해군에게 철저히 탄압받은 상징적 인물이었다.

반정의 정당성을 위한 궁중 잔치 추진

인조반정의 주요 명분은 '폐모살제'와 광해군의 중립외교에 대한 비판이었다. 광해군의 잘못된 정책을 만회하기 위하여 재성청裁省廳 등의 기구가 만들어졌지만 개혁은 지지부진했고, 권세가들에게 빼앗은 토지가 반정공신에게 다시 불하되어 공신들의 배를 불리는 등 오히려 폐단이 발생했다. 공신들 간에도 갈등이 일어나 반정 이듬해에 이괄의 난이 일어나기도 했다.

제기악기도감의궤 | 1624년(인조 2) 3월부터 11월에 걸쳐 제기악기도감에서 제기, 제복, 악기, 의장 등을 만든 과정을 기록한 의궤. 차관差官을 영접할 때 쓰이는 각종 풍물과 무장舞章에 필요한 악기를 조성하기 위하여 악기청을 설치한 후, 종묘의 제기 중 파괴된 것을 다시 제작하고자 도감을 설치했는데, 이를 악기제기도감이라 하였다. 각 방에서 조달한 물품에 대한 도식이 실려 있어서 17세기 초반의 악기와 제기의 실물을 이해하는 데 큰 도움이 된다. 1책, 필사본, 45.4×33cm.

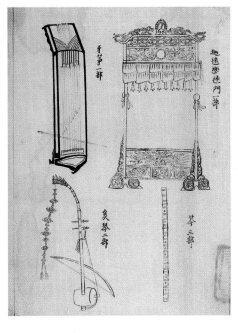

당시 시대를 한탄하는 〈상시가傷時歌〉가 민간에서 유행했다고 하는데, 실록에까지 기록된 〈상시가〉는 반정 세력의 선전과는 달리 인조 반정이 백성들에게 별다른 도움이 되지 못했음을 시사한다.

아, 훈신들이여	嗟爾勳臣
잘난 척하지 마라	毋庸自誇
그들의 집에 살고	爰處其室
그들의 토지를 차지하고	乃占其田
그들의 말을 타며	且乘其馬
또다시 그들의 일을 행하니	又行其事
당신들과 그들이	爾與其人
돌아보건대 무엇이 다른가?	顧何異哉

이러한 시대 분위기 속에서 인조는 광해군에게 탄압을 받았던 대표적인 인물인 인목대비의 존숭을 위한 구체적인 사업으로 궁중 잔치를 계획하였다. 인목대비의 응어리를 풀어주고, 왕위에 오른 자신의 정당성을 널리 홍보하려는 의도였을 것이다.

《인조실록》에는 인목대비에게 올리는 잔치인 풍정豐呈을 위해 논의한 기사가 여러 차례 등장하는 것을 보면 당시 인조가 인목대비 대접에 얼마나 고심했는지 짐작할 수 있다. 우여곡절 끝에 추진된 풍정 의식의 전모는 현재 규장각에 소장된 《제기악기도감의궤祭器樂器都監儀軌》와 파리 국립도서관에 소장된 《풍정도감의궤豐呈都監儀軌》를 통해 살펴볼 수 있다.

이들 의궤에는 실록이나 문집에 언급되지 않은 내용이 다수 실려 있어서, 반정의 정당성을 강조하기 위해 잔치를 추진했던 당시의 분위기가 잘 나타나 있다. 실록 같은 연대기 자료와 의궤같이 의식을 정밀하게 정리한 기록을 종합하여 살펴보면 그 시대의 실상에 좀더 다가갈 수 있을 것이다.

풍정 의식의 추진과 연기

인목대비 풍정 의식은 정치적, 사상적으로 반정의 명분을 강화하기 위해 인조 즉위 후 바로 추진되었다.

그런데 《인조실록》 1624년(인조 2) 4월 22일 기사를 보면 "도감을 설

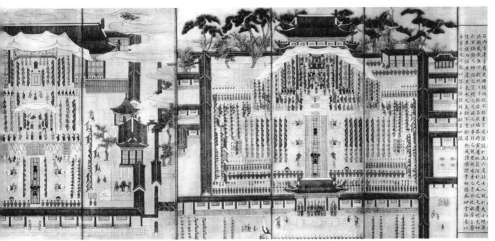

왕실의 잔치 그림 진찬병풍進饌屛風 | 1879년(고종 16) 고종이 세자(순종 황제)가 병에서 회복되자 이를 축하하며 연 잔치. 1폭, 164.0×50.0cm.

치하여 제기와 악기를 만들다가 곧 폐지하였다. 예조가 처음에 장악원의 건의에 따라 국局을 설치하고 악기를 만들어 앞으로 조사詔使에게 잔치를 베풀거나 풍정이나 대례의 쓰임에 대비하게 하였으며, 종묘의 제기 중 파손되고 잃어버린 것도 국에서 아울러 만들기를 청했는데, 상이 따랐다. 그러나 뒤에 도감에 들어가는 물력이 매우 많은데 경비는 탕갈되고 한재도 극심하여 일을 시작할 때가 아니라고 아뢰었으므로 우선 폐지했다"라고 되어 있다. 제기악기도감에서 추진했던 사업이 순탄하지 못했던 것이다.

　이보다 며칠 앞선 인조 2년 4월 9일 인조가 참여한 주강에서 특진관 김상용은 "자전께서 십수 년 동안 유폐된 속에서 계셨으니 반정한 초기에 한번쯤 위로하여 기쁘게 해드렸어야 하는데, 담당자가 아직도 행하기를 청하지 않으니, 이것은 큰 흠입니다. 더구나 전하께서 한 나라에

군림하니 어버이의 뜻을 섬기시는 끝에 반드시 기쁘게 하는 도리가 있어야 합니다"라고 말했으며, 이에 인조는 "일찍이 거행하고 싶었으나 나라의 저축이 바닥난 데다가 또 변고를 당하였으므로 겨를이 없었다. 해당 부서에서 속히 거행하도록 하라"고 지시했다.

그러나 예조에서는 "금년에는 잇달아 변고가 일어났고 환도한 뒤에는 모든 일이 초창기이므로 여기에 미칠 겨를이 없었습니다. 풍정과 수연壽宴 등의 의례를 9월 사이로 날을 가려 해당 관사로 하여금 미리 조처하게 하십시오"라고 하면서 풍정 의식을 연기할 것을 요청했다.

인조반정의 주요 명분이 된 인목대비의 위상 회복을 위해서 풍정 의식이 필요하다는 것을 인조 정권은 인식하고 있었다. 광해군 시대 핍박의 대상이었던 인목대비를 최고의 지위로 끌어올리는 것, 이것은 반정의 명분을 확고히 하고 정권을 튼튼히 다지는 길이었다. 그러나 이괄의 난 같은 변고가 겹치고 국가 재정이 고갈되어 추진하기가 쉽지 않았던 것이다.

궁중 잔치 관련 의궤의 편찬

'풍정'이란 국가에 경사가 있을 때 이를 축하하기 위해 왕실에서 음식 등을 바치는 잔치 의식이다. '풍정'이라는 용어는 《태조실록》에 이미 등장하는 것으로 보아, 고려시대부터 사용된 듯하다. 《태조실록》 1393년(태조2) 2월 18일에는 "우리나라 풍속에 잔치 베푸는 것을 풍정이라 부르는데 학사가 된 사람으로서 풍정을 베푸는 것은 옛날부터 내려오는 풍습이다"라고 하면서 잔치 의식 일반을 뜻하는 용어처럼 서술

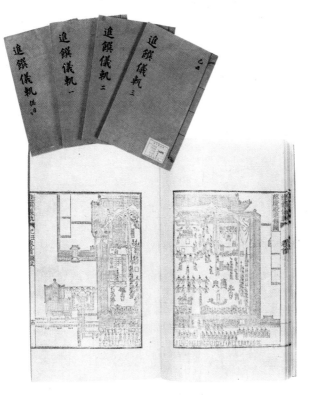

순조기축진찬의궤 | 1828년(순조 28) 11월부터 이듬해 2월 사이에 순조에게 진찬을 행한 사실을 기록한 의궤. 권두에 있는 택일의 기록에는 1829년 2월 9일 오시에 명정전에서 외진찬을 설행하고, 내진찬內進饌과 야진찬夜進饌은 2월 12일 자경전에서 설행한 것으로 나타나 있다. 〈자경전진찬도〉는 자경전에서 진찬의식을 행한 모습을 담은 그림이다. 진연의궤, 진작의궤와 함께 조선 후기 궁중 잔치의 구체적인 모습을 살펴볼 수 있는 자료다. 진연도감 편, 1829년 (순조 29), 4책, 활자본(정리자), 27.1×24.2cm

되어 있다.

그러나 《세종실록》을 보면 풍정은 왕에게 올리는 잔치 의식을 뜻하는 것으로 해석된다. 즉 세종 즉위년 10월 "어가가 근교에 이르니 노상왕, 대비, 공비가 각각 사람을 보내어 풍정을 바쳤다. 우리나라 풍속에 상감에게 음식을 차려 바치는 것을 풍정이라고 한다"는 기록이나, 세종 1년

3월 "송계원평에서 점심을 드시니 성비誠妃, 대비, 공비가 각각 내시를 보내어 세 분 전하께 풍정을 드렸다"는 기록, 세종 1년 4월 1일 세종이 태종에게 문안하자 태종이 "주상의 생신에 풍정을 어떻게 하기로 했느냐"고 물어본 후에 중국 당 태종과 현종의 사례를 인용하면서 "지금 나 역시 주상의 생신을 당하면 친히 풍정을 하겠다"는 기록 등으로 보아 풍정은 왕을 위한 잔치 의식임을 알 수 있다.

한편 "세종이 두 상왕과 모후의 앞에 풍정을 올렸다"는 세종 1년 5월 16일의 기록이나, 이후의 여러 기록을 보면 왕만을 위한 잔치 의식이 아니라 왕과 왕비, 대비 등 왕실 잔치 의식 전반을 뜻하는 용어로 사용하고 있다. 즉 조선의 문물이 어느 정도 정비된 세종 이후에는 '왕실의 잔치 의식'을 뜻하는 용어로 굳어진 듯하다.

조선 후기에는 왕실의 잔치 의식을 뜻하는 용어로 진연進宴, 진찬進饌, 진작進爵 등이 많이 사용되었다. 특히 조선 후기 잔치 의식을 기록한 의궤들은 대부분《진찬의궤》,《진연의궤》,《진작의궤》라 칭하고 있다.《풍정도감의궤》는 현재 파리 국립도서관에 소장된 1630년 것이 유일하다. 이는 조선 후기에는 '풍정'이란 용어를 잘 사용하지 않았음을 반증한다. 따라서《풍정도감의궤》는 제목만으로도 희소성을 갖는 의궤다.

국가 경사를 맞이하여 베푼 잔치를 기록한 의궤로 현재까지 전해지는 것은 인조 때부터 대한제국기까지 총 18종이다. 그 중 가장 앞선 것이 《풍정도감의궤》이고, 가장 나중에 제작된 것이 1902년의《진연의궤》다. 왕실 잔치는 축제이자 왕실의 위상을 높이는 행사였다. 잔치에 쓰인 물품, 행사 참여자, 궁중 무용 등이 고스란히 묘사된 의궤는 당시 왕실 잔치의 모습을 복원하는 데 큰 도움을 준다.

《풍정도감의궤》에 기록된 궁중 무용

인조 때 만들어진《풍정도감의궤》에 기록된 정재呈才, 즉 궁중 무용은 헌선도獻仙桃, 수연장壽宴長, 금척金尺, 봉래의鳳來儀, 연화대蓮花臺, 포구락抛毬樂 6수, 향발響鈸 4수, 무고舞鼓 3수, 처용무處容舞 등 9종이다. 이 중 헌선도, 수연장, 금척, 연화대, 포구락은 중국에서 전래된 당악唐樂 정재에 속하며 봉래의, 향발, 무고, 처용무는 우리 고유의 향악 정재다.

이들 정재는 조선 전기인 성종 때 완성된《악학궤범》에서도 확인할 수 있다. 조선 전기의 정재가 인조 시대에도 그대로 계승되었음을《풍정도감의궤》를 통해 알 수 있는 것이다.

《원행을묘정리의궤》에 수록된 몽금척(왼쪽)과 처용무(오른쪽)

66세의 왕 15세 신부, 영조의 결혼식

영조정순후가례도감의궤

조선시대 왕실 행사의 이모저모를 기록과 함께 그림으로 정리한 의궤 중에서도 가장 화려한 것을 꼽으라면 단연 왕실의 결혼식을 기록한 가례도감의궤다. 이 중에서도 가장 극적인 결혼식 장면을 담은 것은 1759년 66세의 영조가 15세의 어린 신부 정순왕후를 맞은 과정을 기록한 《영조정순후가례도감의궤》다. 영조와 정순왕후라는 굵직한 역사적 인물들의 만남도 중요하지만 51년의 나이 차가 나는 결혼식 자체가 무척이나 흥미롭다. 1759년 6월에 벌어진 결혼식 현장으로 가보자.

15세의 신부를 맞이하다

1759년 6월 창경궁에서 큰 잔치가 열렸다. 35년이나 재위한 왕 영조는 왕비 정성왕후가 사망한 후, 신하들의 성화에 못 이기는 척하며 어린 신부를 맞이하는 데 동의했다. 6월 22일은 신부가 왕비 수업을 받고 있는 별궁 어의궁에 행차하는 날이었다. 조정 신하들은 현왕의 결혼식이라는 국가 최고의 행사 준비로 분주했고, 왕의 결혼식을 직접 볼 수 있는 영광을 얻게 된 백성들의 마음도 덩달아 뛰었다.

영조정순후가례도감의궤 | 1759년 6월에 있었던 영조와 정순왕후 김씨의 결혼식 과정을 기록한 의궤. 1759년(영조 35), 2책, 필사본, 45.8×33cm.

영조는 1704년 달성 서씨인 진사 서종제의 딸과 첫 결혼식을 올렸다. 당시 영조는 숙종의 제4왕자인 연잉군이었으며, 신부는 달성군부인에 봉해졌다. 당시 《숙종실록》에 "이 혼인은 사치가 법도를 넘어 비용이 만금을 헤아릴 정도였다" 했으니 결혼식이 대단히 호화로웠던 모양이다. 영조가 정순왕후와의 결혼식에서 사치를 철저히 방지하라고 강조한 것은 이때의 경험이 크게 영향을 미쳤던 것 같다.

서씨 부인은 1721년 연잉군이 세제에 책봉되자 세제빈이 되었으며, 1724년 영조가 왕으로 즉위하자 정성왕후가 되었다. 그러나 불행하게도 후사 없이 1757년에 사망했다. 영조는 3년상(실제로는 2년 3개월)이 지난 1759년 경주 김씨 김한구의 딸을 계비로 맞아들였다. 66세의 영조에게 15세의 꽃다운 신부가 계비로 들어온 것이다. 51년의 나이 차가 무척이나 커 보였지만 어린 계비 또한 영조 못지않게 야심 찬 여걸이었음은 후대의 역사가 증명한다.

조선시대에는 왕의 첫 부인을 왕비라 하고 왕비가 살아 있는 한 아무리 왕의 총애를 받는 궁녀도 후궁일 수밖에 없다. 원칙적으로는 왕비 소생의 왕자가 왕이 되어야 하지만, 왕비가 왕자를 생산하지 못하면 후궁 소생의 왕자 중에서 가려 뽑는다. 영조 역시 숙종의 후궁인 숙빈 최씨

소생이었고, 영조 앞의 왕 경종은 그 유명한 장희빈의 아들이었다. 왕비가 사망하면 왕은 계비를 맞이하게 되고, 선택된 계비는 왕비의 법적 지위를 이어간다. 그런데 언제 계비를 맞든 왕이 첫 번째 결혼할 당시 왕비의 나이인 15~18세의 처녀를 뽑는다. 왕비가 일찍 죽은 경우에야 왕과 계비의 나이 차가 얼마 되지 않겠지만 정성왕후는 영조와 무려 50여 년을 해로하다가 죽었기에, 영조와 정순왕후는 66세의 신랑과 15세의 신부라는 전무후무한 기록을 세우게 된 것이다. 19세의 나이로 51세 선조의 계비가 된 인목왕후의 예는 아무것도 아니다.

《영조정순후가례도감의궤英祖貞純后嘉禮都監儀軌》는 조선시대 왕실 결혼식에 대한 가장 완벽한 기록이지만 오늘날 궁중 혼례의 재현에는 활용되지 못하고 있다. 요즘의 시각에서 보면, 66세의 노인과 15세 청소년의 결혼식이란 아무래도 부담스럽기 때문이다.

결혼식 과정을 생생히 기록한 의궤

《영조정순후가례도감의궤》에는 신부 간택을 비롯하여 왕실 혼인의 여섯 가지 예법인 '육례六禮'가 구체적으로 기록되어 있다. 간택은 신부 후보 중에서 신붓감을 선택하는 것으로, 대개 3차에 걸친 과정을 거쳤다. 1차에서 6명, 2차에서 3명, 3차에서 1명을 선발하였다. 삼간택 날짜는 6월 9일이었다. 육례는 납채納采, 납징納徵(납폐라고도 함), 고기告期, 책비冊妃, 친영親迎, 동뢰同牢를 말한다. 납채는 간택된 신부에게 혼인의 징표인 교명문을 보내고 신부가 이를 받아들이는 의식으로 6월 13일에 행해졌다. 6월 17일에 행해진 납징은 혼인 성립의 징표로 패물을 보내

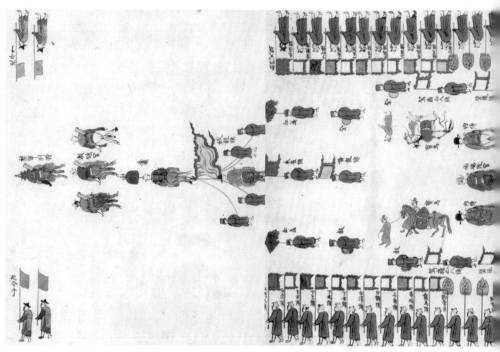

영조정순후가례도감의궤 반차도 중 왕의 행차 부분도

는 의식으로 요즘 함 들이는 것과 비슷하다. 6월 19일에는 혼인 날짜를
잡는 의식인 고기가 행해졌고, 6월 20일에 신부를 왕비로 책봉하는 의
식인 책비가 행해졌다. 행사의 절정은 왕이 별궁에서 왕비 수업을 받는
신부를 친히 궁궐로 모셔오는 친영이다. 6월 22일에 행해진 친영 의식
광경은 의궤 말미에 반차도로 실려 있다. 끝으로 왕이 왕비를 대궐로 모
셔와 함께 절하고 술을 주고받는 동뇌가 행해졌다.

의궤에는 육례에 필요한 각종 의복과 물품 내역, 의장기와 가마 등을
준비한 장인들의 명단, 소요된 물자의 구체적인 내용, 반차도를 그린 화
원들의 이름 등이 기록되어 있다.

반차도로 따라가보는 결혼식 행렬

'반차'는 '나누어진 소임에 따라 차례로 행진하는 것'이란 뜻으로, 반차도는 행사의 주요 장면을 그림으로 표현한 것이다. 오늘날로 치면 결혼식 기념사진이나 비디오테이프와 같다. 그런데 반차도는 행사 당일에 그린 것이 아니다. 행사 전에 참여 인원과 물품을 미리 그려서 실제 행사 때 최대한 잘못을 줄이는 기능을 했다. 마치 오늘날 국가 행사나 군사 작전 때 미리 실시하는 도상 연습 같은 성격을 띠었다. 《영조정순후가례도감의궤》의 경우 당시 친영일은 6월 22일이었지만 친영의 모습을 담은 반차도는 6월 14일에 이미 제작되어 왕에게 바친 것으로 기록되어 있다.

모든 《가례도감의궤》의 반차도는 왕이 별궁에 있는 왕비를 맞이하러 가는 친영의 모습을 담고 있다. 친영을 가례의 하이라이트라고 여겼기 때문이다. 반차도에는 주인공인 왕비와 왕의 가마는 물론 앞을 호위하는 선상先廂과 전사대前射隊를 비롯하여 후미에서 호위하는 후상, 후사대, 행사에 참여한 고위 관료, 호위병력, 상궁, 내시, 악대, 행렬의 분위기를 잡는 뇌군(헌병) 등 각종 신분의 인물들이 자신의 임무와 역할에 따라 위치를 정하여 행진하는 모습이 그려져 있다. 특히 말 탄 상궁을 비롯하여 침선비 등 궁궐의 하위직 여성들의 모습까지 등장하는 게 흥미롭다.

반차도에 나타난 행렬의 모습은 뒷모습을 그린 것, 조감법으로 묘사한 것, 측면만을 그린 인물도 등 다양하다. 다양한 각도에서 인물들을 묘사해 자칫 딱딱해지기 쉬운 행렬을 생동감 있게 연출한 화원들의 감각이 뛰어나다. 반차도에 나타난 인물은 신분에 따라 서로 다른 복장을 하고 있다. 다양한 색상의 의상은 물론 너울 쓴 여인의 모습이나 각종 군복을 착용한 기병, 보병들의 모습은 당시의 복식 연구에도 귀중한 자료가 된다. 행렬의 분위기를 한껏 돋우는 의장기의 모습도 흥미롭다. 행렬의 선두가 들고 가는 교룡기蛟龍旗(교룡을 그린 깃발, 교룡은 상상 속의 큰 용)와 독기纛旗(쇠꼬리로 장식한 큰 깃발)를 비롯하여 각종 깃발, 양산, 부채류는 왕실의 권위를 상징한다. 수백 명이 대열을 이룬 이 행렬은 당시의 국력과 문화 수준을 보여주는 국가 최대의 퍼레이드였다. 《영조정순후가례도감의궤》 반차도는 총 50면에 걸쳐 그려져 있으며 각 면은 45.8

×33센티미터, 총 길이는 1,650센티미터에 달한다.

친영 행렬의 주요 구성 요소

반차도에 나타난 친영 행렬의 구성 요소를 알아보자.

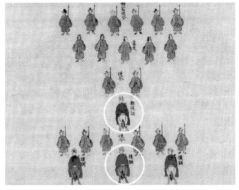
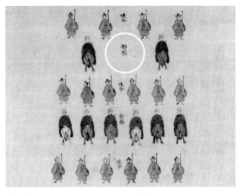

영조정순후가례도감의궤 실무자들 | 위부터 낭청, 도제조, 제조, 도청으로 행사의 실무 책임자들이다.

- 전반부: 왕의 행차를 앞에서 인도하는 선상군병과 독기, 교룡기 등 왕을 상징하는 의장물로 구성된다.
- 어가 행차: 왕의 행렬을 이루는 부분. 어가 행렬 앞에서 화려하고 장엄하게 어가의 출현을 알리는 각종 기치와 의장물을 들고 가는 의장병과 내취內吹(악대), 시신侍臣과 친시위 의물 및 고취악대 등으로 구성된다.
- 수행 행차: 문무백관 등 호위 배종 신하들로서 어가

뒤편에서 수행한다.

- 왕비 행차: 왕비 책봉에 관계된 교명, 금보 등을 실은 가마, 왕비의 가마, 왕비를 배종하는 궁녀들로 구성된다.
- 후반부: 행차를 마무리하는 부분. 후미에서 왕을 경호하는 후하대 등으로 구성된다.

한편 어가 행렬의 화려함과 위엄을 돋보이게 하는 각종 장치들이 활용되었다.

- 의장기: 상징적인 표지 기능을 한다. 하늘, 해, 달, 산천, 사신도에 표현된 동물, 가구선인駕龜仙人 등의 그림이 그려진 깃발이다.
- 의장물: 권위와 위엄을 상징한다. 시각적인 것과 악기 같은 청각적인 것으로 구분된다. 시각적인 것으로는 창, 칼, 도끼 등 군사적인 힘을 상징하는 것, 그늘을 만들어주는 실용성과 신선들이 사용한다는 상징성을 겸비한 부채인 선扇, 양산陽繖, 개蓋 등이다.
- 악기: 축제 분위기를 조성하고 행렬 선후 간에 동작을 일치시키는 기능, 즉 오늘날 구령을 맞추는 것과 같은 기능을 한다. 그러나 혼례식에서는 악기를 진열만 하고 연주는 하지 않는 것이 관행이다.
- 의례복: 행사에 동원되는 사람은 신분과 맡은 임무에 따라 각기 특징있는 의례복을 착용했다. 의례복은 형태나 색채에서 독특한 개성을 지니고 있다.
- 말: 주로 신분 높은 인물이 타는데 내시와 여인들이 타기도 한다. 백마를 비롯하여 흑색, 갈색 등 다양한 색깔의 말이 동원되었다.

영조 어진 │ 면복을 입고 익선관을 쓴 모습이다. 견본설채, 203×83cm,
궁중유물전시관 소장, 보물 932호.

파리에서 만난 어람용 《영조정순후가례도감의궤》

2002년 1월 필자는 파리 국립도서관을
찾았다. 그동안 병인양요 때 약탈당한 파
리 국립도서관 소장 의궤의 반환을 둘러
싸고 한국과 프랑스 정부가 여러 차례 협
상을 벌였지만 별다른 성과가 없었다. 결
국 양국은 한국 측 의궤 전문가가 파리
국립도서관 소장 의궤의 실물을 직접 조사하는 데 합의했고, 그에 따라
필자와 서울대학교 규장각의 김문식 박사(현재 단국대 교수), 한국학중앙
연구원 장서각의 이종묵 교수(현재 서울대 교수)가 의궤 실사단으로 프랑
스로 가게 된 것이다.

파리 국립도서관 소장 의궤 중 필자가 가장 보고 싶었던 것은 바로 어
람용 《영조정순후가례도감의궤》였다. 규장각에 처음 근무하면서 목록
과 색인 작업을 했던 의궤였고, 2001년에는 이 의궤를 바탕으로 《66세
의 영조, 15세의 신부를 맞이하다》라는 책을 간행한 만큼 이 의궤에 대
한 애정은 각별했다. 바로 이 의궤가 파리 국립도서관 소장 목록에 들어
있었으니, 이를 볼 수 있다는 것은 매우 흥분되는 일이었다. 총 5일간의
조사 일정 중 3일째 되는 날 프랑스 사서로부터 어람용 《영조정순후가

례도감의궤》를 건네받았다. 설레는 마음으로 책을 받았으나 실망이 앞섰다. 표지가 개장되었던 것이다. 초록색 비단 표지와 국화동 5개로 장정된 화려한 표지는 온데간데없었다. 그러나 실망도 잠시, 한 장 한 장 넘기자 품위와 격이 느껴지는 종이, 정성 들여 쓴 글씨, 그리고 화려한 반차도까지 어람용 의궤의 진가를 한눈에 알아볼 수 있었다. 규장각에 소장되어 있는 분상본 의궤의 반차도를 알고 있는 필자로서는 섬세하기 이를 데 없는 가마나 의장물, 눈매와 수염까지 또렷이 그려진 인물 등 어람용 반차도의 정밀함에 놀라지 않을 수 없었다.

《영조정순후가례도감의궤》를 비롯한 1866년 이전의 어람용 의궤는 대부분 파리 국립도서관에 소장되어 있다. 의궤 반환 협상은 지금도 진행 중이다. 하루빨리 이들 의궤가 반환되어 조선의 최고 명품들을 직접 볼 수 있기를 바란다.

정순왕후김씨는누구인가?

정순왕후 김씨는 경주 김씨 김한구의 딸로 1745년 경기도 여주에서 태어났다. 정순왕후는 15세의 꽃다운 나이에 66세의 영조와 결혼하여 청춘의 대부분을 노년의 왕 뒷바라지에 바쳤지만 불행인지 다행인지 영조와의 사이에 소생이 없었다. 영조가 83세에 사망했으니, 17년 동안 오로지 노년의 왕에게 청춘을 바친 셈이었다. 정순왕후는 자식뻘인 사도세자 내외와 사이가 좋지 않았다. 장성한 왕자가 대권을 계승할 즈음에 갑자기 나타난 나이 어린 왕비의 존재는 몹시 부담스러웠을 것이다.

영조가 죽고 정조가 즉위하자 정순왕후는 비록 31세에 불과했지만 왕실의 최고 어른이 되었고, 1800년 정조의 죽음은 야심 찬 여인 정순왕후에게 정치적으로 날개를 달아주는 계기가 되었다. 정순왕후는 "주상의 나이가 어리니 내가 여주女主로서 조정에 임한다"고 하면서 왕에 버금가는 권력을 행사할 것임을 시사했다.

이후 정순왕후는 여군女君 또는 여주로 자처하면서 3년 반 동안 수렴청정을 하며 정조가 구축해놓은 탕평정치의 기반을 파괴해버렸으며, 그저 사학邪學으로만 규정되던 서학(천주교)을 금기시하여 대대적인 탄압을 가했다(1801년 신유박해).

1804년 순조의 친정체제가 이루어지자 정순왕후는 수렴청정을 마치고 왕실의 최고 어른이라는 상징적 존재로 되돌아갔다. 그리고 권력을 잃은 허망함이 죽음을 재촉했는지 1805년 1월 창덕궁 경복전에서 세상을 떠났다. 그녀를 위한 회갑 잔치 논의가 무성하던 때였다.

영조 왕릉이 동쪽으로 간 까닭은? -------------------|
원릉산릉도감의궤

영조는 생사고락을 같이하면서 어렵사리 왕비의 자리에 오른 정성왕후를 사랑했다. 그러나 후사 없이, 1757년 정성왕후는 사망하였다. 영조는 왕비의 무덤을 부왕인 숙종의 묘역 근처에 조성하고 옆 자리를 비워두게 하였다. 훗날 자신이 죽으면 그 자리에 가려고 했던 것이다. 그러나 흐르는 세월에 약속은 잊혀지는 법. 1759년 66세의 영조는 15세의 신부 정순왕후를 맞이했고, 1776년 83세의 나이로 사망했을 때, 후계자 정조는 영조의 무덤을 태조가 묻혀 있는 건원릉 근처 동쪽 경역 내에 만들었다. 왜 그랬을까?

왕릉을 주목해야 하는 까닭

그동안 왕릉에 대한 연구는 거의 이루어지지 않았다. 왕릉에 대한 선입견 때문이기도 하다. 죽은 자의 무덤이고, 비슷비슷하게 생겨 특별히 연구 대상으로 삼지 않았던 것 같다. 그저 유적지나 답사여행지로 여겨지는 정도였다. 그러나 조선시대판 그린벨트 지역이었던 왕릉은 그 원형이 잘 보존되어 있고, 주변의 조경도 수려하다. 왕릉은 단지 왕의 무덤이라는 사실 외에도 여러 가지 의미를 지니고 있다. 무덤을 조성한 지

연잉군 | 영조가 왕위에 오르기 전 연잉군 때의 모습이다.
견본설채, 150×100cm, 궁중유물전시관 소장.

역과 곁에 묻힌 인물을 통해 당시의 정치 상황을 압축적으로 살펴볼 수 있으며, 주변의 석물을 통해 그 시대 건축과 미술사의 흐름을 읽어낼 수 있다. 최근 문화재청에서는 《조선왕릉답사수첩》이라는 소책자를 간행하여 왕릉에 대한 관심을 환기시키고 있으며, 조선 왕릉 전체에 대한 체계적인 연구도 진행 중이다. 이런 노력들이 왕릉에 대해 더 많은 관심을 갖는 계기가 되었으면 좋겠다.

조선시대 왕릉 조성에 관한 기록은 산릉도감의궤로 편찬되었다. 산릉도감은 총호사가 풍수를 아는 관원, 지관과 함께 땅을 살펴 능역을 결정하는 것부터 시작한다. 장지를 마련한 후 산릉 일대의 토목 공사, 정자각 등의 건축, 매장과 봉축, 각종 석물 설치, 주변 정화 등의 업무도 산릉도감이 맡았다. 영조의 무덤인 원릉을 조성한 과정을 기록한 《원릉산릉도감의궤》를 중심으로 영조의 왕릉이 현재의 동구릉 경역 내에 조성된 까닭을 알아보자.

영조 비 정성왕후의 무덤 │ 비워둔 옆 자리가 끝내 빈 채로 있다.

영조의 승하와 원릉의 조성

영조는 1776년 7월 27일 유시酉時에 건원릉 오른쪽 둘째 산등성이인 원릉에 장사지냈다고 실록은 기록하고 있다. 원래 영조의 무덤은 현재의 경기도 고양시 서오릉 경역 내에 위치한 정성왕후의 무덤 곁이었다. 서오릉 내에 조성된 정성왕후의 무덤은 홍릉弘陵이라 불렀다. 이곳은 숙종의 명릉明陵 오른쪽 산기슭으로, 영조는 자신이 죽은 뒤 아버지 곁으로 가겠다는 뜻을 분명히 한 것이었다. 하지만 무덤 옆 자리를 비워놓고 이곳에 묻히겠다는 영조의 의지는 실현되지 못했다. 정성왕후가 사망한 후 얻은 계비 정순왕후 때문이었다. 영조는 15세의 신부 정순왕후를 맞은 후 17년을 더 살았다. 영조가 사망했을 때에는 정순왕후 세력이 조정에 널리 퍼져 있었으니, 정순왕후의 입장을 고려하면 영조의 무덤을 정성왕후 무덤 옆에 조성하기는 어려웠을 것이다.

1776년에 작성된 《원릉산릉도감의궤》에서도 이러한 분위기를 읽을 수 있다. 왕릉 조성과 관련하여 올린 신하들의 보고를 모은 계사啓事에는 분명 무덤의 이름을 '홍릉'이라 칭하고 있다. 《정조실록》에도 정성왕후의 능인 홍릉의 위쪽 빈 자리에 봉안할 것으로 잠정 결정하고 능호를 일단 '홍릉'으로 정한 기록이 있다. 영조의 뜻에 따라 숙종의 무덤 옆이자 정성왕후의 무덤 곁에 봉안하기로 한 것이다. 그러나 이 결정은 불과 한 달 만에 뒤집힌다. 의궤에 따르면, 홍릉을 살펴본 후에 경릉(덕종의 능), 순릉(성종 비의 능), 장릉(인조의 능) 등을 살펴보았고, 영조 모친의 무덤인 소령원까지도 살펴보았다. 10여 곳을 살펴보았는데도 산릉이 정해지지 않자 정조는 초조해했다. 강릉康陵, 태릉泰陵을 살펴보고, 건원릉까지 살펴보았다. 결국 건원릉 경역이 가장 적합하다는 데 의견이 모아졌고, 이에 따라 영조의 무덤은 건원릉 서쪽의 두 번째 산줄기로 결정되었다. 4월 10일 빈청 회의에서 묘호를 '영종英宗(고종 때 왕실의 위상을 높이면서 영조로 바뀌었다)', 능호를 '원릉'으로 정했다.

정순왕후의 승하와 원릉의 조성

영조가 부왕인 숙종과 첫째 부인 정성왕후가 묻힌 서오릉 경내로 가지 못하고 동구릉 경내로 간 까닭은 계비 정순왕후가 살아 있었기 때문이다. 그리고 영조의 옆 자리는 1805년에 사망한 정순왕후의 차지가 되었다. 홀로 서오릉 경역에 남은 정성왕후. "왕궁 생활 43년 동안 대비와 대왕대비를 극진히 모시고 게으른 빛이 없었다"던 생전의 평판 때문이

영조와 계비 정순왕후의 쌍릉 원릉

었을까? 정성왕후는 죽어서도 시아버지 숙종과 네 명의 시어머니를 모시게 되었다.

1805년(순조5) 1월 12일 정순왕후가 승하하자 곧 산릉에 대한 조사가 이루어졌다. 정순왕후의 산릉 간택 과정은 일사천리로 진행되었다. 순조는 우선 원릉 옆 자리를 간심看審하라 지시했으며, 조사에 참여한 사람들은 모두 다른 곳과는 비교할 수 없는 길지라고 보고했다. 영조의 산릉 자리를 정할 때 삼간심을 하고도 정하지 못하여 왕이 초조해하던 상황과 비교된다.

정순왕후가 사망한 후 영조의 무덤인 원릉에 쌍릉 형태로 정순왕후의 무덤을 조성한 과정을 기록한 것이 《(정순왕후)원릉산릉도감의궤》다. 왕이 먼저 승하하고 나중에 그 곁에 왕비가 묻히면 원래 왕릉의 호칭으로 부르게 된다. 그럼 왕비가 먼저 승하하고 나중에 왕이 그 옆에 묻히면 어떻게 될까? 대개는 먼저 승하한 왕비릉의 호칭을 그대로 쓴다. 태종의 헌릉, 숙종의 명릉, 헌종의 경릉이 대표적인 예다.

동구릉 경역에는 태조의 건원릉이 조성된 이래 문종, 선조, 현종, 영조, 헌종 여섯 명의 왕과 장렬왕후(인조의 계비), 단의왕후(경종의 원비) 등 두 명의 왕비, 왕세자로 승하한 뒤 나중에 왕으로 추존된 효명세자, 이렇게 총 9명의 왕릉이 조성되었다. 27명의 왕 중 6명의 왕릉이 조성되었다는 것은 무엇보다 이 지역이 풍수지리적으로 뛰어남을 입증한다.

동구릉이 위치한 검암산 일대는 산자락이 여러 군데로 뻗어 있어서 대규모 왕릉군이 조성되기에 유리했으며, 왕실의 무덤은 서오릉이나 서삼릉의 예에서 보듯 특별한 변수가 없는 한 집단으로 조성되는 경향이 있다. 정치적인 역학관계를 비롯하여 가능한 한 부친의 무덤이 있는 곳에 묻히려는 왕의 의지, 같은 경역 내에 왕릉을 조성하면 관리가 용이하다는 점 등이 작용했기 때문이다.

죽어서도 행복한 왕, 죽은 뒤 외로운 왕

서오릉의 중심 권역에는 숙종의 무덤인 명릉이 자리 잡고 있다. 명릉 주변에는 10세 때 혼인한 조강지처 인경왕후, 첫 번째 계비 인현왕후, 두 번째 계비 인원왕후의 무덤이 있다. 인현왕후는 숙종과 나란히 묻혀 있고, 숙종 곁에 묻히고 싶다는 유언을 남긴 인원왕후는 숙종과 인현왕후의 무덤 왼쪽의 언덕 높은 곳에 자리 잡아 조금은 초라한 모습으로 두 사람을 지켜보고 있다.

중종의 정릉

숙종의 명릉

1970년 숙종에게 최고의 사랑을 받았던 장희빈이 사후 270년 만에 숙종이 있는 이곳으로 왔다. 경기도 광주(광주군 오포면 문형리)에 초라하게 자리 잡고 있던 장희빈의 무덤을 숙종과 연고가 깊은 이곳으로 옮겨온 것이다. 장희빈의 무덤은 서오릉 경역으로 옮겨온 뒤에도 그의 비극적 최후만큼이나 봉분, 곡장, 석물 모두 초라하고 옹색하다. 어쨌든 장희빈이 숙종 곁으로 옮겨와 숙종은 사후에도 3명의 정비와 한 명의 후궁(한때 왕비의 지위에까지 오른 여인이었지만)을 거느린 여복 많은 왕이 되었다.

숙종과 반대로, 생전에는 3명의 왕비가 있었지만 죽어서는 한 명의 왕비와
도 함께 하지 못한 왕이 있다. 바로 중종이다. 중종의 무덤은 오늘날 서울 강남
구에 있는 정릉이다. 지하철역 이름으로 잘 알려진, 아버지 성종의 선릉과 같
은 경역에 있어 선정릉이라고 불린다. 생전의 중종은 3명의 왕비를 두었다. 첫
왕비 단경왕후 신씨는 연산군의 처남인 신수근의 딸이라는 이유로 폐위되었
으니 사후 함께 할 수 없었지만, 계비로 맞은 장경왕후 윤씨와는 서삼릉의 희
릉禧陵에 함께 묻혀 있었다. 그런데 이들을 갈라놓은 인물이 있었으니, 명종
때 수렴청정으로 명성을 떨친 중종의 두 번째 계비 문정왕후였다.

문정왕후는 사후에 중종 곁에 묻히는 것이 소원이었다. 그러나 이미 중종의
무덤 옆은 인종의 생모인 첫 번째 계비 장경왕후가 지키고 있었다. 자신이 죽
어 중종 곁에 묻히려면 장경왕후로부터 중종을 떼놓아야 했다. 1542년 문정왕
후는 봉은사 주지 보우와 의논하여 서삼릉에 있는 중종의 왕릉을 선릉(성종의
무덤) 부근으로 전격적으로 옮겼다. 지하의 중종이 얼마나 당황했을까? 그런
데 새로 옮긴 중종의 무덤 정릉은 명당이 아니었다. 무엇보다 지대가 낮아 침
수가 잦았다. 홍수 때는 재실齋室까지 물이 차기도 했다. 결국 문정왕후는 중
종 곁에 묻히고 싶다는 소망을 접을 수밖에 없었다. 그녀의 무덤은 지금의 태
릉에 조성되었다. 단경왕후 신씨의 무덤은 온릉溫陵으로, 현재 경기도 양주군
장흥면 일영리에 있다.

결국 중종은 3명의 왕비 중 어느 누구와도 영원히 함께 하지 못하는 비운의
주인공이 되었다. 아버지 성종이 근처에 있다는 것이 그나마 위안이 되고 있
을까?

원행을묘정리의궤

정조의 화성 행차, 8일간의 장엄한 기록 ·············

1795년 윤2월 9일 새벽, 정조는 창덕궁을 출발하여 화성으로 향했다. 정조가 화성을 찾은 것은 이때가 처음은 아니었다. 정조는 1789년에 자신의 생부 사도세자의 묘소를 수원의 화산 아래에 모시고 현륭원이라 칭한 이후 해마다 이곳을 방문했다. 1795년은 특별한 의미가 있는 해였다. 어머니 혜경궁 홍씨가 회갑을 맞은 해였기 때문이다. 사도세자와 혜경궁 홍씨는 동갑이었으니 아버지가 살아 있었더라면 함께 회갑 잔치를 올릴 해이기도 했다. 또한 왕위에 오른 지 20년이 다 되어가는 시점에서 왕권을 확실히 펼쳐 보일 필요성도 느꼈다.

화성 행차의 배경

정조가 왕으로 있던 18세기 후반은 조선의 문예부흥기로서 사회 각 분야의 발전이 두드러진 시기였다. 이러한 시기에 정조는 아버지 사도세자의 죽음을 빚어낸 붕당정치를 극복하고 재야 선비와 백성을 적극 포용하는 민국民國을 건설하며, 농업과 상공업이 함께 발전하는 새로운 경제 질서를 구축하고자 했다.

이와 함께 규장각과 장용영의 설치를 통해 개혁정치를 단행하여 부강

원행을묘정리의궤 | 1795년(정조 19) 윤2월에 정조가 생모인 혜경궁 홍씨를 모시고 화성의 현륭원(사도세자의 묘)에 행차한 배경과 경위, 절차, 화성에서의 행사 등을 기록한 의궤. 1798년(정조 22), 8책, 활자본(정리자), 33.8×21.8cm.

하고 근대화된 나라를 만들려

했다. 정조의 화성 행차는 이러한 꿈

을 펼치는 결정판이었다. 정조는 사도세자의

추존 의식을 통하여 '죄인의 아들'이라는 굴레에서 벗어나 강한 왕권을

확보하려 했다. 그리고 강력한 왕권을 바탕으로 개혁정치를 실천하고자

했다.

사도세자를 모신 화성의 현륭원顯隆園을 자주 방문한 것은 아버지에

대한 효심 때문만은 아니었다. 무덤 방문을 계기로 화성華城을 새로운

신도시로 건설하고자 하는 야망이 숨어 있었다. 정조의 능행길은 현륭

원 참배로 끝나는 것이 아니었다. 화성을 오가는 길에 백성들의 민원을

살피고 이를 해결하는 기회로 활용했으며, 지방의 숨은 인재를 발탁하

여 관리로 등용하기도 했다. 또한 경기도 일대를 직접 방문하여 수도권

의 방위 체제를 점검하고, 수시로 군사들을 동원하여 훈련을 시켰다.

1795년의 화성 행차는 정조가 그동안 이룩했던 자신의 위업을 과시하

고 신하와 백성들의 충성을 결집시켜 자신이 추진하는 개혁에 박차를

가하기 위한 최대의 정치적 이벤트였다. 정조는 조선왕조를 통틀어 가

장 성대하고 장엄한 행사를 지휘하였고, 그 행사의 전말은 《원행을묘정

리의궤園幸乙卯整理儀軌》라는 책으로 정리되었다. 현륭원에 행차했다 하

여 '원행', 1795년이 을묘년이어서 '을묘', 정리자整理字라는 활자로 인

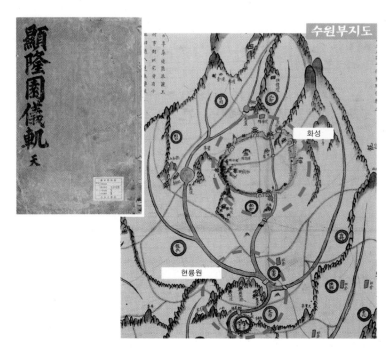

수원부지도

화성

현룡원

현릉원의궤 및 수원부지도 | 《현릉원천원도감의궤》 : 1789년(정조 13) 양주 배봉산(지금의 서울시 동대문구 휘경동)에 있던 사도세자의 무덤인 영우원永祐園을 화성 화산(경기도 화성군 태안면)으로 옮길 때의 배경과 절차 등을 기록한 의궤. 3책, 필사본. 〈수원부지도〉 : 1872년(고종 9)에 제작된 수원부의 지도. 116.9×97.4㎝.

쇄하여 '정리'라는 명칭이 책의 제목으로 붙여졌다.

화성 행차, 그 8일간의 기록

1795년 윤2월 9일, 창덕궁을 출발한 정조의 행렬은 7박 8일간의 공식 일정에 들어갔다. 화성 행차를 준비하기 시작한 것은 1794년 12월부터다. 제일 먼저 행사를 주관할 정리소整理所를 설치하고, 행사 경비로 10

만 냥을 마련했는데 모두 정부의 환곡을 이용한 이자 수입이었다. 환갑을 맞은 혜경궁 홍씨가 장거리 여행을 할 수 있도록 특별히 설계된 가마 2개가 제작되었고, 1,800여 명의 행렬이 이동할 수 있는 시흥로(오늘날의 1번 국도)가 새로 건설되고, 안전하면서도 적은 비용으로 한강을 건널 수 있도록 배다리가 고안되었다. 배다리 건설에는 정조의 대표적인 브레인이라 할 정약용의 역할이 컸다.

행렬의 모습을 담은 반차도에 나타난 인원은 1,779명이지만 현지에 미리 가 있거나 도로변에 대기하는 자들을 포함하면 6천여 명에 달했다. 새벽에 창덕궁을 출발한 일행은 노량진에서 배다리를 건너 노량 행궁(용양봉저정)에서 점심을 먹었고, 저녁에 시흥 행궁에 도착하여 하룻밤을 묵었다. 둘째 날에는 시흥을 출발하여 청천평(맑은내들)에서 휴식을 했고, 사근참 행궁에서 점심을 먹었다. 점심 무렵에 비가 내리기 시작하자 정조는 길을 재촉했고, 이날 저녁 화성 행궁에 도착했다. 행렬이 화성의 장안문으로 들어갈 때 정조는 갑옷으로 갈아입고 군문에 들어가는 절차를 취했다.

셋째 날에는 아침에 화성 향교의 대성전에 가서 참배를 하고, 오전에는 낙남헌으로 돌아와 수원과 인근의 거주자를 대상으로 문·무과 별시를 거행하여 문과 5인, 무과 56인을 선발했다. 오후에는 봉수당에서 회갑 잔치 예행 연습을 했다. 넷째 날 아침에는 현륭원에 참배를 했다. 이때 정조는 남편의 무덤을 처음 방문한 혜경궁 홍씨가 크게 슬퍼하는 것을 보고 당황해했다고 한다. 오후에 정조는 서장대에 올라 주간 및 야간 군사훈련을 직접 주관했다. 화성에 주둔한 5천 명의 친위부대가 동원된 이 날의 훈련은 정조에게 불만을 품고 있는 노론 벽파 세력을 겨냥한 측

원행을묘정리의궤 중 〈봉수당진찬도〉 | 정조는 아버지 사도세자와 어머니 혜경궁의 회갑년이자 자신이 즉위한 지 20주년이 되는 1795년 초에 어머니와 함께 사도세자의 묘를 참배하고 혜경궁의 회갑을 축하하는 잔치를 베풀었다.

면도 있었다.

다섯째 날에는 행차의 하이라이트인 어머니 혜경궁 홍씨의 회갑연이 거행되었다. 봉수당에서 열린 잔치에는 궁중 무용인 선유악이 공연되었다. 의궤에는 의식 진행 절차, 잔치에 참가한 여자 손님 13명과 남자 손님 69명의 명단, 잔치에 쓰일 춤과 음악, 손님에게 제공되는 상의 숫자와 음식이 준비된 상황이 낱낱이 기록되어 있다.

여섯째 날에는 화성의 백성들에게 쌀을 나눠주고, 오전에 낙남헌에서 양로연을 베풀었다. 백성들을 최대한 배려하려는 정조의 의지를 나타낸 것이다. 양로연에는 화성의 노인 384명이 참가했는데, 정조와 노인들의 밥상에 오른 음식이 다르지 않았다. 왕의 밥상을 노인들도 받은 것이다.

공식 행사가 끝난 다음 정조는 화성 주변을 둘러보았다. 한낮에는 화성에서 가장 경치가 뛰어난 방화수류정을 시찰하고, 오후에는 득중정에서 활쏘기 시범을 보였다. 다음 날은 서울로 출발하는 날이었다. 정조는 오던 길을 돌아서 시흥에 도착하여 하룻밤을 잤고, 마지막 날에는 노량을 거쳐 서울로 돌아왔다. 돌아오는 길에 아버지 묘소가 마지막으로 보이는 고갯길에서 걸음을 멈추며 이별을 아쉬워했다. 현재 지지대遲遲臺(걸음이 더뎌지고 머뭇거린다는 뜻)라고 불리는 이 고개의 이름은 정조의 화성 행차에서 유래했다고 한다.

화성 행차에 담긴 의미들

정조의 화성 행차에는 여러 가지 뜻이 담겨 있었다. 먼저 동갑인 어머니와 아버지의 회갑이라는 뜻 깊은 해를 맞아 정조는 어머니에 대한 지

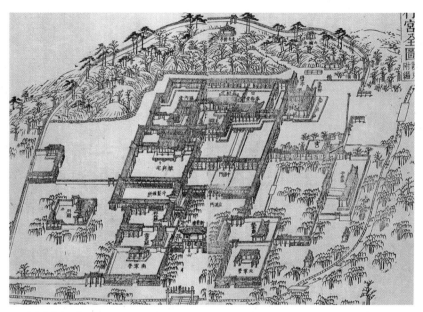

화성행궁전도 | 《화성성역의궤》에 그려진 행궁의 모습이다. 정문인 신풍루를 비롯하여 봉수당, 유여택, 낙남헌 등의 모습이 보인다. 〈행궁전도〉는 최근에 이루어진 화성 행궁 복원에 큰 도움이 되었다.

극한 효성을 표시했다. 어머니와 함께 아버지 사도세자가 묻혀 있는 현륭원을 참배하고, 화성의 행궁에서 어머니의 회갑연을 성대하게 치렀다. 행차의 과정이라든가 동원된 병력, 회갑 잔치에 올린 상차림, 참석자, 공연된 무용과 준비된 꽃 등을 의궤에 자세하게 기록하게 했다.

정조의 화성 행차는 어머니와 아버지에 대한 효심에 그친 것이 아니었다. 정조는 이 행차를 통해 왕권을 대내외에 과시하고, 자신의 친위군대를 중심으로 군사훈련을 실시했으며, 과거시험을 실시하여 인재를 뽑고, 가난한 백성들에게 쌀을 나누어주었다. 또한 직접 활쏘기 시범을 보이는가 하면 어머니와 같은 노인들을 위해서 성대한 양로연 잔치를 베풀었다. 행차에는 화성을 정치, 군사, 경제의 중심 도시로 키워나가려는 정조의 꿈과 야망이 담겨 있었다. 행차 도중에는 격쟁(꽹과리를 두드리며 억울함을 호소함)과 상언上言(임금에게 올리는 말)을 통해 백성들의 생생한 목소리를 적극적으로 수용했다.

정조는 세손 시절 항상 불안감을 느끼며 갑옷 차림으로 잠자리에 들 정도로 사도세자의 죽음에 깊이 관여한 노론 벽파들에게 심한 압박을 받았다. 정조가 학문, 정치를 함께 할 인재 양성을 목적으로 규장각을 건립한 것이나 친위부대인 장용영을 세운 것도 독자적인 정치 기반을 갖추기 위한 노력의 일환이었다. 그리고 마침내 화성 건설과 화성 행차를 통해 자신의 정치적 목표를 이루고자 한 것이다.

정조는 1795년에 기획된 장엄한 화성 행차를 통해 자신을 짓눌러오던 '죄인의 아들'이라는 굴레를 훌쩍 벗어버리고 자신이 구상한 개혁정치를 실천하고자 했다. 행차의 전말을 기록한 《원행을묘정리의궤》에는 이러한 정조의 꿈과 의지가 담겨 있었다.

화성행차의 생생한 모습, 화성원행반차도

《원행을묘정리의궤》의 앞
부분 63면에 걸쳐 그려진
화성행차반차도는 흑백의
그림이다. 《원행을묘정리의궤》
는 대량 인쇄를 위한 활자본이
며, 반차도 부분은 목판으로 간
행했기 때문이다. 그런데 규장
각에 소장된 〈화성원행반차도
華城園幸班次圖〉는 당시의 행렬
모습을 화려한 색채로 더욱 생
생하고 입체적으로 보여준다.

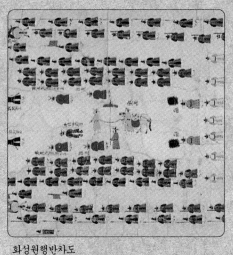

화성원행반차도

　〈화성원행반차도〉라 이름 붙
은 두루마리 형태의 반차도는 측면도인 《원행을묘정리의궤》의 반차도와는 달
리, 항공 촬영을 하듯 위에서 내려다본 듯한 후면도의 모습으로 그려져 있다.
　총 길이 15미터가 넘는 그림으로 당시 행사의 성대함을 그대로 보여주는데
행렬의 중심부에는 혜경궁과 정조의 가마가 보이고, 주변에는 각종 의장 깃발
을 비롯하여 갑옷을 입은 호위병력, 음식을 실은 수라가자水剌駕子, 행렬 앞에
서 군기를 잡는 군뇌軍牢(지금의 헌병), 분위기를 돋우는 악대들이 친근감 넘치
게 묘사되어 있다. 정조의 모습은 직접 표현되지 않고 그가 탄 좌마座馬만 표
시되어 있다. 혜경궁의 가마를 사람이 들지 않고 말이 끌고 가는 모습도 흥미
롭다. 이 〈화성원행반차도〉가 있었기에 정조의 화성 행차는 200여 년이 지난
오늘날 되살아날 수 있었다.

지봉유설

--------- 전통과 세계를 함께 껴안은 문화 백과사전

디드로, 달랑베르. 한 번쯤은 들어보았을 이름들이다. '백과전서를 편찬하여 계몽사상을 집대성하고 그 보급에 공헌한' 18세기 프랑스 학자들이다. 학창시절, 서양에는 중세에서 근대로 변화하는 데 공헌한 학자가 많은데 우리나라엔 왜 그런 인물이 없을까 안타까워했던 기억이 있다. 그러나 프랑스의 백과전서파보다도 150년이나 앞선 17세기에 지봉 이수광은 근대적 지성의 출현을 알리는 문화 백과사전 《지봉유설》을 저술했다. 17세기 조선은 큰 변화의 시기였다. 안으로는 성리학 중심의 폐쇄적인 국가로 치닫고 있었고, 밖으로는 국제 세력의 판도가 재편되고 있었다. 이러한 시대에 태어난 이수광은 다양한 분야의 학문을 연구하고 국가 중흥을 위한 사회, 경제정책을 수립하는 데 일생을 바쳤다. 그는 무엇보다도 실천, 실용의 학문에 힘썼다. 무실을 강조하면서 실생활에 유용한 학문을 섭렵하고 정리했다. 선현들의 사적을 모으는 한편 이를 현재에 어떻게 적용할 것인지 고민했다. '지봉' 이라는 호를 딴 《지봉유설》은 이러한 고민의 결과물이다.

국제적 감각을 갖춘 인물

이수광의 본관은 전주다. 왕족의 후손이라는 이유로 4대 동안 관직 진출이 막혔다가 그의 아버지 이희검에 이르러서야 관직에 나갈 수 있었다. 이희검은 명종 때에 문과에 급제하여 선조 때에는 판서를 지냈고 청백리에도 뽑혔다. 이수광은 어린 시절을 흥인지문 밖에서 보냈다. 그의 호 '지봉' 은 집 부근에 있는 상산商山의 한 봉우리에서 따온 것으로, 그가 이곳에 깊은 애착을 갖고 있었음을 말해준다. 젊은 시절에는 창덕

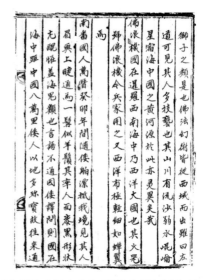

지봉유설 │ 조선 중기의 학자 이수광이 1614년(광해군 6)에 편찬한 백과사전. 제2권 〈제국부〉의 '외국조'에서 이탈리아 선교사 마테오 리치의 〈구라파국지도歐羅巴國地圖〉를 처음 소개함으로써 서양 문물이 조선에 전해지는 데 선구자 역할을 했다. 10책, 필사본, 목판본.

궁 서쪽 계곡인 침류대枕流臺 일대에서 유희경, 차천로, 신흠, 유몽인 등 당대의 명사들과 교유했다. 이수광은 '비록 몸은 서울에 있지만 마음은 산림에 있다' 라는 뜻으로 '성시산림成市山林' 을 자처했으며, '음악과 여색, 이욕利慾에 대해서 담담한 생활' 을 하는 전형적인 선비 학자의 풍모를 보였다.

이수광의 학문 형성에 주요한 계기가 된 것은 중국 사행에서 겪은 경험이었다. 이수광은 외교력과 문장력을 인정받아 28세 때 성절사의 서장관으로, 35세 때 진위사로, 49세 때인 1611년(광해군 3)에는 왕세자의 관복을 청하는 주청사로 각각 중국을 다녀왔다. 세 차례의 사행을 통해 당시 선진국이었던 중국에서 다양한 문화를 보고 배우는 한편 1611년의 사행 때는 안남(베트남), 유구(오키나와), 섬라(타이) 사신들과 교유하면서 국제적 안목을 키울 수 있었다. 광해군 때 잠시 관직에서 물러난 이수광은 1623년 인조반정 후 다시 복귀하여 도승지, 대사간, 대사헌, 이조참판, 이조판서 등의 요직을 두루 거쳤으며 1628년 이조판서 재직 중 사망했다. 묘소는 경기도 양주 장흥리에 있다.

개방적이고 유연한 사상

이수광의 학문은 한마디로 '실'을 강조하는 '실학'이다. 그는 비록 성리학자의 입지를 지켰지만 성리학에서 실용적, 실천적 요소를 찾는 데 중점을 두었으며, 성리학 이외의 학문이라도 국부 증진이나 민생 안정에 유용한 것이라면 폭넓게 수용하는 개방성을 보였다. 이수광은 실용, 실천의 측면에 중점을 두었기 때문에 성리학이 이론 탐구만을 고집하거나 출세의 도구로 이용되는 데 비판적 입장을 취했다.

그는 학문하는 사람은 실천에 힘을 기울여야지 구담口談에 치중하지 말라고 강조했다. 나아가 비록 이단사상이라 할지라도 선입견 없이 그것이 갖는 유용성에 가치를 두었다. 이수광은 성리학자였지만, 성리학을 보완할 수 있는 사상의 수용에도 적극성을 보인 대표적인 인물이다. 그가 양명학, 도가, 불교 등에 개방적 입장을 취한 것도 이들 사상이 지니는 긍정적 기능에 주목했기 때문이다.

또한 《지봉유설芝峰類說》 문장부에서는 사대부뿐만 아니라 방외인, 승려, 천인, 규수, 기첩 등 신분이 낮은 사람들의 시까지 소개한 것에서 이수광의 신분에 대한 개방성을 접할 수 있다.

중국 사행을 다녀온 후 이수광은 외국 문물을 한층 더 객관적으로 이

비우당 | 조선시대 청백리로 유명했던 정승 유관의 집을 외손자인 이수광이 손질해 지은 비우당. 서울 종로구 동숭동의 낙산공원에 위치한 이곳 비우당에서 《지봉유설》을 집필하였다. 서울시가 최근 복원하였다.

해할 수 있었다. 이런 이해를 바탕으로 《지봉유설》에서 외국의 여러 나라를 소개했는데 이는 외국의 역사와 문화를 조선에 비추어 보고자 했기 때문일 것이다. 고립되고 폐쇄된 조선이 아니라 진취적이고 개방적인 조선을 상정하고 그 모델을 외국의 예에서 구해본 것이 아닐까 싶다.

주체성을 바탕으로 한 문화 백과사전

《지봉유설》은 우리나라 최초의 문화 백과사전으로 손꼽을 만한 책이다. 이수광의 나이 52세 때인 1614년(광해군 6)에 탈고한 것으로 되어 있다. 앞부분에는 편찬 원칙을 밝힌 3칙의 〈범례〉가 실려 있는데, 범례에 따르면 다루고 있는 항목은 3,435조에 달하며, 가능한 한 전거를 밝혔으며 인용 서적은 348가家로 유교 경전에서 최신 자료까지 활용했다. 치밀하고 광범위하게 조사하고 수집한 흔적이 역력하다.

목차를 통해 《지봉유설》의 주요 내용을 알아보자. 권1 천문과 재이, 권2 지리와 제국諸國, 권3 군도君道와 병정兵政, 권4 관직, 권5 유도儒道와 경서, 권6 경서, 권7 경서와 문자, 권8~14 문장, 권15 인물과 성행性行, 권16 언어, 권17 인사, 권18 기예와 외도, 권19 궁실과 식물, 권20 훼목와 금충禽蟲 등이다. 인문 교양과 자연에 관한 것이 거의 망라되어 있다. 그야말로 문화 백과사전인 셈이다. 중국과 우리의 역대 사례를 중심으로 설명하는 방식을 취하고 있으며 자료를 최대한 활용, 고증하고 있다.

이수광은 서문에서 "우리 동방의 나라는 예의로써 중국에 알려지고 박아한 선비가 뒤를 이어 나타났으되 전기가 없음이 많고 문헌이 찾을 만한 것이 적으니 어찌 섭섭한 일이 아니랴. 내가 보잘것없는 지식을 가지고 한두 가지씩을 적어두었다"고 하여 우리 문화를 자랑스럽게 여기고 행적이 뛰어난 역사적 인물을 소개하는 데 《지봉유설》의 편찬 동기가 있음을 밝히고 있다.

서문의 정신은 본문 곳곳에서 나타난다. 권2의 제국부 〈본국〉에는 각종 자료를 이용하여 우리나라가 군자국이라는 것, 전통적으로 동방은 착한 품성을 지닌 곳임을 강조하고, "중국인들은 고려국에 태어나서 금강산 보기를 원한다"는 내용을 소개하여 우리 산천의 아름다움에 자부심을 보였다. 언어부에서는 "우리나라 사람의 일로서 중국 사람들이 미치지 못하는 것으로 부녀자의 수절, 천인의 장례와 제사, 맹인의 점치는 재주, 무사의 활 쏘는 재주"를 들었다. 그 밖에 우리나라에는 나고 중국에는 없는 것으로 경면지, 황모필, 화문석을 소개하는 등 우리의 좋은 전통이나 물산에 대해 깊은 관심과 애정을 보여주고 있다.

이수광이 바라본 세계

성리학을 탄력적으로 수용하고 이단에 개방적인 이수광의 사상은 미지의 세계인 외국에 대한 인식에도 그대로 적용되었다. 《지봉유설》권2의 〈외국〉조에는 안남에서 시작하여 유구·섬라·일본·대마도·진랍국眞臘國(캄보디아)·방갈자榜葛剌(방글라데시) 등 동남아 국가들의 역사, 문화, 종교에 대한 정보와 함께 회회국回回國(아라비아) 및 불랑기국(포르투갈)·남번국南番國(네덜란드)·영결리국永結利國(영국) 등 유럽에 대한 정보까지 소개되어 있다. 이들 국가의 자연환경, 경제 상황, 역사, 문화, 종교 등을 가능한 한 객관적이고 실용적 측면에서 서술하고 있다는 점이 특징이다. 예를 들어 불랑기국에 대해서는 "섬라의 서남쪽 바다 가운데에 있으니, 서양의 큰 나라다. 그 나라의 화기를 불랑기라고 부르니, 지금 병가에서 쓰고 있다. 또 서양포라는 베는 지극히 가볍고 가늘기가 매미 날개와 같다"고 기록하고 있다. 특히 포르투갈이나 영국 항목에서는 이들 국가가 보유한 군함이나 화포들을 수록하여 국방에 깊은 관심을 나타냈다. 이탈리아 항목에서는 마테오 리치가 중국에 《천주실의》를 소개했다는 내용도 있다. 세계를 넓은 시각으로 바라본 이수광은 분명 시대를 앞서간 선각자였다.

《지봉유설》은 당대의 모든 지식과 정보를 종합한 문화 백과사전이었다. 무엇보다 돋보이는 것은 우리 민족문화에 대한 자부심을 바탕으로 세계문화 수용에 진취적 입장을 취했다는 점이다. 《지봉유설》은 우리나라 백과사전의 효시가 된 저술로서, 이 후 김육, 유형원, 이익, 안정복, 이규경, 최한기 등이 《유원총보》, 《반계수록》, 《성호사설》, 《잡동산이》,

이수광 글씨 | 고려 말에서 한 말까지 여러 명사의 시와 서간을 모아 엮은 서첩 《근묵》에서.

《오주연문장전 산고》, 《명남루 총서》 등의 백 과사전을 잇달 아 출간했다. 이

들 백과사전적인 저술에서 무엇보다 돋보이는 것은 전거典據를 철저히 밝힌 부분이다. 후대의 백과사전은 전대 백과사전의 정보를 바탕으로 필요한 부분을 보충하고 자신의 견해를 밝혀나가는 과정을 거쳐 더 발 전하는 모습을 보였다. 백과사전은 조선시대 지식인의 지적 능력과 지 식 정보를 압축적으로 보여주는 한편 학술정보의 발전 양상을 반영한 다고 할 수 있다.

오늘날 전통문화에 대한 폭넓은 관심과 애정을 바탕으로 세계를 껴안 은 이수광 같은 학자가 그리운 것은 무분별하게 세계화만 외치는 현실 이 안타깝기 때문이다.

베트남에까지 알려진 이수광의 이름

1597년 진위사로 명나라 북경에 간 이수광은 안남(지금의 베트남)에서 온 풍극관과 운명적인 만남을 가졌다. 두 사람은 숙소인 옥화관에서 50일이나 함께 머물렀다. 한자로 필담을 주고받으며, 두 나라의 역사와 문화 풍속을 이야기하고, 시를 주고받았다. 고국에 돌아간 풍극관은 관리와 유생들에게 이수광의 시를 소개했다. 조선 학자의 지성에 깊이 감명받았기 때문이리라.

이 사실은 조완벽이라는 인물에 의해 세상에 알려졌다. 조완벽은 정유재란 때 포로로 일본에 잡혀갔다가, 일본 상인에 팔려 안남을 세 번이나 다녀온 사람이다. 안남에서 조완벽은 극진한 대접을 받았다. 이수광과 같은 조선 사람이었기 때문이다. 당시 안남에서는 조완벽을 초대하여 이수광의 시를 보여주고 이수광에 대해 질문했다고 한다. 조선에 돌아온 조완벽은 이 사실을 알렸고, 나중에는 이수광에게까지 그 소문이 전해졌다. 이수광은 〈조완벽전〉을 저술하여 자신과 풍극관의 인연을 밝혔다.

이수광은 1611년 사신으로 갔을 때도 유구와 섬라의 사신과, 이들 나라의 역사와 풍속에 관심을 기울였다. 당시 명나라에서는 마테오 리치 등 예수회 선교사들이 천주교와 서양문화를 적극적으로 알리고 있었다. 사신으로 갔던 경험을 외국 문화를 이해하는 기회로 최대한 활용한 이수광의 적극성. 그것은 결국 풍부한 정보를 담은《지봉유설》의 편찬으로 이어졌다.

유원총보

중국 백과사전의 핵심을 뽑은 거질 백과사전

조선시대 최고의 관료학자로 누구를 꼽을 수 있을까? 필자는 김육이 꼽힐 거라고 확신한다. 그는 혁신적인 조세법인 대동법을 전국적으로 실시하는 데 가장 큰 역할을 하였고, 화폐 유통과 같은 실물경제 감각을 지닌 빼어난 관료였다. 시헌력이나 수차를 보급하는 데 공헌한 이도 김육이었다.

김육은 주요 국가 정책을 수행한 관료였을 뿐만 아니라 뛰어난 학자이기도 했다. 신라시대부터 조선 중기까지의 훌륭한 신하들을 소개한 《해동명신록》을 비롯하여 청나라 기행문인 《조천일기》, 기근과 질병 등에 시달리는 백성들을 구제하기 위한 《구황촬요》, 《벽온방》 등 탁월한 학자적 능력을 보여주는 저술을 편찬했다.

김육의 여러 저술 중 관료이자 학자로서의 능력을 동시에 보여주는 책이 바로 《유원총보》다. 이 책은 제목이 말해주듯 백과사전 형식을 갖추고 있다. 46권 30책으로 구성된 《유원총보》를 통해 17세기 조선을 대표하는 지성의 세계로 들어가 보자.

《유원총보》의 편찬 동기

《유원총보類苑叢寶》는 김육이 1643년(인조 20)에 쓴 백과사전 형식의 책이다. 책의 앞부분에는 이식이 쓴 서문과 김육 자신이 쓴 서문이 있다. 김육의 서문에 따르면, 우리 동방에는 중국 못지않은 문헌이 있었으나 불행하게도 수십 년 이래 병화가 계속 일어나 전적이 소실되고 또 사적 고증에 필수적인 《사문유취事文類聚》를 가진 학자가 적으므로 《사문유취》 체제를 따르는 백과사전을 쓰게 되었다고 했다. 《사문유취》는 중

김육 초상

국 고금의 인사에 관한 모든 사항을 수집해 유형별로 정리한 유서類書(지금의 백과사전)로, 송나라의 축목과 원나라의 부대용, 축연 등이 편찬한 것이다. 《유원총보》의 범례를 보면 전적으로 《사문유취》 체제를 모방했다고 밝히고 있다. 그리하여 큰 제목을 먼저 정하고 그 다음 각종 책에서 중요한 내용을 인용하고, 고금의 사실을 고증해나가는 방식을 취했다.

이어서 김육은 《예문유취藝文類聚(당나라 때 구양순 등이 왕명을 받고 편찬한 유서 형식의 책)》, 《당류함唐類函》, 《천중기天中記》, 《산당사고山堂肆考(명나라의 학자 팽대익이 온갖 유서를 모아 엮은 책)》, 《운부군옥韻府群玉》 등의 책을 참고하였으며, 표제에 따라 증감하고 윤색하여 거질의 《유원총보》를 만들었다고 말하고 있다. 정리하면, 《유원총보》는 그때까지 편찬된 중국의 대표적인 백과사전들을 참고하여 편찬한 것으로, 조선에도 중국처럼 체계적인 백과사전이 있다는 것을 보여주려는 김육의 의지가 엿보이는 책이다.

김육은 중국을 여러 차례 방문했고, 거기에서 목격한 각종 문물을 수입하기 위해 적극 노력했는데, 이 책의 편찬 또한 그 같은 노력의 일환이라 할 수 있다. 책의 간행에는 호남관찰사 남선의 도움이 컸다고 서문에 밝히고 있으며, 남한산성의 승려들이 책의 간행에 참여했다고 말미에 기록하고 있다.

하늘부터 초목, 어충까지 망라한 책

《유원총보》는 전형적인 백과사전 체제를 따르고 있다. 이는 서문에서 밝혔듯이 중국의 대표적인 백과사전 《사문유취》를 모범으로 삼았기 때문이다.

구체적인 내용을 보자. 권1~3은 천도문天道門으로 천天, 천하天河, 일日, 월月, 상서祥瑞, 재이, 수이獸異, 수재, 한재 등의 항목이 실려 있다. 월과 설雪의 첫 부분에 '월궐月闕', '설수雪綏' 등 석명釋名(불교의 명칭)을 붙인 것이 흥미롭다. 권4는 천시문天時門으로 계절별, 월별 풍속을 기록하고 있다. 예를 들어 4월의 욕불浴佛 항목에는 "4월 8일은 불생일佛生日이다. 경사京師가 십대 선원禪院에서 각기 욕불재회浴佛齋會를 한다"고 기록하고 있다. 4월 초파일 의식이 오래전부터 시행되었음을 알려주는 대목이다.

권5~7은 지도문地道門으로 지地, 지진, 호湖, 진도津渡, 교량, 국도國都, 관시關市, 성곽, 궁전 등의 항목으로 구성되어 있다. 이들 항목에는 모두 중국의 사례만 언급되어 있다. 예를 들어 지진 항목을 보면 역대 중국에서 일어난 큰 지진만 실려 있다. 《삼국사기》나 《조선왕조실록》이 조선에서 발생한 지진을 자세하게 기록한 것과 비교하면 아쉬운 대목

이다.

　권8~10은 제왕문, 권

11~18은 관직문이다. 관

직문 역시 중국 관제의 연혁으로, 우리나라에 도입된 관제의 연원을 이

해하는 데 도움이 된다. 권19~24는 이부, 호부, 예부, 병부, 형부에 관

한 내용이며, 권25~27은 인류문, 권28은 인도문人道門으로 구성되었

다.

　권29~32는 인사문으로 협객, 용사, 은일, 신선, 도사, 석교釋敎 등 각

계각층의 인물들을 수록했다. 특히 상고商賈, 공장, 의, 무, 화畵, 사射

등 다양한 항목을 설정하고 있는 것이 주목된다. 물론 중국 측 기록을

전거로 삼기는 했지만, 조선 학자들의 관심이 폭넓고 다양했음을 짐작

할 수 있다.

　권33~34는 문학문, 필묵문, 새인문璽印門, 권35는 진보문珍寶門, 포

백문布帛門, 권36은 기용문器用門, 권37은 음식문, 권38은 관복문, 미곡

문, 권39~40은 초목문, 권41~44는 조수문鳥獸門, 권45~46은 충어문

蟲魚門으로 구성되어, 최대한 폭넓은 내용을 다루려고 노력한 흔적이

역력하다.

중국 측 자료에 의존한 점은 아쉬워

《유원총보》는 거질의 백과사전 형식을 취했으나 조선 측 자료는 거의 참고하지 않고 중국 역대 백과사전의 주요 내용을 소개하고 있다. 《유원총보》 전에 간행된 이수광의 《지봉유설》도 중국 측 기록을 많이 참조했으나 조선의 자부심을 보여주는 내용을 다수 포함하고 있다. 반면 《유원총보》는 《지봉유설》도 거의 참고하지 않았다. 국내 저술의 활용이란 면에서 《지봉유설》보다 퇴보한 셈이다. 이는 김육이 조선 발전의 모델을 중국으로 삼고 중국의 선진 문화 수용에 적극적이었기 때문으로 여겨진다. 《유원총보》는 17세기 중반까지 중국에서 집대성된 지식정보의 총량을 체계적으로 분류하여 조선에 전한 백과사전이라는 점에서 큰 의미가 있으나, 자주적 백과사전에 대한 기대를 만족시키지는 못했다. 다행히 《유원총보》의 이 같은 한계는 이익의 《성호사설》에서 발전적으로 극복해가고 있다.

어쨌든 《유원총보》는 17세기 박학과 학문의 체계화를 추구하던 조선 지성의 분위기를 대변한다. 특히 조선 최고의 전문 관료학자 김육의 지적 세계가 얼마나 깊고 넓었는지 여실히 보여주는 작품이라는 데 이의가 없다.

《유원총보》의 바탕이 된 깊고 폭넓은 지적 소양, 선진 학문의 과감한 수용을 토대로 김육은 민생 문제 해결에 직접 뛰어들었다. 그의 지식은 행동으로 옮겨져 대동법의 전국적 시행, 화폐 유통, 활자 제작, 시헌력 도입, 수차 보급 등 굵직굵직한 성과들을 이루어냈다. 《유원총보》는 김육이 왜 조선 최고의 관료학자로 평가받는지 확실히 증명해주는 책이다.

조선의 명문가 청풍 김씨

김육의 본관은 청풍淸風이다. 김육의 선조로 청풍 김씨를 빛낸 대표적인 인물은 1519년의 기묘사화에 연루돼 처형된 김정이다. 김육은 기묘사화 때 희생된 인물의 행적을 정리한 《기묘제현전己卯諸賢傳》을 썼는데 그가 이 책을 쓴 이유는 조광조와 함께 화를 당한 '기묘팔현' 중의 한 명인 선조 김정에 대한 존숭 때문으로 생각된다.

기묘제현전 | 김육이 편찬한 기묘사화에 관한 책. 사림파가 주도하는 정치가 본격화된 시기에 기묘인, 즉 중종 때 사림파의 계보를 어떻게 파악했나를 이해하는 데 도움을 주는 책이다.

김육은 인조 대부터 본격적으로 관직에 등용되어 효종 대에는 영의정에 올라 청풍 김씨 집안을 가장 빛낸 인물이 되었다. 청풍 김씨의 영광은 그의 사후에도 이어졌다. 김육에게는 좌명과 우명 두 아들이 있었다. 김우명의 딸은 현종의 왕비 명성왕후가 되었고, 숙종을 낳았다. 명성왕후는 조선 500년을 통틀어 왕세자빈, 왕비, 왕대비의 전형적인 코스를 밟은 거의 유일한 왕비다.

한편 김좌명의 아들 김석주는 숙종 때 대표적인 외척으로 활약했다. 서인의 대표 주자로서 1680년 경신환국 때 남인을 축출하고 서인이 집권하는 데 결정적 역할을 하였다. 김석주는 남인 탄압에 앞장서 정치적으로는 좋은 평을 받지 못했지만, 화폐 주조와 유통을 주장하는 등 실물경제에 밝았다.

청풍 김씨는 영조 때인 1762년 김시묵의 딸이 당시 세손이었던 정조와 혼인하여 세손빈(나중의 효의왕후)이 됨으로써 다시 한 번 명문가의 입지를 다지게 된다. 정조와 효의왕후의 혼례식에서는 청풍 김씨 출신인 명성왕후와의 인연이 강조되었다. 《영조실록》에 따르면 영조 25년 4월 13일 영조는 당시 승정원 주서였던 김시묵에게 김육의 화상과 회갑 모임첩을 갖고 오라고 명했다. 영조는 친히 열람을 마치고 회갑첩에 기록된 칠언시에 차운次韻하여 시를 지었다. 영조가 김육을 대단히 존숭했음을 보여주는 대목이다.

인조반정을 성공시킨 서인은 '물실국혼勿失國婚(국혼을 놓치지 않음) 숭용산림崇用山林(산림을 숭상하여 등용함)'을 최우선의 이념으로 내세웠다. 자신들의 권력 기반을 국혼과 산림에서 찾고자 한 것이다. 그런 가운데 청풍 김씨 가문은 왕비를 2명(명성왕후, 효의왕후)이나 배출하면서 조선 후기 최고의 명문가로 성장하였다. 그리고 그 성장 배경에는 김육이라는 큰 산이 있었다. 김육이 겸비한 탁월한 학자적 능력과 관료적 능력이 오래도록 그의 가문을 기억하게 한 것이다.

축적된 학문 역량으로 체계화한 '개혁교과서'
반계수록

최근 우리 사회에서는 정부나 기업을 막론하고 '혁신'이라는 말을 심심찮게 쓴다. '개혁'보다는 뭔가 강해야 하고, 그렇다고 '혁명'은 국가 전체를 뒤흔든다는 느낌이 있어서 그런지 '혁신'이란 말을 즐겨 쓰고 있다. 임진왜란과 병자호란이 남긴 상처를 극복하고 사회구조의 재편이 요구되었던 17세기 중·후반 조선 사회에 새로운 사상인 '실학'이 등장했는데, 그 실학에서 가장 크게 강조된 개념이 '개혁'이었다. 유형원은 개혁의 방향을 구체적으로 제시하는 한편 시대가 요구하는 대안들을 정리했다. 《반계수록》은 유형원의 학문과 사상이 결집된 책이자, 조선 후기 실학의 선구적 저술이다.

붓 가는 대로 쓴 《반계수록》

조선시대 사상사에서 17세기 중·후반은 주자성리학이 대세를 이루면서도, 이에 대한 비판으로 새로운 학풍인 실학이 대두하는 시기였다. 이 시기 실학을 체계화한 학자가 바로 유형원이다. 유형원은 북인이었던 아버지 유흠이 광해군의 복위를 꾀했다는 혐의에 연루되어 사망하자, 관직의 뜻을 버리고 조상 대대로 물려받은 전북 부안의 우반동에 머물며 학문에 전념했다. 그의 호 '반계'는 '우반동의 계곡'이라는 뜻이

반계수록 | 유형원이 관직 생활을 단념하고 전북 부안군 보안면 우반동에 칩거하여 52세까지 20년간에 걸쳐 연구하고 집필한 책이다. 중국과 우리나라의 역사적 사례를 점검하고 개혁안을 제시하고 있다.

다. 안정복은 유형원의 연보에서 "선생은 당쟁이 횡행할 때 태어나 세상을 등지고 스스로 저술하기를 즐겼다"고 하여, 유형원이 실학자가 된 것은 당쟁과 연관이 깊다고 말하고 있다.

18세기의 실학자 이익은 특히 유형원을 존경하여 "국조 이래로 시무를 알았던 분을 손꼽아봐도 오직 이율곡과 유반계 두 분이 있을 뿐이다. 율곡의 주장은 태반이 시행할 만하고, 반계의 주장은 그 근원을 궁구하고 일체를 새롭게 하여 왕정의 시초를 삼으려 했다"고 하여 유형원을 탁월한 경세가로 평가했다. 그러나 무엇보다도 유형원하면 떠오르는 개혁가, 실학자로서의 이미지는 그의 저술《반계수록磻溪隨錄》이 담고 있는 탁월한 개혁안 때문이다. '수록'이란 '붓 가는 대로 따라서 쓴 기록'이란 뜻이지만, 유형원은 결코 한가하게 책을 써 내려가지 않았다. 시대의 고민을 담아 구체적 개혁 방안을 제시하면서 한 편 한 편 써 내려갔다. 사회와 경제 문제를 치열하게 고민하고 그 대책을 제시했다. 유형원

반계서당 | 유형원이 《반계수록》을 저술한 곳. 전북 부안에 있는데, 앞쪽으로는 곰소염전이 보인다.

은 서문에서 조선은 개혁하지 않을 수 없을 정도로 절박한 현실에 처해 있다고 강조하면서, 과거 위주의 공부보다는 실제 현실에 필요한 정책을 제시하는 것이 중요하다고 역설했다.

전국을 돌아다닌 유형원의 경력

유형원은 어렸을 때 아버지를 여의고 일정한 스승 없이 생활했으나, 고모부인 김세렴에게 학문적 영향을 많이 받았다. 유형원은 김세렴이 함경도 관찰사, 평안도 관찰사를 역임하던 시절 그곳에 찾아가 기거하기도 했는데, 이러한 경험 덕분에 북방에 대한 많은 지식을 얻을 수 있었다.

젊은 시절 유형원은 전국 각지를 두루 돌아다녔다. 1636년 병자호란 때는 원주로 피난을 갔으며, 1642년에는 경기도 지평에, 다음 해에는 여주에 거처를 잡았다. 함경도 관찰사로 부임한 고모부 김세렴을 찾아가 북방 지역의 실상을 경험한 것은 1643년 겨울이었다. 그 후에도 유형원은 금천, 안양, 영남, 호서, 금강산 등지를 두루 돌아다녔다.

유형원은 말년에 전북 부안의 우반동에 거주하면서 《반계수록》을 집필했다. 젊은 시절 여러 지역을 두루 돌아다니면서 현실을 목격한 경험은 그의 학문에 중요한 밑거름이 되었다. 유형원이 《동국여지지》라는 지리지를 편찬할 수 있었던 데는 여러 지역을 돌아다닌 경험이 크게 작용했다. 대표작인 《반계수록》에서 토지제도, 농업, 교육 문제 등에 대해 다양한 개혁 정책을 제시할 수 있었던 것도 전국을 돌아다니며 민생의 현실을 목격한 경험이 바탕이 되었을 것이다.

《반계수록》 속으로

《반계수록》의 내용을 살펴보자. 《반계수록》은 총 26권으로 구성되어 있다. 권1~2는 전제田制, 권3~4는 전제후록, 권5~6은 전제고설田制攷說, 권7~8은 전제후고설로, 저자가 토지제도에 깊은 관심을 갖고 있었음을 말해준다. 그는 국가에서 토지를 농민들에게 고르게 분배하고 환수할 수 있는 균전제均田制를 실시하여 자영농을 육성해야 한다고 주장했다. 권9~10은 교선지제敎選之制, 권11~12는 교선지설로 교육과 과거의 문제점과 대책을 담고 있다.

유형원은 과거가 출세의 도구가 되어 선비들이 오직 옛 문구 모으는 데만 치중하는 현실을 개탄하면서 그 대안으로 추천제인 천거제를 실시하자고 주장했다. 권13은 임관지제任官之制, 권14는 임관고설, 권15~16은 직관지제職官之制, 권17~18은 직관고설로, 관직의 정비에 관한 의견을 제시하고 있다.

유형원은 관료 임기제를 철저히 지켜 행정의 실효성을 꾀하고, 왕실을 위해 설치된 많은 관청을 대폭 축소하여 국가 재정을 안정시키자고

경직도 | 유형원은 "만일 토지제도를 바로잡지 않으면 백성의 생활은 안정되지 못할 것이다. 토지제도를 바로잡지 않는다면 국가의 모든 제도가 혼란에 빠지고 정치나 교육도 소홀해진다. 토지는 국가의 큰 근본으로 그것이 무너지면 모든 제도가 혼란해진다"라고 하였다.

주장했다. 현대 국가에서 추진하는 '작은 정부' 구상과 유사하다.

권19는 녹제祿制, 권20은 녹제고설로 관료의 봉급을 증액해 부정이 없도록 하며, 특히 봉급이 전혀 없는 하위직 서리에게도 일정한 봉급을 지불하여 백성들을 수탈하는 일이 없게 하자고 제안했다. 권21~24는 병제 등 국방과 군사제도에 관한 내용으로, 병농일치의 군사조직과 함께 성지城池 수축과 무기 개선, 정기적인 군사훈련 실시 등을 주장하고 있다.

속편에서는 노비제도의 문제점을 언급하고, 노비세습 제도의 폐지를 위해 전 단계로 종모법을 실시하여 노비 숫자를 줄일 것 등 현실적인 방안을 주장했으며, 보유편인 군현제에서는 여러 군현의 개편안을 제시했다.

《반계수록》은 토지와 교육, 과거, 군사제도의 문제점을 언급하고 이에 대한 체계적인 개혁 방향을 제시한 저술로서, 성리학의 의리론이나 명분론보다는 실제 현실에 적용되어야 할 학문과 정책의 중요성을 강조한 점에서 실학의 대표작으로 손꼽을 수 있다.

사후에 빛을 본 개혁 교과서

1670년경에 완성된 《반계수록》은 저자 유형원이 재야 학자였던 까닭에 처음에는 그 가치를 인정받지 못했다. 그러나 1678년(숙종 4) 유형원과 교분이 깊었던 배상유가 상소문을 올려 《반계수록》에서 제시한 정책을 시행할 것을 청하였고, 1741년(영조 17)에는 승지 양득중이 경연에서 《반계수록》을 강론하자고 요청하는 등 《반계수록》의 중요성이 꾸준히 제기되었다.

이러한 노력의 결과, 마침내 영조 때인 1760년 《반계수록》은 경제에 관련한 탁월한 저술로 인정받아 국가에서 3부를 인쇄 간행하게 되었다. 재야 학자의 저술이 사후 100여 년 만에 빛을 본 것이다.

정조 역시 《반계수록》에 주목했다. 정조는 화성을 건설하면서 성제城制에 관한 이론들을 검토하다가 수원에 성지를 건축해야 한다는 《반계수록》의 주장에 주목했다. "100년 전에 마치 오늘의 역사를 본 것처럼 논설하였다"면서 정조는 유형원을 높이 평가하고, 수원성 건축으로 그 이론을 실천에 옮겼다.

《반계수록》은 유형원이 살았던 시대를 뛰어넘어 영조와 정조 시대에 그 가치를 인정받고, 실제 국가 정책에 활용되었다. 또한 유형원의 사상은 이익, 정약용으로 이어지면서 남인 실학자의 개혁사상의 원류가 되었고, 《반계수록》은 '개혁 교과서'의 모범이 되었다.

팔방미인형 학자, 유형원

유형원하면 그의 대표
작《반계수록》때문에
사회개혁가의 이미지를
떠올린다. 그러나 유형원은
다양한 학문에 두루 능통
한, 그야말로 '팔방미인'이
었다.

유형원의 글씨

　이익이 쓴 유형원의 전기
에 따르면, 유형원은 문예,
사장詞章, 병법, 천문, 지리, 의약, 복서卜筮, 산학에 이르기까지 두루 능통했
다. 유형원이 역사책인《동국역사가고東國歷史可攷》, 어학책인《정음지남正音
指南》,《동국문초東國文鈔》, 지리지인《동국여지지東國輿地志》, 병법서인《기
효신서절요紀效新書節要》와《무경武經》, 도가서인《참동계초參同契抄》등 다양
한 저술을 할 수 있었던 것은 그의 박학 덕분이다.

　그러나 안타깝게도《반계수록》과《동국여지지》만 남아 있고, 나머지 책은
제목만 전하고 있어 그의 폭넓은 학문 세계는 잊혀졌다. 원래의 저작들이 모
두 남아 있다면 유형원은 17세기에 정약용 못지않은 같은 학문적 내공을 지녔
던 인물로 평가받았을지도 모른다.

　남인 실학자의 계보는 대체로 유형원에서 이익을 거쳐 안정복, 정약용으로
이어진다. 특히 이익이《성호사설》을, 안정복이《잡동산이》와 같은 백과사전
적 저술을 남긴 것은 다양한 학문에 능통했던 유형원의 영향력이라 할 수 있
을 것이다.

────────────────────── 실학파의 호수 성호 이익
성호사설

18세기를 대표하는 실학자 이익은 그의 호 '성호星湖' 처럼 별과 같이 쟁쟁한 실학자들을 모이게 한 호수 같은 학자였다. 경기도 안산의 첨성촌을 무대로 실학을 연구하고 후학들을 가르친 그의 학문은 조선 후기 실학이 만개하는 기반을 제공하였다. 이익이 활동한 18세기는 17세기부터 점차 제기된 실학 추구의 학풍이 보완, 발전되어가면서 하나의 학파로 성립하는 시기였다. 이익은 바로 그 실학파의 중심 인물로 자리 잡았고, 《성호사설》은 실학자로서 그의 이름을 널리 떨치게 했다.

실학파의 호수 이익

이익은 17세기부터 대두한 실학적 학풍을 보완, 발전시켜 실학이 학파로 자리 잡는 데 크게 기여한 인물이다. 그런데 이익이 실학의 기틀을 잡을 수 있었던 데는 당쟁이 한몫을 했다. 1680년(숙종 6)의 경신환국(남인의 영수였던 허적의 서자 허견의 역모사건이 발단이 되어 남인이 정계에서 물러나고 서인이 정권을 잡은 사건. 경신년에 정국이 바뀌었다 하여 경신환국이라 함)으로 서인에 의해 남인이 숙청되면서, 남인이었던 이익의 집안은 크게

이익 | 조선 후기의 새로운 사상적 흐름을 실학이라고 하는데, 이익은 실학사상 형성기의 대표적 학자로 평가받고 있다.

몰락하였다. 이익은 아버지 이하진이 경신환국으로 평안도 운산에 유배되었을 때 그곳에서 태어났다. 그러나 아버지가 유배지에서 사망한 뒤에는 선대가 살아온 경기도 안산의 첨성리로 돌아와 홀어머니 슬하에서 자랐다.

그의 호 성호는 이곳에 있던 호수에서 유래한 것이었는데, 결국 그는 '실학에서 별들의 호수' 같은 학자가 되었다. 수십 년 전까지 첨성촌에는 이익이 별을 관측했던 도당산, 수백 년 묵은 느티나무와 향나무를 거느린 성호장이 있었으나, 안산 신도시 건설 계획으로 1981년 택지가 조성되면서 첨성촌과 성호장은 사라졌다 한다.

이익에게 학문적으로 가장 큰 영향을 준 사람은 둘째 형 이잠이었다. 그러나 이잠 역시 1705년 장희빈을 두둔하는 상소를 올렸다가 역적으로 몰려 처형되었다. 아버지와 형의 죽음으로 이익의 집안은 그야말로 당쟁의 피해를 뼈저리게 겪은 셈이다. 이익이 《성호사설星湖僿說》의 〈붕당론〉에서 붕당의 문제점을 언급한 것도 이 같은 경험에서 나온 것일 것이다.

그런데 성호의 집안에는 대대로 내려오는 수천 권의 책이 있었다. 아버지 이하진이 1678년 사신으로 중국에 갔을 때 구해온 것이었다. 이익이 실학을 꽃피울 수 있었던 데는 정치적으로 세력을 잃고 농촌에 은거하면서 백성들의 실상을 목격할 수 있었다는 점과 선대부터 전해온 장서를 활용할 수 있었던 점이 큰 역할을 했다. 이익은 스스로 양봉과 양계에 종사하면서 무실의 중요성을 체험했다. 조카 이병휴에게 보낸 편지에서 "너는 이미 실학에 종사하였으므로 마땅히 실무에 뜻을 두고 헛된 일을 해서는 안 된다"고 충고하는가 하면, '국조 이래로 세상의 실무를 잘 아는 최고의 학자로 이율곡(이이)과 유반계(유형원)'를 꼽으며 실사를 중시하는 인물을 높이 평가했다. 이익은 특히 유형원에게 큰 영향을 받아 〈반계선생문집서〉, 〈반계수록서〉, 〈반계유선생전〉을 저술했다.

정조 때의 학자 채제공은 "내가 일찍이 경기 감사로 있을 때 첨성리 선생 댁을 찾아뵈었다. 처마가 낮은 왜소한 집에 정좌해 계신 선생은 안광이 형형하여 사람을 꿰뚫는 것 같았다. …… 경전을 이야기하는데 고금을 꿰뚫고 그전에 듣지 못하던 바를 들을 수 있었다"면서 이익의 총민하고 꼿꼿한 모습과 고금의 학문에 두루 해박하였음을 전했다.

악어부터 담배까지 기록한 《성호사설》

《성호사설》은 이익이 40세 전후부터 책을 읽다가 느낀 점이나 제자들의 질문에 답한 내용을 기록해둔 것을 그의 나이 80세 때 집안 조카들이 정리하여 편찬한 책이다. 사설이란 '자질구레하고 번잡한 글'이란 뜻으로, 자신을 최대한 낮추어 표현한 것이다. 《성호사설》은 천지문, 만물문,

인사문, 경사문, 시문문 등 크게 다섯 가지 항목으로 분류되어 있으며, 각 문에는 재미있고 풍부한 내용들이 기록되어 있다.

천지문은 223항목으로 구성되어 있는데 지구가 둥글다는 것, 지구의 아래위에 사람이 살고 있다는 것 등 서양의 과학지식을 흡수한 내용들이 포함되어 있다. 태양의 궤도, 춘분, 일식을 비롯하여 중국을 통해 들어온 한역 서양 서적에 나타난 서양의 천문, 역법 및 마테오 리치의 〈만국전도〉와 시원경(망원경) 등 서양의 과학지식을 흡수하려 한 이익의 노력이 잘 나타나 있다.

368항목에 달하는 만물문에서는 의복과 음식, 곤충과 동물, 식물에 관한 관찰 기록을 비롯하여 망원경, 조총, 자명종 등 당시 수입 물품이 들어온 배경과 그 기능을 자세히 묘사하고 있다. 악어와 가야금 이야기, 남초南草라 불렸던 담배 이야기를 흥미롭게 기록했으며 당시 놀이였던 윷놀이, 장기, 줄타기 등 민속에 대해서도 언급했다. 그 중 담배 이야기를 보자. 이익은 "우리나라에 담배가 유행하기 시작한 것은 광해군 말년부터였는데, 세상에 전하기로는 남쪽 바다 가운데 있는 담파국湛巴國이란 나라에서 들어온 까닭에 속칭 담파라 한다"고 기록하고 있다. 이어 담배란 것이 사람에게 유익한가 하는 질문에 "담배란 가래침이 목구

《성호사설》〈만물문〉 '남초'조

멍에 붙어 뱉어도 나오
지 않을 때 유익하고,
구역질이 나면서 침이
뒤끓을 때 유익하며,
먹은 것이 소화되지 않
고 동작이 나쁠 때 유
익하고, 가슴이 조이면
서 신물이 날 때 유익하며, 한겨울에 추위를 막는 데 유익하다"라고 하
여 담배의 유익함에 대해 말하는 한편, 안으로는 정신을 해치고 밖으로
는 듣고 보는 것까지 해쳐서 머리가 희게 되고 얼굴이 늙게 되며 이가
일찍 빠지는 등 해로움이 이로움보다 훨씬 많다고 말했다. 그 밖에 냄새
가 고약한 점, 재물을 없애는 점, 담배 구하기에 급급한 세태 등 세 가지
를 가장 큰 문제점으로 지적했다.

기교와 게으름을 없애야 조선이 산다

총 990항목으로 구성된 인사문은 당시의 정치와 제도, 사회와 경제,
학문과 사상, 혼인, 제례, 인물, 사건 등 사회제도에 대한 비판의식이 두
드러지는 부분이다. 왕세자에 대한 엄격한 교육, 서얼을 허통시킬 것,
조상의 내력을 따지는 서경제도 철폐, 과거와 천거제의 병용, 군마다 무
학武學을 설치할 것, 중앙 관청의 통폐합, 화폐 유통 과정의 문제점 지

적, 사치 풍조의 근절, 노비법이 천하의 악법이라는 것 등 개혁적인 주장을 폈다.

당시 가장 중요한 경제적 기반이었던 토지에 대해서 이익은 고른 분배, 즉 균분을 강조했다. 이익은 국가 경제나 개인 경제의 목표를 농업 중심의 자급자족에 두고 이를 파괴하는 상품화폐 경제의 발달이나 재산 증식 행위를 크나큰 죄악으로 간주했으며, 화폐나 시장을 매우 부정적으로 여겼다. 극단적으로 폐전론廢錢論을 주장하기까지 했다. 그가 화폐 유통에 반대하는 폐전론을 주장한 것은 화폐 유통으로 파생되는 농업 경제의 기반 해체 같은 사회 문제를 우려했기 때문이다.

이익은 선비가 평생 생업에 종사하지 않고 오로지 독서만 하는 것은 세무世務에 무익하고 가무家務에도 보탬이 없다고 하여 실학자로서 위치를 분명히 했다. 또한 당시 사회의 6가지 폐단으로 노비제, 과거제, 벌열, 기교技巧, 승려, 유타遊惰(게으름)를 지적하면서 이를 없애야 한다고 강력히 주장했다.

경사문과 시문문은 성리학자로서 이익의 학문적 폭과 깊이를 엿볼 수 있는 부분이다. 경사문에서는 유교 경전, 불교, 노장 사상, 민간 신앙에 대해 언급했으며, 시문문에서는 우리나라와 중국의 역대 시문을 논했다. 경서와 역사, 시와 문장에서 고금을 넘나드는 이익의 학문 세계를 엿볼 수 있다. 대개 실학자와 성리학자를 구분하려는 경향이 강한데 유형원, 이익, 정약용 등 조선시대의 대표적 실학자들 모두 출발점은 성리학이었다. 그 점에서 이들은 성리학자라고 부를 수도 있다. 그럼 누구를 '실학자'라 불러야 할까? 성리학만 고집하지 않고 국가의 부와 민생 안정을 위해 다양한 학문과 사상을 수용한 학자라고 대답하면 무난할 것이다.

정약용 | 정약용은 자신의 사상적 기반인 성호학파의 학문뿐만 아니라 북학사상도 적극 받아들여 선배의 한계를 극복했다는 평가를 받고 있다.

전체적으로 《성호사설》에는 유교 경전과 역사에 대한 이익의 해박한 지식과 함께 사회제도의 문제점에 대한 개선 방향이 잘 드러나 있다. 그리고 새롭게 흡수되기 시작한 서양의 과학기술이나 천주교에도 인색하지 않았던 그의 개방적 학풍이 잘 나타나 있다. 이익은 안산의 첨성촌이라는 농촌에 머물면서 집필 활동에 전념했지만 변화하는 시대 조류에 뒤지지 않는 학자였다. 그리고 문하에 많은 제자들을 배출하여 실학이 조선 후기 사회에 뿌리내리는 데 큰 역할을 했다. 때문에 조선시대 실학의 계보에서 그의 이름은 빠지는 법이 없다.

성호학파의 분립

'실학의 호수' 이익은 많은 후배 실학자들을 배출했다. 이맹휴, 이병

휴, 이가환, 이중환, 안정복, 신후담, 권철신, 정약용 형제 등이 대표적이다. 그러나 이익의 제자들이 모두 같은 사상을 가진 것은 아니었다. 서학에 대한 이해를 둘러싸고 분립 양상을 보이기도 했다. 이익의 천주교와 서학에 대한 관심은 제자들에게도 그대로 이어졌다. 그러나 일부 제자들은 스승이 천주교를 완전히 수용한 것이 아니라 하여 천주교에 대한 비판을 내비쳤고, 평소 이익이 관심 두었던 역사와 지리학에 몰두했다. 조선 후기의 대표적 역사가라 할 안정복을 비롯하여 지리학의 신경준과 이중환, 수학의 신후담 등이 그들이다. 학계에서는 이들을 '성호우파'라 부른다.

한편 스승의 천주교에 대한 관심을 적극적으로 계승하여 천주교에 깊이 탐닉한 제자들이 생겨나는데, 권철신, 이가환, 이벽, 이승훈을 비롯하여 정약종, 정약전, 정약용 형제들이 그들이다. 이들은 '성호좌파'라 불린다. 정약용이 천주교를 수용했는지 여부에 대해서는 논란이 있지만 천주교 박해 사건에 연루되어 강진에 귀양 간 점과 이벽을 통해 천주교 교리에 관심을 가진 점을 고려하면 정약용과 천주교의 연결고리는 충분하다.

이익은 조선 문화의 전성기인 18세기를 살면서 변화의 조짐을 미리 깨닫고 새로운 시대를 열기 위한 탐구에 일생을 바친 남인 실학파의 선각자였다. 그의 실학은 당대에 그치지 않고, '성호'라는 거대한 호수에 모인 수많은 제자들에 의해 계승되었다. 그리고 천주교와 서학이라는 신학문의 수용을 둘러싸고 제자들 간에 분립이 일어남으로써 조선 후기 사상사의 폭은 그만큼 확대되었다.

이익의 학문 세계에 나타나는 북인의 전통

대체로 이익의 학문적 연원은 이황—정구—허목—이익으로 이어지는 남인 학통에 둔다. 그런데 북인 학통인 조식이 정구에게 영향을 주었다는 주장이 제기되면서 이익의 학문적 연원에 조식이 있다는 주장을 낳았다. 실제로 《성호사설》에는 퇴계 이황과 함께 남명 조식에게 존경을 표한 곳이 여러 군데 있다. 16세기 영남학파의 양대 산맥인 이황과 조식을 대비시킨 《성호사설》의 한 대목을 보자.

퇴계가 소백산 밑에서 출생하여 우리나라 유학자의 종주가 되었다. 그 계통의 인물들은 깊이가 있으며, 빛을 발하여 예의가 있고 겸손하며 문학이 찬란하여 수사洙泗의 유풍을 방불케 하였다. 남명은 지리산 밑에서 출생하여 우리나라에서 기개와 절조로서 가장 높은 위치를 차지하였다. 그 후계자들은 정신이 강하고 실천에 용감하며 의를 숭상하고 생명을 가볍게 여기어 이익을 위해 뜻을 굽히지 않았으며 위험에 처하여 뜻을 굽히지 않는 독립적인 지조를 지녔다. 이것이 상도上道와 하도下道의 다른점이다.
—《성호사설》 권1 〈천지문〉 백두정간

최근에는 이익의 가계가 북인 가문과 밀접한 관련이 있다는 주장이 등장했다. 이익의 가문인 여주 이씨 수원파의 중시조 이상의가 북인 중에서도 소북에 속했고, 그 후손들은 북인 가문과 통혼했다는 것이다. 특히 이상의의 아들 이지선의 장인은 북인의 원로 기자헌이었으며, 이상의의 손자 이원진과 이숙진의 장인은 각각 소북의 중심 인물인 남이공, 김신국이었다. 이익 가문의 통혼권에서 북인과 긴밀한 관계가 있음을 발견할 수 있는 것이다. 북인의 학풍이 박학성과 개방성이라는 점을 고려할 때 《성호사설》 같은 백과사전과 연결고리가 있다고 할 수 있다.

19세기 백과사전의 집대성

오주연문장전산고

"임진년에 왜군이 창궐했을 때 당시 영남의 고립된 성이 바야흐로 겹겹이 포위를 당하여 망하는 것이 조석지간에 달려 있었습니다. …… 이때에 어떤 이가 비차飛車를 제작하여 성중으로 날아들어가 그의 벗을 태워 30리쯤을 난 뒤에야 지상에 착륙하여 왜적의 칼날에서 피할 수 있었습니다."

위의 글은 서양의 라이트 형제보다 앞선 조선시대에 하늘을 나는 비차를 제작했다는 이야기가 실려 있는 《오주연문장전산고》의 〈비차변증설〉이다. 19세기 학자 이규경이 저술한 《오주연문장전산고》(이하 오주연문)에는 이처럼 흥미진진한 내용 이외에도 천문, 의학, 역사, 지리, 농업, 서학, 병법, 광물, 초목, 어충, 음악 등 다양한 내용이 수록되어 있다.

19세기를 대표하는 종합 백과사전

19세기 조선 사회는 정치나 사회, 경제적으로 하향 곡선을 긋고 있었지만, 18세기 이후 풍미했던 실학과 북학의 흐름이 완전히 사라진 것은 아니었다. 당시 조선 사회는 그 내부에서 축적된 학문적 성과와 청나라 고증학의 영향, 그리고 사회, 경제적 모순에 대응하는 새로운 사상 풍토의 조성 등으로 학문과 사상의 폭과 깊이에서 현저한 성과를 보였다. 특히 양란 이후 주자성리학만 고집하지 않고 국가 통치나 민생에 필요한

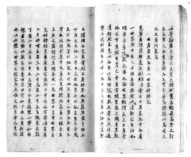

오주연문장전산고 | 이규경이 편찬한 백과사전. 우리나라와 중국 및 기타 여러 나라들의 역사, 문화, 지리, 경제, 사회, 자연 환경에 대해 고증한 내용을 분류, 정리했다.

모든 학문 분야를 포괄하는 박학의 풍조가 사상계 일단을 형성하면서 뛰어난 지성들이 나타났다. 이규경, 최한기, 김정호, 김정희, 정약용 등이 이 시기를 대표하는 지성들이다. 그 중에서 이규경은 《오주연문》을 저술하여 조선 후기 백과사전적 학풍을 체계화한 인물이다.

《오주연문》을 저술하는 데는 그동안 꾸준히 계승되어온 백과사전적 학풍이 큰 몫을 담당했다. 이수광의 《지봉유설》, 이익의 《성호사설》, 이덕무의 《청장관전서》는 《오주연문》의 저술에 크게 참고가 되었다. 마치 김정호의 《대동여지도》가 탄생하기까지 정상기의 〈동국지도〉를 비롯하여 꾸준한 지도 제작이 이루어졌던 것처럼 말이다.

《오주연문장전산고五洲衍文長箋散稿》는 이규경의 호 '오주'에, 거친 문장이라는 뜻의 '연문', 문장 형태인 '장전', 흩어진 원고라는 뜻의 '산고'가 합쳐진 말로 제목에서부터 백과사전임을 짐작할 수 있다. 총 60권 60책으로 구성되어 있는데, 모든 항목을 변증설로 처리하여 세밀한 문제까지도 고증학적 태도로 다루고 있는 것이 특징이다. 단군 이전의 역사와 발해사의 소중함을 일깨우면서도 철저한 고증학적 태도를 견지하고 있는 이규경의 글을 읽어보자.

세상 사람들은 우리의 역사가 증거됨이 없어 황당하고 괴이하다고 하지만 나는 그렇지 않다고 생각한다. …… 스스로 증거할 수 없음을 혐의하여 사료를 산망 유실해서는 안 되며 단군 이전의 사적은 《황왕대기皇王大紀》, 《역사繹史》, 《해동역사海東繹史》를 참조해야 한다. …… 발해는 고구려를 계승했으며, 땅이 지극히 넓었고 문화가 화려하여 해동성국이라 불리었다. 요령의 심양 영고탑 사이에 있었으나, 우리 역대의 역사에는 빠져 있다. 마땅히 고구려 아래의 반열에 넣어야 한다.

─《오주연문장전산고》권 27 〈동국전사중간변증설東國全史重刊辨證說〉

최한기, 김정호와 교유한 당대의 지성 이규경

이규경의 호는 '오주'로 '오대양 육대주'를 뜻한다. 열린 사고를 추구하는 학자의 면모를 드러내는 호다. 이규경의 본관은 전주, 그의 조부는 정조 때 규장각 검서관으로 문명을 떨친 이덕무이고, 아버지 이광규 역시 규장각 검서관이었다.

이덕무는 정조의 총애를 받아 각종 편찬사업에 참여했으며, 개인 저작으로 《청장관전서》를 저술했는데, 이러한 가학家學의 전통은 《오주연문》의 저술에 큰 힘이 되었다. 이규경은 집 안에 쌓여 있는 책들을 벗삼아 어려서부터 학문에 눈떴지만, 서얼이라는 신분의 굴레 때문에 중앙

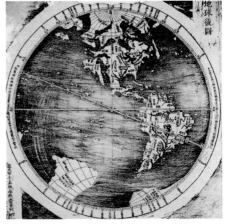

지구전후도地球前後圖 | 최한기가 중국의 장정빙蔣廷聘이 만든 세계지도를 고쳐 제작한 세계지도. 김정호의 도움을 받아 만든 것으로 알려져 있다. 왼쪽이 〈지구전도〉, 오른쪽이 〈지구후도〉다.

정계에서는 크게 활약하지 못했다.

주로 충청도 인근의 농촌에 거주하면서 특유의 고증적 학문 태도로 1,417항목의 변증설을 제시한《오주연문》을 완성하였다. 그러나 이규경은 완전한 은둔자는 아니었다. 오히려 신학문 수용에 민감한 정보통이었다.

그와 같은 시대를 살았던 천재 지식인 최한기, 최성환, 김정호와는 중인이라는 비슷한 처지 때문에 죽이 잘 맞았고, 이들과 교유하면서 학문의 지평을 넓혀나갔다. 최한기는 이규경에게《해국도지》,《영환지략》등 당시 서양 정보를 담은 최신 서적을 보여주었으며, 최성환은 지리학에 해박하여《여도비지輿圖備志》를 편찬한 인물이었다. 이규경은《오주연문》에서《대동여지도》를 만든 김정호의 뛰어난 능력을 칭송하면서 그의《여지도》와《방여고》2책은 꼭 전할 만한 것이라고 평했다.《오주연문》같은 대작의 탄생에는 최한기, 최성환, 김정호와 같은 중인층 학자와의 교류를 통해 얻은 지식이 밑바탕에 깔려 있었던 것이다. 18세기 이후 양반의 전유물이었던 시와 문장, 저작 활동에 중인층이 적극 참여하는 모습이 나타나는데, 19세기 이규경의 저술 활동은 양반이 아닌 중인이 이루어낸 성과라는 점에서도 의미가 크다.

동도서기를 통한 부국과 개항

《오주연문》에서 다루고 있는 내용은 총 1,417항목에 달하며, 고증을 바탕으로 저자의 주관적 견해가 피력된 변증설의 형식을 취한 것이 특징이다. 이규경은 서문에서 "명물도수名物度數의 학문이 성명의리지학에는 미치지 못하나 가히 폐할 수 없다"면서 병법, 광물, 초목, 어충, 의학, 농업, 화폐에 이르는 다양한 학문의 중요성을 강조하였다. 그가 호를 '오주'라 할 만큼 서양 세계에 깊은 관심을 가졌다는 것은 저술에서도 구체적으로 확인할 수 있다. 그의 서양과 천주교에 대한 지식은 〈용기변증설用氣辨證說〉, 〈백인변증설〉, 〈지구변증설〉, 〈척사교변증설〉 등에 구체화되어 있다. 그는 약 80항목에 걸쳐 서학을 직간접으로 논하고 있는데, 그가 변증한 서학 관련 항목은 천문, 역산, 수학, 의약, 종교 등 다방면에 걸쳐 있으며, 그가 참고한 서학 서적은 《천주실의》, 《직방외기》 등 20종에 달했다.

이규경은 서양문명과 중국문명을 비교하여 중국 학문은 형이상학의 도道로, 서양 학문은 형이하학의 기器로 설명했다. 그리고 기를 잘 이용한 서양 기술의 우수성을 인정했다. 그는 서양의 과학기술이 중국의 그

직방외기 | 명나라 말기에 예수회의 이탈리아 선교사 알레니艾儒略가 한문으로 저술한 세계지리도지.

것보다 우위에 있음을 자각하면서도 동양 사회의 과학적 전통을 중시했는데, 이는 결국 전통사상의 바탕 위에서 필요한 것을 수용하려는 사상적 개방성에서 비롯된 인식이었다. 동도서기東道西器에 바탕을 둔 그의 사상은 개국통상론으로 발전하게 된다.

이규경은 관직에 종사하지 않고 평생을 농촌에 은거하였다. 학통상으로는 북학파와 연결되었으나 농촌의 재야 지식인이었던 만큼 농민의 생활 안정과 농촌 문제 해결에도 깊은 관심을 기울였다. 그는 선비라도 먹지 않고는 살 수 없음을 들어 무엇보다 농업이 생명의 근본임을 강조했다. 그 밖에 농가의 월령에 대한 변증설과 구황식물로서 고구마의 중요성을 언급한 〈북저北藷변증설〉을 비롯하여, 농기구, 직조 기구, 어구 등 농어민의 실생활에 관련한 많은 사실들을 고증하였다.

《오주연문장전산고》에 나타난 역사인식

이규경은 역사 고증에 많은 비중을 두는 한편 물산, 향도香徒, 속악 등 소홀히 여기기 쉬운 우리 것을 찾기 위해 노력했다. 《오주연문》에는 하층문화와 민속예술의 여러 영역에 대한 내용이 많아서 생활사와 풍속사 연구에도 유용하다. 〈판무변증설板舞辨證說〉(권11), 〈연희변증설煙戱辨證說〉(권23), 〈성중선속변증설城中善俗辨證說〉(권33), 〈석전목봉변증설石戰木棒辨證說〉(권36) 등이 그것이다.

〈동국전사중간변증설〉에서는 우리 역사의 소중함을 일깨웠으며, 〈울릉도사실변증설鬱陵島事實辨證說〉에서는 평민 안용복이 울릉도를 찾기 위해 힘쓴 사실을 자세히 기록하여 국토에 대한 애정과 함께 신분이 낮은 사람도 나라에 큰 역할을 할 수 있다는 것을 강조했다.

이규경은 외국의 역사에도 깊은 관심을 가졌다. "외국에도 또한 역사가 있다. 모두 같은 문화를 입었으면 오랑캐의 후예라 하여 그것을 버릴 수 없다. 외국의 역사는 불가불 알아야 할 것이니 정사正史를 읽다가 그 근거를 참고할 곳이 있으므로 그 근거를 적는다"면서 외국의 역사와 문화를 비중 있게 다루었다. 이규경이 외국사에 안남, 일본, 회부回部(아라비아)를 포함시킨 것은 우리나라와의 문화 교류를 의식했기 때문이다. 이규경은 역사 서술에서 중국 측과 우리 측 자료를 널리 참고하였으며, 시종일관 박학과 고증학적 태도를 지켰다.

이규경의 역사 인식의 특징은 철저한 고증, 우리 역사에 대한 깊은 관심으로 요약할 수 있다. 아울러 외국의 역사에도 인색하지 않은 개방성이 돋보인다. 이러한 사상이 바탕이 되었기에 《오주연문》에서 서양의 과학기술에 대해 거부감 없이 기록할 수 있었던 것이다.

북학파와 개화사상의 고리 역할을 하다

이규경의 사상적 지향점은 무엇보다 부국과 통상에 있었다. 국토에 매장되어 있는 자원을 최대한 활용하고, 잠재되어 있는 문화 역량을 발휘해 선진 국가를 만들고자 했다. 그가 도량형 문제에 관심을 갖고, 화폐의 유용성을 타진하고, 시장의 유래와 기능을 소개하는 한편 나아가 개국통상론을 주장한 것도 부국과 통상을 지향한 그의 사상에서 비롯된 일이었다. 그는 〈장시변증설〉에서 전국의 장날을 통일하자고 주장했으며 투기와 고리대의 폐단이 없는 상업의 발달을 추구했고, 서양및 중국과 통교하고 서양 선박들과 무역을 해야 한다고 적극적으로 주장했다.

이는 18세기 후반 박지원, 박제가 등 북학파들이 주장한 서학 수용과 대외 개방이 19세기 중엽 이규경에 의해 이어진 것이다. 또한 이규경의 사상은 오경석, 유홍기, 박규수로 이어지면서 초기 개화사상의 토대가 되었다. 이러한 점에서 이규경은 18세기 북학파와 19세기 후반 개화사상을 연결하는 고리 역할을 했다고 평가할 수 있다.

이규경은 부강한 국가를 위해서는 도교, 불교, 자연과학 등 모든 학문과 사상을 흡수, 응용하고자 했으며, 광산 개발과 화기 개발 등 실용적인 문제에도 깊은 관심을 가졌다. 그의 자연과학 사상은 〈오주서종〉 등에 잘 나타나 있는데, 방대한 자연과학적 사고를 이용후생의 관점에서 개진한 그의 사상은 그를 19세기 실학의 집대성자로 자리매김하는 데 손색이 없다. 이규경은 문화와 사상의 암흑기로 인식되었던 19세기 전반과 중반에 활동하면서 등불과 같은 역할을 했다.《오주연문》에 나타난 그의 박학과 개방성은 조선 사회의 주체적인 발전 가능성을 보여주었다. 이규경에게서 전통사회의 한계를 스스로 극복하고 근대 사회로 지향해가는 19세기 조선 지성인의 역량을 느낄 수 있다.

군밤장수의 포장지가 되었던 《오주연문장전산고》

《오주연문장전산고》는 오랫동안 잊혀져 있었다. 《오주연문》의 가치를 새롭게 평가한 인물은 최남선이다. 1930년대 최남선은 조선광문회를 만들어 고전 간행을 하다가 《오주연문》을 손에 넣게 되었다. 전하는 바에 의하면 어느 군밤장수의 포장지로 사용되고 있는 것을 겨우 알아보고 책을 입수했다고 한다. 하마터면 《오주연문》이 영원히 사라질 뻔한 아찔한 순간이었다. 이때 입수된 책이 60권 60책. 이미 몇 장은 없어진 상태였고, 책의 편집 체제도 일정하지 않은 것으로 보아 원래의 책은 훨씬 더 많은 분량이었으리라고 추정되었다.

어쨌든 최남선의 공으로 《오주연문》은 빛을 보게 되었다. 그리고 이 원본을 바탕으로 다시 필사본이 만들어졌다. 필사본은 규장각 도서로 편입되어 서울대학교 도서관에 보관되었으나, 한국전쟁이 《오주연문》의 운명을 또 한 번 돌려놓았다. 전쟁의 와중에 최남선이 소장하고 있던 원본이 불타버린 것이다. 다행히 최남선 소장본을 필사한 규장각 소장본이 남아 있었고, 이것이 현재의 《오주연문장전산고》다. 서울대학교 규장각에 소장된 《오주연문》(도서번호 규5627)은 1~4권이 낙질되어 56책이 남아 있다.

1959년 동국문화사에서 규장각 소장본을 바탕으로 상, 하 2책의 영인본을 간행했으며, 민족문화추진회에서 1967년 경사편의 국역본을, 1982년에는 인사편의 국역본을 완성했다. 그 후 예산 문제, 책의 방대함, 그리고 동서고금을 망라하는 저자의 학문적 깊이 등으로 인해 국역 사업은 제대로 진행되지 못했다. 다행히 최근에 이르러 국역 사업이 다시 전개되어, 조만간 완료될 것으로 보인다. 국역 사업이 완료되면 《오주연문장전산고》의 진가가 되살아나는 것은 물론 19세기 조선 지식인의 폭넓은 학문 세계가 유감없이 드러날 것으로 기대된다.

┃----- 서릿발 같은 비판을 쏟아낸 지식인, 남명 조식
남명집

남명 조식은 퇴계 이황과 함께 16세기 영남학파의 양대 산맥을 이룬 인물이다. 평생 관직에 나가지 않고 처사로 살았지만 현실의 모순에 대해서는 날카롭고 직선적인 언어로 비판한 실천적 지성이었다. 그의 문집 《남명집》을 통해 사화의 시대를 살아간 참선비의 모습을 만날 수 있다. 《남명집》은 1604년 문인 정인홍 등에 의해 초간본이 간행되었으며, 1622년 다시 정인홍이 중심이 되어 덕천서원에서 교정하여 5권 3책의 목판본으로 간행하였다. 1764년(영조 40)에는 1622년 간행본을 바탕으로 박정신 등이 14권 8책으로 중간하였다.

조정을 뒤집어놓은 상소문

전하의 나라 일이 잘못되어서 나라의 근본이 이미 망했고 하늘의 뜻이 가버렸으며, 인심도 떠났습니다. 비유하면 큰 나무가 100년 동안 벌레가 속을 먹어 진액이 이미 말라버렸는데 회오리바람과 사나운 비가 어느 때에 닥쳐올지 까마득하게 알지 못하는 것과 같으니 이 지경에 이른 지가 오래됩니다. …… 자전(문정왕후)께서는 생각이 깊으시기는 하나 깊숙한 궁중의 한 과부에 지나지 않고, 전하께서는 어리시어 다만 선왕의

조식 │ 퇴계가 경상 좌도 사림의 영수라면 남명은 경상 우도 사림의 영수였다.

외로운 후계자이실 뿐이니, 천 가지 백 가지의 천재天災와 억만 갈래의 인심을 무엇으로 감당하며 무엇으로 수습하시겠습니까?
―《남명집》 권2 〈을묘사직소〉

1555년 단성 현감을 제수받은 후에 올린 사직 상소문에서 조식은 당시 사회의 문제점을 날선 문장으로 과감히 지적했다. 특히 실질적인 권력자 문정왕후를 과부로, 명종을 고아로 표현함으로써 문정왕후의 수렴청정과 그로부터 파생된 외척 정치의 문제점을 직선적으로 비판하고 있다. 말 한마디에 목숨이 달아날 수 있는 절대군주 앞에서 일개 처사에 불과한 조식은 이처럼 당당히 직언을 퍼붓는 선비였다. 조식의 상소에 조정은 발칵 뒤집혔다. '군주에게 불경을 범했다'는 이유로 남명을 처벌하자는 주장이 제기되었지만, 상당수 대신이나 사관들은 "조식이 초야에 묻힌 선비여서 표현이 적절하지 못한 것이지 그 우국충정은 높이 살 만하다"거나, "조식에게 죄를 주면 언로가 막힌다"는 논리로 적극 변호함으로써 파문은 가라앉았다. 재야 선비 조식의 기개도 기개려니와, 조식을 옹호한 당시 사관들의 용기 있는 발언도 주목을 끈다. 언로 확보를 강조한 당시 사림 사회의 분위기를 엿볼 수 있는 것이다.

칼을 찬 선비

조식은 무엇보다 수양과 실천의 중요성을 강조했다. 경敬과 의義는 바로 남명 사상의 핵심이다. 남명은 '경'을 통한 수양을 바탕으로 외부의 모순에 맞서 과감하게 실천하는 '의'를 신념으로 삼았다. 경의 상징으로 성성자惺惺子(항상 깨어 있음)라는 방울을, 의의 상징으로 칼을 찼으며, 칼에는 '내명자경 외단자의內明者敬 外斷者義(안으로 자신을 밝히는 것은 경이요 밖으로 과감히 결단하는 것은 의다)'라고 새겼다. 방울과 칼을 찬 선비 학자. 언뜻 연상하기 힘든 캐릭터다.

남명은 자신의 신념을 실천에 옮겼다. 조정에 잘못이 있을 때마다 상소문을 올려 문제점을 지적하고, 후학들에게는 강경한 대왜관을 심어주어 왜군의 침략에 대비하게 했다. 1592년 임진왜란 때 정인홍, 곽재우, 김면, 조종도 등 남명 문하에서 여러 의병장이 배출된 것은 그의 가르침이 헛되지 않았음을 말해준다.

조식이 스스로에게 엄격했음은 '욕천浴川'이라는 시에 가장 압축적으로 나타난다. "온몸에 찌든 40년의 찌꺼기를, 천 섬의 맑은 물로 다 씻어 없애리라. 그래도 흙먼지가 오장에 남았거든, 곧바로 배를 갈라 흐르는 물에 부치리라"는 표현은 유학자의 입에서 나왔다고 믿기 어려울 만큼 과격하다. 자신을 다잡는 강한 의지가 돋보인다. 조식의 사상에서 의는 실천적 행동을 뜻했다. 의는 그가 차고 다닌 '칼'의 이미지와도 맥을

《남명집》 중 퇴계에게 답한 편지

같이 한다. 조식의 칼은 안으로는 자신에 대한 수양과 극기를, 밖으로는 외적에 대한 대처와 조정의 관료들을 향하고 있었다. 칼로 상징되는 그의 이미지는 수양을 바탕으로 과감하게 현실의 부조리와 모순을 극복해가는 실천적 선비 학자의 모습, 바로 그것이었다.

이론 논쟁을 비판한 실천적 유학자

조식은 당시 이황과 기대승을 중심으로 전개되던, 이기론을 둘러싼 사단칠정四端七情 논쟁을 매우 못마땅하게 여겼다. 조식이 이기 논쟁에 비판적 입장이었던 것은 《남명집》 곳곳에서 발견된다.

요즘 학자들이 높이 성명性命을 말하나 실행이 부족한데 이것은 마치 시장을 지날 때 진기한 보물을 보고 비싼 값만을 따지는 것과 같다. …… 지금의 학자는 성리만을 말하여 자기에게 이익이 없으니 어찌 이것과 다르겠는가.

선생(남명)이 항상 세상의 학문을 근심한 것은 인사를 버리고 천리를 말하는 것인데 제자 하항과 유종지 등이 매번 성명의 이치를 말하자, 선생이 말하기를 하학下學(실천하는 학문)과 상달上達(하늘의 이치에 다다름)은

스스로 단계가 있는데 자네들은 말末을 안다. ─《남명별집》〈언행총록〉

위의 글에서 나타나듯이 조식은 성명이나 하늘의 이치를 따지는 논쟁보다는 실천 중심의 하학의 중요성을 강조하였다. 조식은 왕 앞에서도 이러한 견해를 당당히 피력했다. 명종에게 정치하는 방법을 건의하면서, "아래로는 인사를 배우고 위로는 천리를 통달하는 것이 또 학문의 나아가는 순서입니다. 인사를 버리고 천리를 논하는 것은 한갓 입에 발린 이치이며, 반궁실천反躬實踐(자신을 반성하여 실천에 힘씀)하지 않고 견문과 지식이 많은 것은 바로 입과 귀로만 하는 학문인 것입니다"(《남명집》, 〈무진년에 올린 봉사封事〉)라고 말했다. 하학과 인사를 중시하는 풍조가 정치에 반영되기를 강조한 것이다.

조식이 이론 논쟁을 비판한 까닭은 실제 삶에 도움이 되지 않고 지식인들이 헛된 이름을 내세우는 데 불과하다고 판단했기 때문이다. 이기 논쟁은 일반 민중들의 삶을 개선하는 데 별다른 도움을 줄 수 없으므로 하학과 인사를 강조하는 학문, 즉 민생과 현실에 직접 관계되는 학문이 중요하다고 강조한 것이다. 조식을 실천적 유학자라 일컬을 만한 대목이다.

조식과 지리산

조식은 61세 되던 해에 외가인 합천을 떠나 지리산이 보이는 산천재山天齋에 마지막 터전을 잡았다. '산천'은 산 속에 있는 하늘의 형상을 본받아 군자가 강건하고 독실하게 스스로를 빛냄으로써 날로 그 덕을 새롭게 한다는 뜻이다. 지리산은 조식이 가장 닮고 싶어했던 산이다. "천석들이 종을 보게나……"로 시작하는 시와 1558년의 지리산 기행을 기록한 〈유두류록遊頭流錄〉에는 조식의 그러한 심정이 잘 담겨 있다.

청컨대 천석들이 종을 보게나	請看千石鐘
크게 두드리지 않으면 소리가 없다네	非大扣無聲
두류산과 꼭 닮아서	爭似頭流山
하늘이 울어도 울리지 않는다네	天鳴猶不鳴

지리산은 예부터 삼신산(중국의 《사기》에 나오는 신선이 살고 있다는 산)의 하나로 민중들에게 피안의 장을 제공하는 곳으로 여겨져왔다. 도가적 성향을 지닌 조선시대 지식인들에 대해 기록한 홍만종의 《해동이적海東異蹟》에서도 많은 인물들이 지리산을 정신적 배경으로 삼았다. 지리산의 삼신동, 청학동 같은 지명들은 도가적 의식을 반영하고 있으며, 지리산은 체제 저항 세력의 중심 무대가 되기도 했다. 조식의 문인들이 의병운동이나 정치에서 적극적이고 급진적 면모를 보인 데는 지리산이 품고 있는 이러한 정신적 배경도 작용했을 것이다. 조식은 생전에 10여 차례 넘게 지리산을 유람했으며 지리산을 노래한 시와 기행문을 남겼다. 그리고 죽음도 지리산이 보이는 산천재에서 맞았다. 묘소 또한 여느 학자와 달리 자신의 생가 근처가 아니라 지리산 천왕봉이 보이는 곳에 잡았다. 앞으로는 덕천강이 흐르고 뒤로는 천왕봉을 비롯해 지리산 봉우리들이 우뚝 솟은 곳이다.

산천재 | 조식은 만년에 지리산이 보이는 곳에 산천재를 짓고 강학하면서, 뜰에는 매화를 심고 창의 좌우에는 '경' 자와 '의' 자를 써 붙였다. 경남 산청군 사천면 소재.

실천하는 지성의 힘

　조식은 강력한 카리스마를 지닌 16세기 지식인이었다. 재야에 묻혀 있으면서도 현실 정치의 문제점이 불거질 때마다 직언을 서슴지 않았고, 경과 의를 실천하며 제자들에게 가르침을 전한 선비 조식. 우뚝 솟은 지리산 천왕봉의 기상처럼 그는 진정한 선비의 모범을 보여준 인물이었다. 조식 같은 지식인, 그리고 그를 포용할 수 있었던 사람들, 이들이 16세기 조선 사회를 이끈 힘이 아니었을까?

　조식의 사상은 제자들에 의해 다시 한 번 빛을 발했다. 임진왜란이라는 국난기에 조식의 문하에서 뛰어난 의병장들이 배출된 것이다. 조식

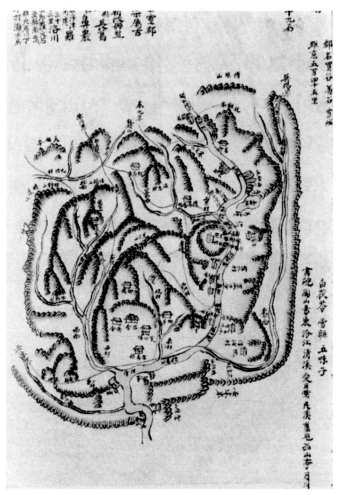

〈해동지도〉 중 삼가현에 조식이 태어난 곳이 표시되어 있다.

의 칼은 의병장 곽재우, 정인홍, 김면의 칼로 이어졌다. 실천하는 지성 조식의 가르침이 헛되지 않았던 것이다.

영남학파의 양대 산맥, 조식과 이황

평생 마음으로 사귀면서 지금까지 한 번도 만나질 못했습니다. 앞으로 이 세상에 머물 날도 얼마 남지 않았으니, 결국 정신적 사귐으로 끝나고 마는 것인가요? …… 요즘 공부하는 자들을 보건대 손으로 물 뿌리고 빗자루질 하는 절도도 모르면서 입으로는 천리를 말하여, 헛된 이름이나 훔쳐서 남들을 속이려 합니다. …… 선생 같은 어른이 꾸짖어 그만두게 하시지 않기 때문입니다. …… 십분 억제하고 타이르심이 어떻습니까."

—《남명집》〈퇴계에게 드리는 편지〉, 1564년

이 편지는 남명이 퇴계와 한 번도 만나지 못한 아쉬움을 토로하는 듯하지만, 실제로는 당시 퇴계와 고봉 기대승이 벌이던 성리학 이론 논쟁의 문제점을 지적하고 충고하는 내용이다. 이에 대해 퇴계는 별지別紙에서 "이 말이 흠이 있기는 하지만 우리는 여기에 깊이 스스로 경계하고 조심하지 않을 수 없다"고 하여 남명의 조언을 어느 정도 수용하였다.

많은 이들이 퇴계와 비교되는 인물로 율곡 이이를 꼽지만 사실 퇴계의 학문적 라이벌은 남명이었다. 남명과 퇴계는 1501년 같은 해에 태어나 영남학파의 양대 산맥으로 칭송되었다. 퇴계의 근거지 안동과 예안은 경상 좌도의 중심지, 남명의 근거지 합천과 진주는 경상 우도의 중심지였다. 낙동강을 경계로 '좌퇴계 우남명'으로 나뉜 것이다. 퇴계는 온화하고 포근한 청량산을 닮았고 남명은 우뚝 솟은 지리산을 닮았다. 퇴계는 성리학 이론을 심화시키면서 '동방의 주자'로 칭송받았고, 남명은 실천하는 지성으로 그 이름을 새겨놓았다.

백성들 속으로 뛰어든 참 지식인, 이지함----------┤
토정유고

《토정비결》의 저자이자 기인으로 알려져 있는 이지함. 이름보다 '토정'이라는 호로 더 유명한
그는 16세기를 살아가면서 백성들의 삶의 문제를 해결하기 위해 누구보다 노력한 실천적 지식
인이었다. 그의 문집 《토정유고》를 통해 시대를 앞서간 한 지식인의 삶의 궤적을 따라가 보자.

국부 증진을 위하여

땅과 바다는 100가지 재용의 창고입니다. 이것은 형이하의 것으로 이것
에 의존하지 않고서 능히 국가를 다스린 사람은 없습니다. 진실로 이것
을 개발한즉 그 이익이 백성들에게 베풀어질 것이니 어찌 그 끝이 있겠
습니까? 씨를 뿌리고 나무 심는 일은 진실로 백성을 살리는 근본입니다.
따라서 은은 주조할 것이며, 옥은 채굴할 것이며, 고기는 잡을 것이며,
소금은 굽는 데 이를 것입니다. 사적인 경영으로 이익을 좋아하고 남는

토정집 | 권말에 송시열의 발문과 권상하의 후제後題가 있다. 1652년(효종 3) 이지함의 현손 수경에 의해 편집되었다.

> 것을 탐내고 후한 것에 인색함은 비록 소인들이
> 유혹하는 바이고 군자가 가까이 하지 않는 것이
> 지만 마땅히 취할 것은 취하여 백성들을 구제하
> 는 것 또한 성인이 권도權道로 할 일입니다.
>
> ─《토정유고》〈이포천현감시상소〉

 1573년(선조 5) 오랜 재야 생활 끝에 포천 현감이 된 이지함은 피폐해진 국가 경제를 회복하기 위해서는 농업에만 집착하지 말고 모든 산업을 골고루 개발해야 한다는 내용의 상소문을 올렸다. 백성의 이익을 위해서라면 성인도 권도(임시 방편)를 펼 수 있다는 이지함의 사회경제사상은 당시로선 매우 진보적인 것이었다. 전통적으로 농업을 중시하고 상업이나 수공업을 천시한 사회에서 백성들의 생활수준을 향상시키기 위한 방안으로 이지함만큼 적극적으로 말업(조선 사회에서 상업, 수공업, 수산업 등은 말업이라 하여 천시했다)의 가치를 인정한 학자는 흔치 않았다.

 이지함은 자신이 다스리는 지역의 많은 백성들이 굶어죽는 현실을 외면할 수 없었다. 어업이나 상업, 수공업, 광업 등에도 관심을 기울여 육지건 해양이건 어디서 산출된 자원이건 적극 개발하고 이를 통해 국부를 증대하는 것만이 해결책이라 믿었다. 이지함은 구상에 그치지 않고 직접 실현할 방안까지 제시했다. 전라도 만경현의 양초洋草라는 곳을 임시로 포천현에 소속시켜 이곳에서 잡은 고기와 곡식을 바꿀 수 있도록 해줄 것을 청했으며, 황해도 풍천부 초도의 염전도 포천현에 소속시

〈동국여도〉 중 경강부임진도京江附臨津圖 | 남쪽으로 경강(한강)과 북쪽으로 임진강에 이르는 지역을 한눈에 볼 수 있도록 그린 지도. 한강변 상업취락의 성장을 반영하고 있다. 조선시대에는 뱃길을 통한 물자 교류가 활발히 이루어졌는데, 지도에도 한강변의 나루터를 중심으로 상업이 번창 했던 당시의 모습이 잘 표현되어 있다. 당시에 이지함이 일반인들에게 널리 알려져 있어 그가 살았던 토정이 표시되어 있다. 19세기 전반, 채색 필사본, 47×123.6cm.

켜 여기서 얻은 소금과 곡식을 바꿀 수 있도록 청했다. 이지함은 어업과 염업의 이익을 활용하여 백성들을 구휼하는 방안을 제시했으며, 나아가 포천이 부유해지면 이곳을 다른 읍에 이속시켜 백성들에게 혜택을 널리 베풀겠다는 계획을 세웠다. 그는 덕과 재물을 본과 말에 비유했다. "대개 덕은 본이고 재물은 말입니다. 그러나 본말은 어느 한쪽이 치우치거나 폐지되어서는 안 됩니다. 본업으로써 말업을 제어하고, 말업으로써 본업을 제어한 후에야 사람의 도리가 궁해지지 않습니다"라고 하여 본업과 말업의 상호 보완을 강조했다. 이러한 논거를 토대로 이지함은 농사는 근본이고 염철은 말업이지만, 근본과 말업이 서로 견제하고 보충하여 조화를 이루어야 함을 강조했다. 백성들의 삶에 도움이 된다면 어떠한 경제 행위도 할 수 있다는 이지함의 주장은 농업을 중시한 당시의 분위기에서는 혁신 그 자체였다. 그러나 그의 사상은 당대에는 그다지 호응을 얻지 못했다. 오히려 시대를 뛰어넘어 17세기 이후 유형원이나 박제가 같은 실학자들에게 주목받았다.

바다와의 깊은 인연

이지함의 혁신적인 사회경제사상의 뿌리는 해안을 기반으로 한 생활에서 찾을 수 있다. 이지함은 아산과 포천에서 잠시 현감을 지냈으나 주로 충청도와 서울의 마포에서 활동했다. 특히 고향인 보령은 친가, 외가를 통틀어 그의 일족이 크게 이름을 떨친 곳으로 해안가 지역이었다. 그가 살았던 서울 마포의 토정은 수십 년 전까지도 새우잡이 배가 드나들었던 한강의 대표적 포구로서 서해와 통하여 팔도의 배가 모이는 곳이었다. 그의 호 토정은 바로 이곳의 지명에서 따온 것이다. 이지함은 이곳에서 생활하면서 어떤 생각을 했을까? 이지함이 농업 중심의 경제 질서에 집착하지 않고 상업이나 유통경제에 많은 관심을 쏟았던 것은 바다를 기반으로 한 생활과 관련이 있을 것이다.

이지함은 배 타는 데 익숙하여 해상을 두루 돌아다녔으며 제주도에도 세 번 건너갔다. 그래서인지 이지함을 묘사한 글에는 '바다'가 자주 등장한다. 이지함이 어렸을 때 해안가에 잡은 어머니의 장지에 조수가 밀려드는 것을 걱정하여 장지를 옮겼다거나, 성품이 배 타기를 좋아하고 항해 중 조수의 흐름을 알아 위험을 피했다거나, 어염 등 해상 경제정책을 제시한 것 등 유독 바다와 관계된 이야기가 많다. 이지함도 자신을 '해상에 사는 광민狂民'이라 했으며, 제자 조헌은 '해우海隅'에 은거한 이지함을 찾아가 학문을 배웠다고 했다. 이율곡이 이지함의 제문을 쓰면서 '수선水仙'이라 표현한 것도 같은 맥락에서 이해할 수 있다.

백성의 편에서 살다

이지함은 처사적 삶을 살면서 전국 각지를 돌아다녔다. 이러한 유랑 생활 덕에 생활고에 시달리는 백성들을 두루 만날 수 있었다. 민생문제 해결이 핵심인 그의 사회경제사상도 이러한 경험에서 나온 것이었다. 그는 신분이 미천한 사람이라도 능력이 있으면 문인으로 받아들이는 개방성을 보였다.

이지함은 유랑 생활을 하면서 지역 주민들에게 장사하는 방법과 생산 기술을 가르치는 등 자급자족 능력을 기를 것을 강조했다. 가난한 백성들에게는 자신의 재물을 고루 나눠주었으며, 무인도에 들어가 박 수만 개를 수확해 바가지를 만든 다음 곡물 수천 석과 교환하여 빈민을 구제하기도 했다.《토정유고》나《연려실기술》에 단편적으로 기록되어 있는 이런 일들은 적극적인 계획과 실천, 그리고 백성들의 지지 없이는 이루기 힘든 일이었을 것이다. 명문가의 후손임에도 피지배층을 대변하는 위치에 서서 수공업, 상업, 수산업에 직접 종사한 점은 높이 평가할 만하다.

이지함의 학풍은 이수광을 비롯한 당대의 일부 학자들에게서도 나타났다. 김신국, 유몽인, 이산해 등 북인계 관료들은 이지함이 제시한 사회경제사상과 유사한 입장에 있었다. 결국 이러한 학풍과 사회경제사상은 농업 중심의 자급자족 사회가 상업과 과학에 기초한 개방 사회로 바뀌어가는 변화와도 관련 있을 것이다. 이지함을 비롯한 일부 학자들이 추구한 상업관은 상당히 선진적인 것으로 소금과 해산물 무역, 은광 개발, 수레와 선박 이용, 화폐 사용, 목축 강조, 점포 설치 등 유통경제의 활성화와 깊은 관련이 있다. 마치 18세기 후반의 북학론을 연상시킨다. 박제가는 그의 저술《북학의》에서 이지함을 높이 평가했다.

토정 이지함 선생이 일찍이 외국 상선 여러 척과 통상하여 전라도의 가난을 구제하려고 한 적이 있다. 그분의 식견은 탁월하여 미칠 수가 없다. ―《북학의》〈통강남절강상박의通江南折江商舶議〉

이지함의 학풍과 사상을 통하여 추론할 수 있는 것은 16세기 조선 사회는 결코 보수 일변도가 아니었으며, 민생 안정과 사회 발전을 도모하는 이들의 학문적 모색과 사상적 고민이 끊임없이 제기되었던 시대라는 것이다.

김홍도의 〈접괘〉, 국립중앙박물관 소장.

이지함은 《토정비결》로 연상되는 기인이 아니라 선구적인 사회경제정책을 제시한 사상가이자 개혁가로 자리매김되어야 한다. 이지함은 애덤 스미스보다 훨씬 먼저 '국부론'을 주장한 토종 조선인 학자를 만나는 기쁨을 안겨준다. 또한 걸인청을 설치한 사회복지의 선구자, 사회적 약자와 소외자에게 자립과 재활의 의지를 다지게 한 인물이라는 점에서도 이지함은 재평가되어야 한다.

《토정비결》은 이지함의 작품?

이지함은 《토정비결》의 저자로 유명하다. 《토정비결》은 《주역》의 이치를 응용하여 알기 쉽게 쓴 철학서지만, 《주역》을 바탕으로 하되 《주역》과는 다른 방식을 취하고 있다. 《주역》의 기본 괘는 64개인데 《토정비결》에는 48개의 괘만이 사용된다. 괘를 짓는 방법도 달라서 사주 가운데 시를 뺀 연, 월, 일을 사용한다. 조선시대 민간에는 시계가 없어 시를 정확히 알 수 없었기 때문에 백성들의 편의를 고려한 것으로 보인다. 이처럼 《토정비결》은 《주역》을 이용하면서도 조선의 특성과 백성들의 편의를 십분 고려했다. 그러다 보니 점괘의 총수도 《주역》과 달랐다. 《주역》에는 총 424개의 괘가 있으나 《토정비결》은 총 144개다. 훨씬 간편해진 것이다. 이지함처럼 기발하고 독창적인 사람의 머리에서 《토정비결》이 나왔을 가능성을 암시하는 대목이다.

《토정비결》은 열두 달의 운수를 시구로 적어놓았다. 총 6,480구로 구성되었는데, "동쪽에서 목성을 가진 귀인이 와서 도와주리라", "관재수가 있으니 혀 끝을 조심하라"는 식이다. 간단명료하지만 해석의 여지가 많다. 길흉이 적절한 비율로 배합돼 있어 낙관도 실망도 하기 어렵다. 결과적으로 《토정비결》에는 절망에 빠진 사람에게 희망을 불어넣어주고, 모든 일에 정성을 다하도록 이끄는 힘이 있다. 그런 점에서 《토정비결》은 운수를 판별하는 데 중점을 두었다기보다 민중들에게 삶의 활력을 불어넣는 데 중점을 둔 것 같다.

《토정비결》은 이지함의 저작이라는 설과 후대에 그의 이름을 가탁한 것이라는 주장이 있다. 숙종 때 그의 현손 이정익이 이지함의 유고를 모은 문집 《토정유고》를 간행할 때 《토정비결》이 포함되지 않은 것으로 보아 현재의 《토정비결》이 이지함의 저작일 가능성은 낮다. 특히 《토정비결》이 이지함 사후가 아니라 300여 년 뒤인 19세기 후반 이후에 널리 퍼진 점을 고려할 때, 이지함의 이름을 가탁한 것이라는 주장이 설득력 있어 보인다. 예를 들어 정조 때 홍석

모가 쓴 《동국세시기東國歲時記》나 유득공이 서울의 세시풍속에 대해 쓴 《경도잡지京都雜誌》에는 《토정비결》에 대한 언급이 전혀 없다. 만약 《토정비결》이 정조 때에도 유행했다면 《동국세시기》나 《경도잡지》에 소개되었을 텐데 그렇지 않은 것을 보면 《토정비결》은 18세기까지는 유행하지 않았음을 알 수 있다.

그러나 《토정비결》과 이지함의 사상은 상통하는 면이 많다. 즉 《토정비결》에는 《주역》에 바탕을 둔 상수학이 반영되어 있는데, 이지함은 서경덕에게 상수학을 배웠다. 서경덕을 비롯해 《주역》이나 상수학에 관심이 깊었던 학자들이 '기氣'에 관심을 가지면서 당시 사회를 변화가 요구되는 시기로 파악한 점과 이지함이 서경덕에게 배운 점을 고려하면, 《주역》에 내포된 변혁 의지가 《토정비결》에도 반영되었다고 할 수 있다. 이덕형이 이지함을 가리켜 "세상에서 풍수를 숭상하고 믿게 된 것은 이씨 집안에서 시작되었다"라고 한 것도 이러한 분위기와 맥을 같이한다.

결국 점술이나 관상비기觀象秘記에 능했던 이지함의 사상적 성향이 민중들에게 널리 전파됨으로써 19세기 이후에 각종 비결이 만들어졌고 그 중 이지함의 이름을 빌린 책도 만들어진 게 아닐까. 당시까지도 민중들에게 슈퍼스타로 자리 잡고 있던 이지함의 이름을 빌려 인기 있는 베스트셀러를 만드는 데 성공한 것이다. 물론 그 속에 이지함의 사상이 구전으로 스며들었을 가능성은 충분하다.

실증적이고 객관적 역사 기록을 위하여
연려실기술

조선시대 정치사를 다룬 역사서로는 《조선왕조실록》을 비롯하여 《승정원일기》, 《비변사등록》 등을 꼽을 수 있는데, 이는 국가가 주도해서 편찬한 책들이다. 정보와 자료의 수집이 오늘날보다 훨씬 어려웠던 조선시대에 한 개인이 당대의 역사를 체계적으로 기록하는 것은 쉬운 일이 아니었다. 사관이라는 전문가가 기록하는 관찬 역사서에 비하면 개인이 그 많은 사건들을 수집하여 정리하는 것은 불가능에 가까웠다. 그런데 이 불가능을 가능으로 바꾸어놓은 인물이 있다. 그것도 아주 객관적이고 실증적으로 조선의 역사를 정리했다. 바로 이긍익이다. 그가 저술한 《연려실기술》은 개인이 남긴 조선시대 최고의 역사 기록물이다.

사건 중심의 역사 서술

역사학자라면 누구나 꿈꾸는 게 있다. 자신이 살아온 당대의 역사를 객관적이면서 실증적으로 정리하여 후세에 길이 읽힐 역사서를 저술하는 일이다. 이러한 꿈을 실현한 인물로 필자는 주저 없이 《연려실기술 燃藜室記述》의 저자 이긍익을 손꼽는다. '연려실' 이란 '명아주를 태운 방' 이란 뜻으로 이긍익의 호다. 중국 한나라 때 유향이라는 사람이 어둠 속에서 글을 읽고 있는데, 푸른 명아주 지팡이를 짚은 노인이 나타나

지팡이에 불을 붙이고 홍범
오행洪範五行의 글을 주었
다는 고사에서 유래한 말

이다. 아마도 늦은 밤까지 불을 밝히고 열정적으로 저술 활동에 정진하고자 한 이긍익의 의지를 표현한 것이리라. 《연려실기술》은 조선시대 역사 편찬을 말할 때 빼놓을 수 없는 역사서다.

전통시대 역사서의 서술 방식은 크게 기전체, 편년체, 기사본말체로 나뉜다. 기전체는 왕의 행적을 주로 기록한 본기, 인물들의 행적을 정리한 열전, 본기나 열전에 담을 수 없는 항목을 분류하여 정리한 지志로 구성된다. 《삼국사기》의 전통을 이어받은 《고려사》가 대표적인 기전체 역사서다. 편년체는 연, 월, 일의 순서로 역사를 기록하는 방식으로 《조선왕조실록》, 《승정원일기》 등 연대기 역사서가 이에 해당한다. 기사본말체는 시대순으로 서술하되 주요 사건에 대해 본과 말을 정하여 그 내용이 우선적으로 들어올 수 있게 한다. 《연려실기술》은 대표적인 기사본말체 역사서다.

《연려실기술》은 여러 종류의 필사본이 전한다. 그만큼 많은 사람들이 이 책을 주목했다는 증거다. 여러 필사본에 수록된 내용은 거의 일치하지만, 전체 권수가 같지 않은 경우도 있다. 《연려실기술》은 태조부터 현종까지 각 왕대의 중요한 사건을 기사본말의 형식으로 엮은 〈원집〉, 저자 이긍익이 생존했던 숙종 당대의 사실을 기록한 〈속집〉, 역대 관직을 위시하여 전례, 문예, 천문, 지리, 대외관계 및 역대 고전을 여러 편목으로 나누어 그 연혁을 기재하고 출처를 밝힌 〈별집〉 등 세 부분으로 구성되어 있다. 〈원집〉이 가장 정형화된 형식을 갖추고 있고, 〈속집〉은 〈원집〉과 달리 인용 도서의 제목이 없는 경우가 많다. 〈별집〉은 〈원집〉과 〈속집〉에서 빠진 부분을 보충한 것이다. 규장각에는 〈원집〉, 〈속집〉, 〈별집〉을 갖춘 《연려실기술》이 소장되어 있다.

술이부작의 정신

《연려실기술》을 관통하고 있는 정신은 '술이부작述而不作(서술만 하고 창작은 하지 않음)' 이다. 필요한 자료를 열거하여 독자의 이해를 도울 뿐 저자의 견해는 거의 밝히지 않는다. 물론 각종 서적을 취사선택해 인용하는 과정에서 저자의 생각이 전혀 개입되지 않았다고 볼 수는 없지만 최대한 객관적 입장을 유지하고 있다.

《연려실기술》은 책의 서문에 해당하는 의례義例로 시작한다. 이는 이긍익이 책을 쓴 목적을 밝힌 글이다. 그는 먼저 동방의 야사들 중 체계적으로 정리된 책이 없음을 안타깝게 여긴다.

우리 동방의 야사는 큰 질로 엮은 것이 많다. 그러나 《대동야승大東野乘》, 《소대수언昭代粹言》 같은 것은 여러 사람들이 지은 책을 모으기만 했기 때문에 설부說郛와 같아서 산만하여 계통이 없고 또 말이 중복된 것이 많아서 열람하고 상고하기가 어렵다. 《춘파일월록春坡日月錄》이나 《조야첨재朝野僉載》 같은 책은 편년체로 썼는데, 자료 수집을 다하지 않고 빨리 책으로 만들어내었으므로 상세한 데는 지나치게 상세하고, 소루한 데는 지나치게 소루하여 조리가 서지 않았으며, …… 지금 내가 편찬한 《연려실기술》은 널리 야사를 채택하여 모아, 대략 기사본말체를 좇아서 자료를 얻는 대로 분류, 기록하여 다음에 계속 보태넣기에 편리하도록 했다. 내가 자료를 얻어보지 못하여 미처 기록에 넣지 못한 것은 후일에 보는 이가 자료를 얻는 대로 보충하여 완전한 글을 만드는 것이 무방할 것이다. ─《연려실기술》〈의례〉

이어서 역사서 서술은 객관적이고 실증적이어야 함을 강조하고 있다.

처음에 이 책을 만들 때에 가까운 친구들이 '남에게 보이지 말라'고 권고하는 이가 혹 있었다. 나는 답하기를, 남이 이 책을 알지 못하기를 바란다면 만들지 않는 것이 옳고, 만들어놓고서 남이 알까 두려워한다면 도를 좋아하는 것이 아니다. …… 이 책은 남의 귀나 눈에 익은 이야기들을 모아 분류대로 편집한 것이요, 나의 사견으로 논평한 것이 하나도 없는데, 만일 숨기고 전하지 않는다면 남들이 눈으로는 보지 못하고 귀로만 이 책이 있다고 듣고서 도리어 새로운 말이나 있는가를 의심한다면, 오히려 위태롭고 두려운 일이 아니겠는가? ─《연려실기술》〈의례〉

"나의 사견으로 논평한 것이 하나도 없다"든지 어느 시대, 어떤 자리에 공개되어도 떳떳하다는 점을 강조한 대목에서 객관적 역사 서술에 대한 저자의 자신감이 느껴진다.

400여 종에 달하는 인용 서적

400여 종의 자료를 인용하고 있다는 점
에서《연려실기술》은 객관성을 위해 '최선
을 다한' 역사서라고 평가해도 좋을 듯하
다.《연려실기술》은 당시의 도서 분류법인
경經, 사史, 자子, 집集을 망라하고 있다. 사
부에서 인용한 책은《고려사》,《국조보감》,《삼국사절요》,《동각잡기》,
《조야첨재》,《해동잡록》,《춘파일월록》등으로 정사보다는 야사에 무게
를 두고 있다. 이것은〈의례〉에서 밝힌 바와 같이 제가諸家들의 야사를
널리 수집하려 했기 때문일 것이다. 이긍익은 국가의 공식 기록보다는
민간에서 정리된 야사 중에서 설득력 있는 이야기를 중심으로《연려실
기술》을 편집하였다. 문집은 100여 종을 인용하고 있다. 가장 많이 인용
한 문집은 이이의《율곡집》(204회), 이수광의《지봉유설》(195회), 김시양
의《하담집》(134회), 허균의《성옹지소록》(65회)이다. 이론이나 철학에
중심을 둔 정통 성리학자보다는 실무 관료로서 활약한 인물의 문집에
더 비중을 두었다. 실사를 중시하는 저자의 입장이 나타나는 대목이다.
또한《연려실기술》은 외국 자료를 거의 인용하지 않았다는 것이 특징이
다.《당서》,《대청회전》,《사기》,《진서》등을 약간 인용했을 뿐 대부분

우리 문헌을 중심으로 역사를 서술했다. 이것은 《연려실기술》이 정치사, 사건사 중심의 서술을 표방했기에 국내 문헌만으로도 충분하다고 판단했기 때문으로 풀이된다.

한편 구성상 소홀해진 인물 평전을 보강하고 예악, 형정, 법제 등 시대에 따른 제도의 변천은 〈전고별집〉에 실었다. 〈원집〉을 정치편이라 한다면, 〈별집〉은 분류편이라 할 수 있다. 이긍익은 "전고에 혹 신라와 고려의 구례舊例 및 유속遺俗을 편수篇首에서 간략히 든 것은 사람들로 하여금 우리 동방의 역대 연혁을 알게 하여 문질文質의 득실이 어떠한가를 살피게 하고자 함이다"라 하여, '문질의 득실', 즉 문화의 변천사를 일목요연하게 파악할 수 있게 했다고 말했다.

이와 같은 목적 의식 아래 〈별집〉에서는 신라 이후의 역사를 다루었다 했는데, 실제로는 단군조선에까지 미치고 있다. 이것은 문화의 변천사를 파악하기 쉽게 하기 위해서였다. 우리 문화를 이해하려면 조선시대뿐 아니라 이전부터 어떻게 발전되어왔는지를 알아야 한다는 게 저자의 생각이기 때문이다. 《연려실기술》은 야사를 중심으로 조선시대 정치사를 서술하고 있다. 따라서 〈전고별집〉을 제외한 〈원집〉과 〈속집〉은 조선 역사의 흐름을 바꾼 굵직한 사건들이 중심을 이룬다.

자료 모음집을 넘어서

얼마 전 《해방전후사의 재인식》이라는 책이 출간되었다. 이 책은 기존의 《해방전후사의 인식》과 관점을 달리하면서 현대사 논쟁에 불을 붙였다. 좌우 이념 대립이 치열했던 시기의 역사 인식과 실용 또는 국익이 강조되는 최근의 역사 인식의 차이에서 비롯된 현상이다. 일제시대 친일파 논쟁이라든가, 박정희 정권에 대한 평가 등이 그 예다. 조선시대 인물 평가도 마찬가지다. 신숙주와 성삼문, 최명길과 김상헌처럼 실리와 이념의 대표 주자에 대한 해석을 둘러싸고 논란이 많다. 완전히 객관적인 역사란 성립하지 않을지도 모른다. 다만 최대한 객관적 자료를 제시하여 가장 합리적으로 역사를 해석할 수 있게 하는 것이 역사학자의 역할일 것이다.

최근에는 아예 역사 관련 자료만 모아놓은 책도 눈에 띈다. 자료만 제시하고 판단은 독자들에게 맡기는 것이다. 《연려실기술》은 조선시대판 '자료 모음집' 성격이 강하다. 그러나 단순히 자료만 모은 것은 아니었다. 본말을 구성하고 자료들이 서로 연결되도록 배치하였다. 그리고 평가는 후세의 몫으로 남겨두었다. 그런 면에서 이긍익은 현대 역사가들이 모델로 삼을 만한 역사가임이 분명하다.

이긍익은 누구인가?

이긍익은 조선 영조, 정조 때의 학자로 정종의 아들 덕천군의 후예이자 전주 이씨 이광사의 아들이다. 아버지 이광사는 서법書法에 특히 뛰어나 동국진체東國眞體라 평가받았으나, 소론의 중심 인물로서 당쟁에 연루되어 1755년(영조 31) 나주 괘서 사건으로 부령에 유배당한 뒤 신지도로 옮겨가 거기서 사망하였다.

당쟁의 충격은 이긍익의 진로에 큰 영향을 미친 것 같다. 그가 과거를 포기하고 평생 야인으로 지내며 책 쓰는 일로 일생을 보낸 것은 당쟁으로 인한 가정의 불운과 관계가 깊다. 이긍익은 13세 무렵부터 역사에 관심을 갖고, 평생의 노력을 기울여 조선의 야사 총서라 할 《연려실기술》을 남겼다. 불운한 집안 환경을 역사에 대한 관심으로 극복한 것이다.

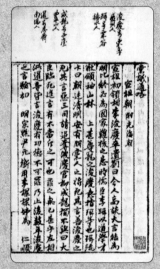

당의통략 | 이긍익의 후손인 이건창이 저술하였다.

이긍익은 집권층인 노론이 성리학에 치중한 것과 달리 양명학에도 깊은 관심을 갖는 등 개방적 사상을 지녔다. 그의 후손 이건창은 조선시대 당쟁사를 정리한 《당의통략黨議通略》을 저술했다. 《연려실기술》과 《당의통략》은 오늘날 조선시대 정치사를 연구하는 데 필독서로 꼽힌다.

청장관전서

서얼의 한계를 뛰어넘은 학자, 이덕무

18세기 문화 중흥의 황금기로 일컬어지는 정조 시대. 그 중심에 규장각이 있었고, 규장각을 거쳐간 신하들은 시대를 대표하는 학자가 되었다. 오늘날 이덕무는 정약용이나 박지원, 홍대용, 박제가에 비해 인지도가 낮은 인물이지만, 정조 당대에는 이들에 못지않은 명망 높은 학자였다. 규장각 검서관 출신인 이덕무는 정조가 주관한 각종 편찬사업에 주도적으로 참여했고, 자신의 학문적 역량을 종합한 《청장관전서》를 남겼다.

조용하지만 강한 실학자, 이덕무

노론 세력의 방해 속에서 힘겹게 왕위에 오른 정조는 즉위 후에도 그를 후원해줄 세력이 거의 없었다. 이에 왕권 강화와 개혁을 위해 정조가 추진한 사업이 장용영 설치와 규장각 건립이었다. 왕실 도서관이자 학문 연구소, 그리고 개혁정치의 산실로 규장각을 활용하려면 뛰어난 인재들이 필요했다. 정조는 기존의 노론 세력을 대신할 수 있는 참신하고 유능한 인물을 찾아 나섰다. 남인 실학자의 대표 주자 정약용이 선봉에

탑골공원 전경 | 이덕무, 유득공, 홍대용, 박지원 등이 참여한 시 모임의 이름이 '백탑시사' 였는데, 이들의 집이 대개 백탑 근처였고 그곳에서 모임을 가졌기 때문이다. 탑골공원에 있는 백탑, 곧 원각사지 10층 석탑에서 유래한 이름이다. 18세기 탑골공원 일대는 새로운 시대를 준비하는 젊은 학자들의 중심 공간이었다.

섰고, 노론 출신이지만 서얼이라는 신분의 한계 때문에 좌절하고 있었던 박제가, 유득공, 이덕무가 규장각 검서관 직책을 맡아 정조 시대의 간판스타로 떠올랐다.

　정조 시대에는 앞 시대를 정리하고 새 시대를 열어가는 각종 편찬사업이 기획되고 완성되었다. 이덕무는 바로 그 중심에 있었다. 대표적인 편찬사업의 성과가 그의 머리와 붓끝에서 이루어졌다. 《국조보감》, 《갱장록羹墻錄》, 《문원보불文苑黼黻》, 《대전통편大典通編》, 《송사전宋史筌》, 《규장전운奎章全韻》 같은 책들은 정조와 이덕무의 합작품이라 해도 과언이 아니다. 소매 속에 항상 책과 붓을 넣고 다니면서 그때그때 보고 들은 것을 기록했던 메모광 이덕무. 출중한 실력과 함께 근면성과 성실성을 겸비했기에 자신에게 주어진 시대적 과제들을 적절히 해결해갈 수 있었다.

이덕무는 전주 이씨로 조선 2대 왕 정종의 후손이었다. 아버지는 이성호. 어릴 때부터 재주가 뛰어났지만 서얼이라는 신분적 제약 때문에 높은 관직에 진출할 수는 없었다. 젊은 날, 백탑 거리를 중심으로 박지원, 박제가, 유득공 등과 깊은 교분을 쌓았는데, 훗날 이들은 정조 시대 최고의 엘리트가 되었다.

이덕무는 조용하지만 강한 학자였다. 스스로 '책에 미친 바보〔看書痴〕'라 할 정도로 온갖 책을 두루 읽었다. 경사와 문예에서 경제, 제도, 풍속, 서화, 금석, 도서, 조수, 초목에 이르기까지 탐구하고 고증하지 않은 분야가 없었다. 그렇게 쌓은 역량이 《청장관전서青莊館全書》에 집약되었다.

《청장관전서》의 주요 내용

《청장관전서》는 원래 33책, 71권이나 규장각 소장본은 그 중 8책이 빠진 25책으로 구성되어 있다. 목록을 보면 권1~권6 〈영처시고嬰處詩稿〉, 〈영처문고嬰處文稿〉, 〈영처잡고嬰處雜稿〉, 권7~권8 〈예기억禮記億〉, 권9~권20 〈아정유고雅亭遺稿〉, 권21~권24 〈편서잡고編書雜稿〉, 권25~권26 〈기년아람紀年兒覽〉, 권27~권31 〈사소절士小節〉, 권32~권35 〈청비록淸脾錄〉, 권36~권47 〈뇌뢰락락서磊磊落落書〉, 권48~권53 〈이목구심서耳目口心書〉, 권54~권61 〈앙엽기盎葉記〉, 권63~권64 〈서해여언西海旅言〉, 〈윤회매십전輪回梅十箋〉, 권64~권65 〈청령국지蜻蛉國志〉, 권66~권67 〈입연기入燕記〉, 권68~권69 〈한죽당섭필寒竹堂涉筆〉, 권70~권71 〈부록〉이다.

〈영처시고〉, 〈영처문고〉, 〈영처잡고〉의 '영처'는 영아 또는 처자라는 뜻인데 자신의 호를 제목으로 붙여놓았다. 시와 서문, 제題 등을 수록하고 있다. 〈예기억〉은 예기에 대한 연구서로 이덕무가 예학에 해박했음을 말해준다. 〈아정유고〉는 이덕무가 직접 뽑은 시문이며, 〈편서잡고〉는 그가 편찬에 참여한 책에 관한 것이다. 〈기년아람〉은 원래 이만운이 편집하여 저술한 것을 이덕무가 대폭 수정하고 보완한 것이다.

〈사소절〉은 선비, 부녀자, 아동들이 일상생활에서 지켜야 할 규범과 예절을 다룬 것이며, 〈청비록〉은 고금의 시화를 수록한 것이다. 〈뇌뢰락락서〉는 명나라 유민을 중심으로 한 일종의 중국 인물지다. 명나라의 멸망을 아쉬워하는 분위기를 느낄 수 있다. 〈이목구심서〉는 제목 그대로 귀와 눈, 입과 마음 가는 대로 쓴 글로서 저자의 생각이 자유롭게 나타나 있다. 〈앙엽기〉는 일종의 자료집으로 백과사전의 성격도 띠고 있다.

〈청령국지〉는 일본에 관한 기록이다. 일본의 세계, 지도, 풍속, 언어, 물산에 대해 자세히 기록하고 있다. 〈입연기〉는 1778년(정조 2) 청의 수도 연경에 다녀온 여정을 기록한 것이다. 당시 이덕무는 기균, 이조원, 반정균 등 청나라 석학들을 만났으며, 청나라의 산천과 궁궐을 비롯하여 조수와 초목들까지 자세히 관찰하고 기록했다. 〈한죽당섭필〉은 사근(경상도 함양)에 지금의 역장에 해당하는 찰방으로 파견되었을 때 보고

청장관전서 | 《청장관전서》는 저자의 다채로운 학식과 많은 자료를 제공하고 있는데, 특히 당대 실학 중심의 학풍과 취향 가운데도 박학, 계몽적인 사조의 흐름이 있음을 보여주고 있다.

들은 것을 기록했다.

책을 찾아 떠난 청나라 기행

《청장관전서》에는 청나라와 일본을 견문한 내용이 담겨 있다. 그 중 〈입연기〉는 1778년 사은사 채제공을 대표로 하는 사신단의 일원으로 청나라를 다녀온 후 쓴 견문기다. 이덕무는 동년배의 북학파 학자들이 그랬듯이 무척이나 청나라에 가보고 싶어했다. 마침 친분이 있던 심염조가 사신단의 서장관이 되자 그에게 수행원으로 데려가 달라고 부탁했다. '책에 미친 바보'라고 스스로 말할 정도로 책광이었던 이덕무의 면모는 연경에서도 고스란히 드러났다. 무더위가 만만치 않았을 5월 19일, 책방이 모여 있는 유리창琉璃廠 거리에서 이덕무는 15군데가 넘는 책방을 돌며 우리나라에 없는 희귀본 목록을 모조리 메모했다.

'숭수당'이란 책방에서는 《통감본말》 등 37종, '문수당'이란 책방에서는 《정황돈집》 등 16종, '성경당'이란 책방에서는 《감주별집》 등 20종, '문성당'이란 책방에서는 《식물본초》 등 12종을 적었다.

5월 25일에는 전날 못 간 책방에 들렀다. '오류거'라는 책방에 들렀을 때 주인 도陶씨는 다음 날 강남 지방에서 4천여 권의 책이 들어올 거라 했고, 이덕무는 그 목록을 얻어오면서 감격에 겨워했다. "내가 평생 구하려던 책뿐만이 아니라 천하의 기이한 모든 책들이 매우 많았으므로 나는 절강이 서적의 본고장이라는 것을 비로소 알았다"면서 기뻐했다. 이덕무에게 청나라 여행은 산천 풍경이나 풍습보다 책을 찾아가는 여행이었다. 이덕무는 유리창에서 진기한 서적 140여 종을 구입해 돌아왔다.

일본에 대한 관심, 《청령국지》

박지원을 중심으로 하는 연암 그룹의 학자 중에서 일본에 다녀온 인물은 원중거와 성대중 정도였다. 따라서 연암 그룹의 학자들은 일본에 대해서는 별다른 기록을 남기지 않았다. 그러나 이덕무는 《청령국지》라는 일본에 관한 독립적인 기록물을 남겼다. 일본에 대한 그의 관심이 매우 컸다는 뜻이다.

청령이란 일본의 옛 이름 중의 하나로, 잠자리를 뜻하는 한자다. 일본의 지형이 잠자리와 비슷하다 하여 일본인이 자칭했다 한다. 《청령국지》에는 일본의 세계, 씨성, 직관, 인물, 예문, 여지輿地, 풍속, 언어, 물산 등이 기록되어 있다. 1471년 신숙주가 왕명으로 《해동제국기》를 편찬한 이래 일본의 역사와 지리, 풍속 등을 기록한 책들이 출간되었는데

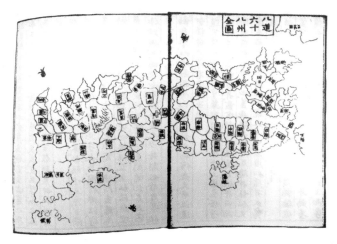

청령국지 | 《청장관전서》에 수록된 청령국지 중의 일본 지도. 청령국지에는 일본의 풍속, 물산, 인물 등에 대한 정보가 자세히 기록되어 있다.

《청령국지》는 그 흐름을 잇고 있다. 《청령국지》에서도 '책에 미친' 이덕무의 모습이 확연히 드러난다. 사적史籍이라는 항목에 일본에서 출간된 서적 목록과 저자, 주요 내용을 실어놓았다. 책에 대한 그의 열정은 어디를 가나 변함이 없다.

《청령국지》는 왜자倭字 항목을 두어 당시 사용된 일본어를 소개하고 있다. 현재의 가타가나를 편가문片假文이라 하면서, "글자의 반쪽으로 만들었다"고 설명했다. 《청령국지》에는 일본의 8도 68주 전도와 대마도, 서해도, 산양도, 산음도, 남해도, 동해도, 동산도, 북륙도 등 지역별 지도가 실려 있다. 18세기에 이미 일본에 대한 정보가 비교적 정확했던 것이다. 일본의 풍속도 기록되어 있는데, 현재의 일본과 비슷하다.

왜인은 습성이 사나우며, 칼과 창을 정교하게 다루고 배를 익숙하게 다룬다. 남자는 머리털을 자르고서 묶으며 단검을 찬다. 부인은 눈썹을 뽑고 이〔齒〕에 물들이고 이마에 눈썹을 그린다. 등 뒤로 머리털을 드리우며 다리를 이어대서 그 길이가 땅에 끌린다. 서로 만나면 꿇어앉는 것을 예의로 여기고, 길에서 높은 어른을 만나면 신과 갓을 벗고 지나간다. 인가는 흔히 널빤지로 지붕을 이었으며, 차 마시기를 좋아하므로 길가에 다점을 두며, 인가가 곳곳이 천백으로 모여서 저자를 열고 가게를 둔다. 나쁜 생각을 가진 사람이 갈 곳 없는 여자를 거두어 단장시켜 지나가는 손님을 이끌어서 재우고 음식을 먹이고 그 값을 받으므로 길 가는 사람들이 양식을 가지고 다니지 않는다. 대개 그들의 풍속이 숭상하는 것은 첫째가 신이고 둘째가 부처이고 셋째가 문장이다. 에도가 나라를 다스리는 방법은 첫째가 무이고 둘째가 법이고 셋째가 지사智詐(지략과 꾀)다.

— 《청령국지》〈풍속〉

위의 내용은 신숙주의 《해동제국기》를 상당 부분 인용한 것으로, 당시에도 《해동제국기》가 일본에 관한 교과서처럼 활용되었음을 알 수 있다. 에도 막부가 나라를 다스리는 방법은 무와 법, 지혜와 사술이라 한 대목에서는 일본에 대한 경계심을 읽을 수 있다.

그 밖에도 이덕무는 일본의 혼례와 상례, 월별 명절 놀이, 궁실이나 가옥의 모양, 일본 신도의 유래 등에 대해 기술하고 있다. 직접 일본을 여행한 견문기가 아닌 만큼, 입수한 정보를 바탕으로 기술했으며, 인용된 서목 또한 매우 자세하다. 《청령국지》에서도 이덕무의 박학을 다시금 확인할 수 있다.

인재를 알아본 정조의 안목

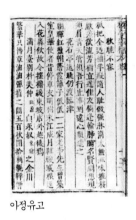

아정유고

정조는 자신과 호흡을 맞춰 편찬사업을 주도한
이덕무를 무척 총애했다. 그러나 1796년(정조 20)
이덕무는 53세의 나이로 정조 곁을 떠났다. 이덕무
의 죽음을 안타까워한 정조는 그 아들 이광규를 검
서관으로 삼고, 각신들에게 명하여 왕실 내탕금으
로 이덕무의 유고를 편찬하게 했다. 이렇게 해서
완성된 책이 《아정유고》8권이다. 윤행임, 남공철, 박지원 등 당대의 명
유들이 문집 편찬에 참여했다.

이덕무의 박학풍은 아들 이광규를 거쳐, 손자 이규경에게 전해졌다. 19
세기 백과전서 학풍을 대표하는 이규경의 저술《오주연문장전산고》는 할
아버지 이덕무에서 이어진 가학의 전통을 계승한 것이다. 할아버지의
《청장관전서》는《오주연문장전산고》를 저술하는 데 많은 참고가 되었다.

'자기 앞에 닥치는 먹이만을 먹고 사는 청렴한 새' 라는 '청장' 을 호로
삼고, 일생을 책 속에 파묻혀 청렴하게 살아간 이덕무. 그러나 그의 학
문은 그대로 묻히지 않았다. 박학과 개방이 요구되던 정조 시대에 그는
조선의 지성계가 나아가야 할 방향을 확실히 제시하였다. 학자 군주 정
조와 호흡을 맞추어 조선 후기 학문과 문화를 정리하는 사업을 이끌었
고, 가학으로 계승된 그의 학문은 손자에 의해 근대를 준비하는 학문체
계로 발전했다. 39세의 늦은 나이에 정조에게 발탁되어 자신의 역량을
조용히 그러나 강하게 발휘한 이덕무. 그는 조선 후기의 계몽적이고 백
과전서적인 학풍에 큰 기여를 했다.

조선시대 마이너리티, 중인들의 기록
규사·호산외기·이향견문록·소대풍요

"김정호는 자신의 호를 고산자라 했는데 본래 기교한 재예가 있고 특히 지도학에 깊은 취미가 있었다. 두루 찾아보고 널리 수집하여 일찍이 〈지구도〉를 제작하고, 《대동여지도》를 만들었는데 자신이 그림을 그리고 새겨 세상에 펴냈다. 그 상세하고 정밀함은 고금에 짝을 찾을 수 없다. 내가 한 질을 구해서 보았더니 진실로 보배로 삼을 만한 것이었다. 그는 또 《동국여지고》 10권을 편찬했는데 탈고하기 전에 세상을 떴으니, 정말 애석한 일이다."

위의 기록은 우리나라 역사상 최고의 지도 전문가로 손꼽히는 김정호의 일생에 관해 쓴 것으로 《이향견문록》에 전해온다. 위대한 지도학자였지만 중인 신분이라 알려진 바가 거의 없는 김정호의 일생에 대한 《이향견문록》의 기록은 가뭄의 단비처럼 느껴진다. 《이향견문록》은 조선 후기의 문인 유재건이 1862년에 편찬한 책이다. 이향里鄕이란 '백성들이 사는 동네'를, '견문록'은 '보고 들은 기록'을 뜻하는데, 곧 이곳저곳에서 들은 이야기라는 뜻이다. 양반 사대부처럼 소위 잘나가는 사람들은 등장하지 않고 중인, 상민, 천민, 노예, 신선, 도사, 점쟁이, 여자, 스님 등 중인 이하 신분의 다양한 삶이 담겨 있다.

조선의 '마이너리티', 중인의 존재와 역할

양반과 상민의 중간에 위치했던 계층, 중인. 조선시대에는 기술직에 종사한 역관, 의관, 율관, 화원, 그리고 양반의 소생이지만 첩의 자식인 서얼, 중앙관청의 서리나 지방의 향리 등을 총칭하여 중인이라 불렀다. 즉 양반은 아니지만 상민보다는 높은 지위에 있는 사람을 중인이라 했다. 이들은 양반이 아니라는 이유로 높은 관직에 오르지 못한 채 사회의 주변부를 떠돌았다.

옥계시첩 중의 〈가교보월街橋步月〉
| 조희룡은 인왕산 주변 직사사에서 활약한 위항문학 운동의 핵심이었다. 천수경 등 서울 아전들이 중심이 되어 결성한 옥계시사는 인왕산 주변에서 활동한 위항인 중심 시사들의 선구다. 임득명작. 삼성출판박물관 소장.

역관, 의관, 율관은 오늘날 외교관, 의사, 변호사에 해당하는 사람들이다. 서리는 일선 행정 실무자로서 행정 사무를 장악하면서 착실한 기능인으로 성장했다. 이들은 수표교를 중심으로 하는 서울의 중부 지역에 대대로 거주했다. 중인이란 명칭은 양반과 상민의 중간층이라는 의미도 있지만, 서울의 중부 지역에 집중 거주한 데서 비롯한다는 견해가 있다.

조선 건국 후 15세기까지는 신분 차별이 그리 심하지 않았다. 그러나 16세기 이후 성리학 이념이 사회 곳곳에 침투하면서 양반과 천민, 남자와 여자, 적자와 서자의 차별이 심해져 오늘날 우리가 생각하는 조선시대 사회상으로 자리 잡아갔다. 중인들이 양반과 완전히 차별되는 존재가 된 것도 16세기 이후다.

기술이나 행정실무 능력을 갖고 있던 중인들의 의식은 17세기 이후 점차 깨어나게 된다. 1613년 서얼들이 중심이 된 문경새재에서의 은상銀商 살해 사건은 소설《홍길동전》의 배경이 되기도 했다. 18세기 들어 영조와 정조 같은 왕이 서얼들의 능력에 주목했고, 상업과 무역의 발달로 기술직 중인의 존재가 중시되면서 중인들의 위상은 한층 강화되어갔다.

양반을 닮고 싶었던 중인들의 위항문학 운동

조선 후기, 특히 18세기에 접어들면서 중인층을 중심으로 신분 상승 운동이 전개되기 시작했다. 신분 상승 운동의 지향점은 양반이었다. 중인들은 무엇보다 양반을 닮으려고 했다. 그래서 기획한 것이 지금의 문학 동호회쯤 되는 시사詩社를 결성하고 정기적으로 모여 각자 지은 시와 문장을 발표하는 것이었다. 대개 중앙관청의 하급 관리로 일하는 중인들은 인왕산 아래 옥류천이 흐르는 곳에 모여 살았다. 따라서 이들의 시사 활동은 인왕산과 옥류천을 중심으로 전개되었고, '옥류천 계곡'에서 따온 '옥계'라는 말을 제목 삼아 '옥계시사'라 했다.

중인들의 문학 운동을 위항委巷문학 운동이라 한다. '위항'이란 누추한 거리라는 뜻으로 중인층 이하 사람들이 사는 거리를 말했지만, 이제 중인들의 문학 운동을 지칭하는 용어로 쓰이게 되었다.

중인들의 시사 활동은 단순히 모여서 시를 읊조리는 것으로 끝나지 않았다. 이들은 공동 시문집을 편찬하기 시작했고, 1712년 홍세태가 편찬한《해동유주海東遺珠》를 시작으로《소대풍요昭代風謠》(1737년),《풍요속선風謠續選》(1797년),《풍요삼선風謠三選》(1857년)이 뒤를 이었다. 1791

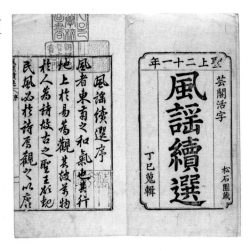

풍요속선 | 1797년(정조 21) 천수경이 18세기에 활동한 위항 시인들의 시를 선발하여 간행한 시선집. 위항 시인 333명의 시 723수가 실려 있다. 7권 3책, 활자본.

년에는 옥계시사 동인들의 시와 옥계의 아름다운 경치를 담은 《옥계사시첩玉溪社詩帖》도 만들었다. 중인들은 시문집 발간을 통해 결속력을 강화하는 한편 양반 못지않은 학문적 수준이 있음을 널리 과시하였다.

《소대풍요》에서 《풍요삼선》에 이르기까지 60년마다 공동시집을 내자고 한 약속을 120년간 지킨 데서 이들의 튼튼한 공동체 의식을 느낄 수 있다.

중인들은 백일장을 개최하기도 했다. 그 중에서도 18세기 중인 문화의 중심지인 인왕산 아래 송석원松石園에서 주관한 봄 가을의 백일장에는 수백 명이 몰려들었다. 이 백일장은 무기 없이 맨손으로 종이 위에서 벌이는 싸움이란 뜻으로 '백전白戰'이라 했는데, 참가 자체를 영광으로 여길 정도였다. 치안을 맡은 순라군도 백전에 참가한다면 말리지 않았으며, 시상이 떠오르기 좋은 곳에 자리 잡으려는 참가자들의 경쟁이 치열했다고 한다. 참가자들이 쓴 시축詩軸(시를 쓴 두루마리 종이)은 산더미 같았고 양반들도 중인들의 백전에 깊은 관심을 보였다.

당대의 최고 문장가들이 백전의 심사를 맡았다. 백전은 특히 정조 시대에 활발했다. 문예 중흥을 국가의 기치로 내건 시대 분위기에 맞추어 자신의 능력을 한껏 발휘하는 중인들의 위항문학 운동이 전개되면서 문화의 저변은 더욱 확대되었다. 백전이 벌어지는 날 인왕산과 옥류천 일대에 울려퍼진 중인들의 함성은 새로운 시대로 나아가는 목소리였다.

역사의 전면에 나선 중인, 그들의 기록

조선 후기 들어 충만해진 중인들의 자신감은 스스로 전기문을 기록하기에 이르렀다. 19세기에 편찬된 조희룡의 《호산외기壺山外記》(1844년), 유재건의 《이향견문록里鄕見聞錄》(1862년), 이경민의 《희조일사熙朝佚史》(1866년) 등이 대표적인 중인 전기문이다. 중인들의 존재감을 널리 알리고 역사적으로 이름을 빛낸 중인 선배들의 행적에 자부심을 갖고 있음을 전기를 통해 보여준 것이다.

《호산외기》는 직하시사稷下詩社의 동인이자 위항 시인으로 알려진 조희룡이 편찬한 중인들의 공동 전기집이다. 수록된 인물들은 중인 및 중인 이하 계층이다. 그동안 양반 사대부들의 문집에 '전傳'의 형식으로 수록되었던 중인 이하 인물을 찾아내고 여기에 자신의 주변 인물들의 전기를 합하였다. 조희룡은 서문에서 "위항, 유협遊俠, 식화殖貨의 사람 중 이름을 전할 만한 사람의 약간의 전기를 쓴다"고 하여 이제까지 '마이너리티'로 역사에 기록되지 않았던 인물의 전기를 썼음을 밝히고 있다. 《호산외기》는 '호산외사壺山外史'라고도 하는데, 외사란 기존의 정사正史에 대비되는 의미다.

《호산외기》는 《이향견문록》이나 《희조일사》 같은 중인층 전기의 전범이 되었다. 단, 《호산외기》가 연대순인 데 비해 후배들의 전기는 시인,

서화가, 가객, 효자, 열녀, 신선, 승려 등 분류에 따라 인물을 수록하고 있다.

지방 향리로서 자신의 가문에 대해 기록을 남긴 이도 있었다. 경주(월성) 이씨 가문인 이진흥의 《연조귀감椽曹龜鑑》이 그것으로, 당당히 자신의 뿌리를 찾아 세상에 공개하는 자신감이 잘 나타나 있다. 《연조귀감》은 상주의 향리 가문 5대에 걸쳐 쓰였다는 점이 돋보인다. 처음 이진홍이 향리 가문의 역사를 쓰게 된 것은 아버지 이경번의 뜻 때문이었다. 이진흥은 아버지와 할아버지가 향리의 지위 상승을 위해 올린 상소문 등 집안의 자료를 모으고, 이웃 향리 가문의 자료도 수집하여 1777년 무렵 《연조귀감》을 편찬하였다. 그 후 2대를 건너뛰어 이진흥의 손자인 이명구가 1848년 목활자로 《연조귀감》을 간행했다. 그는 당대의 사대부 학자인 이휘령, 홍직필, 강필효에게서 서문과 발문을 받아냈다. 이명구는 비록 향리 신분이지만 선조의 문집에 양반의 서문과 발문을 이끌어낼 만큼 크게 성장했던 것이다. 예전처럼 향리라고 숨 죽이고 있는 것이 아니라 당당히 '가문의 영광'을 활자로 찍어낸 것이다. 그렇게 조선 후기 신분사회의 벽은 조금씩 흔들리고 있었다.

수갑계첩 ㅣ 19세기 중인의 집을 그렸다. 대청에서 중인들이 모여 환담을 나누고 있고, 왼쪽 여자들 뒤로 방과 연결된 부엌이 보인다. 작자 미상, 1814년, 국립중앙박물관 소장.

반쪽 양반, 서얼들의 몸부림과 《규사》

기술직 중인, 관청 서리, 지방 향리와 함께 중인의 다른 한 축을 형성한 이들이 서얼이다. 양반의 첩 자손인 서얼들은 양반의 폐쇄적인 신분적 우월성을 강조하기 위한 희생양이었다. 16세기 이후 성리학 이념이 강화되면서 중인으로 완전히 고착된 서얼들은 《홍길동전》의 홍길동처럼 아버지가 있으되 아버지라고 부르지 못하는 비운의 존재였다.

홍길동은 소설 속 서얼이지만 서얼 출신으로 역사의 현장에 등장한 인물도 적지 않다. 조선 전기에 서얼 출신으로 가장 악명을 떨친 인물은 유자광이다. 남이 장군의 역모 사실을 고변하여 죽음에 이르게 한 것과 1498년 무오사화의 실질 주모자로 사림파에게 화를 입힌 장본인이라는 점 때문에 유자광은 간신의 전형으로 꼽혀왔다. 그러나 그는 출중한 자질을 발휘하여 서얼이라는 신분적 굴레에도 불구하고 고위직에 진출했다. 그 밖에 《패관잡기》의 저자 어숙권, 초서와 문장으로 유명한 양사언, 양대박 등이 조선 전기에 이름을 떨친 서얼이다. 조선 중기에 서얼들이 조직적으로 역사에 등장한 사건은 《홍길동전》의 배경이기도 한, 일곱 명의 서얼들의 은상 살해 사건이었다. 조선 후기 들어 인조, 현종, 숙종 연간에 서얼들은 차별 없이 관직에 등용될 수 있게 해달라는 서얼 허통의 상소문을 꾸준히 올렸으나 수용되지 않았다.

서얼 문제에 깊은 관심을 보인 왕은 영조다. 영조는 어머니가 무수리 출신으로, 서얼로서 왕이 된 인물이었다. 이러한 신분 콤플렉스 때문인지 영조는 서얼에게 관대했다. 1772년(영조 48) 통청윤음을 내려 서얼을 청요직에 등용하도록 하는가 하면, 서얼도 아버지를 아버지라, 형을 형이라 부를 수 있게 하고 이를 어기는 자는 법률로 다스린다는 조치를 내리는 등 적극적으로 서얼 차별을 없애고자 했다. 홍길동이 그토록 원했던 '호부호형'을 실현시켜준 것이다. 영조의 서얼허통 정책은 정조 때 그 결실을 보게 된다. 정조는 최고의 학문기관인 규장각에 능력 있는 서얼들을 대거 등용했다. 박제가, 유득공, 이덕무, 서이수가 그들로서, 이들은 규장각의 핵심 요직인 검서관에 임명되어 4검서라 불리었다. 정조시대 서얼 출신 학자들은 조선 후기 북학사상과 문화운동의 주역이 되었으며, 이러한 흐름은 19세기에도 이어져 서얼 출신 실학자 이규경은

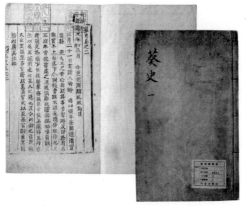

규사 | 1858년(철종 9) 대구 유림들이 서얼 철폐의 유래를 비롯하여 서얼과 관련된 내용을 모아 편집한 책. 《규사》의 '규'는 해바라기다. 해를 향한 해바라기처럼 서얼들의 왕에 대한 충성은 변함없다는 뜻에서 붙인 제목이다. 2권 2책, 활자본.

동도서기(동양의 도를 바탕으로 하고 서양의 기술을 수용함)를 바탕으로 한 《오주연문장전산고》라는 문화 백과사전을 남겼다.

자신의 운명을 숙명처럼 받아들이던 서얼들은 조선 후기에 이르러 신분사회의 벽을 극복하려는 노력을 적극적으로 전개했다. 정조 때 서얼의 관직 등용을 허용하는 서얼허통 절목이 만들어지면서 서얼들의 노력은 일부 결실을 맺었다. 서얼들의 노력은 1859년 대구 달서정사에서 간행된 《규사葵史》에서도 확인된다. 해바라기를 뜻하는 '규' 자를 넣어 해를 향한 해바라기처럼 왕에 대한 변함없는 충성을 약속한 서얼들의 전기 《규사》는 서얼도 역사의 당당한 주인공임을 만천하에 공포한 책이었다.

조선 후기 문화를 풍요롭게 한 주역

역사를 살펴보면 최상위 신분층 바로 밑에 위치한 지식인 집단이 새로운 사회로 나가는 길을 연 예가 많다. 골품제도 속에 있던 신라의 6두품 세력은 지방 호족과 연합하여 고려왕조를 여는 데 주도적인 역할을

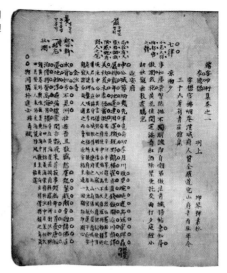

한객건연집 | 유금이 한문학에서 후사가後四家로 불리는 이
덕무, 유득공, 박제가, 이서구 등의 한시를 선발하여 엮은 시선
집. 4권 1책, 활자본.

했고, 권문세족에 맞섰던 고려 말
의 신진 사대부층은 조선 건국의
주역이 되었다. 지식과 기술로 무
장한 조선 후기 중인층 또한 양반
을 대신할 새로운 사회 세력으로
성장하고 있었다. 그러나 중인들
은 양반 중심의 신분사회를 극복
하기보다는 양반을 닮으려는 안일
한 입장에 머물렀다. 시문집이나 전기 편찬에 주력한 것은 이들의 한계
였다. 결국 중인들은 새로운 사회 세력으로서 역사적 기능을 하지는 못
하고, '그들만의 리그'라 할 중인 문화를 형성하는 데 그쳤다. 그럼에도
불구하고 중인들이 남긴 다양한 저작물은 조선 후기 문화를 풍요롭게
만들었으며, 다양한 신분의 사람들의 역동적인 삶을 보여주고 있다.

《이향견문록》에 기록된 천민 유희경의 인생 유전

유희경은 자가 응길이고
강화 사람이다. 열세 살
때 아버지를 여의었는데,
흙을 져다가 묘를 쓰고 그
곳을 지키며 떠나지 않았다.
…… 일찍이 동강 남언경을
따라다니며 《문공가례》를
배웠는데 상제喪祭에 특히
밝았다. 전례를 널리 상고해
고금의 변화를 철저히 연구

이향견문록

하더니, 마침내 치상治喪에 능통하다고 이름이 났다. …… 사대부 집안에서도 상
이 나면 반드시 공을 청하여 상례를 맡아보게 하였다. 임진왜란 때 어가가 관서
쪽으로 거동하자, 공은 눈물을 흘리고 비분강개하여 의병을 일으키고 관군을
도와 왜적을 토벌하였다. 이 일이 후에 선조께 알려져 포상까지 받게 되었다.
…… 공은 사람됨이 차분하고 욕심이 적었으며 산수를 좋아하였다. 공의 집은
정업원 아래에 있었는데 그곳 시냇가에 바위가 포개져 대를 이루었으므로 '침
류대' 라 부르고 주위에 복숭아나무, 버드나무 수십 그루를 심었다. 봄이 되어
붉은 꽃과 푸른 잎새가 시내 골짜기에 비칠 때면 공은 책상 하나, 술잔 하나만
두고 당시唐詩 한 권을 손에 들고 그 가운데서 앉기도 하고 눕기도 하면서 하루
종일 시를 읊조리며 유유자적하게 시간을 보냈다. 그러고는 스스로 호를 촌은村
隱이라 하였다. 공의 시는 여유롭고 맑아 당시에 가까웠는데 사암 박순이 아주
칭찬하였다. 공경대부들은 침류대를 찾아가 어울려 시를 지었고, 그 시들을 다
투어 전해가며 감상하였다. 세상에서 이른바 《침류대시첩》이라고 하는 것이 그

것이다. …… 공은 노년에도 정신과 근력이 아주 강건하였다. 어떤 사대부가 금강산 유람을 떠나면서 공에게 길을 인도하라고 했더니 공은 즉시 용기 있게 앞서 떠났고 늙었다는 이유로 사양하지 않았다. …… 가정 을사년(1545년)에 나서 숭정 병자년(1636년)에 세상을 떴으니, 나이 아흔둘이었다. 아들 다섯을 두었는데 순민, 우민, 성민, 사민, 일민이고 내외 손자 증손은 100여 명이나 되었다.

《이향견문록》은 중인은 물론 천민의 행적까지 기록했다. 위항인이라 하여 중인층 이하면 모두 그들의 범주로 인식했다. 양반이 아니라면 누구나 같은 편이었고, 그 중에 뛰어난 인물이라면 천민이라도 가리지 않았다. 그래서인지 《이향견문록》은 천민이지만 관직까지 받고 서울의 대표적인 문화공간 침류대의 주인공이었던 유희경에 대해 자세히 실어놓았다. 《이향견문록》에 나타난 조선의 마이너리티. 이들의 삶이 되살아날 때 선조들에 대한 추억은 훨씬 풍부해질 것이다.

자료

■ 자료 1. 《군서표기(群書標記)》에 기록된 정조 시대 편찬 도서

1. 御定書

서명	권수	판본 상태	편찬 연대
海東臣鑑	2권	필사본	1772년(영조 48)
宋史筌	150권	필사본	
宋史撮要	3권	필사본	
新訂資治通鑑綱目續編	27권	활자본(壬辰字)	1773년(영조 49)
資治通鑑綱目新編	20권	필사본	
明紀提挈	20권	필사본	
兩賢傳心錄·附錄 9권(본서8권/부록1권)		필사본	1774년(영조 50)
經書正文	10권	활자본	1775년(영조 51)
全史銓評	80권	필사본	
歷代紀年	3권	필사본	
紫陽子會英	3권	필사본	
聖學輯略	6권	필사본	
四七續編	1권	필사본	
壽民妙詮	9권	필사본	
詞苑英華	6권	필사본	
欽恤典則	1권	목판본(芸閣鑄印)	1777년(정조 1)
詩樂和聲	10권	필사본	1780년(정조 4)
國朝詩樂	5권	필사본	1781년(정조 5)
朱子選統	3권	필사본	
瓊屑糕	1권	필사본	
隸陣總方	1권	목판본	
八子百選	6권	활자본(丁酉字)/ 목판제작	
字恤典則	1권	활자본(丁酉字)	1783년(정조 7)
奎章閣志	2권	활자본(丁酉字)	1784년(정조 8)
皇極編	13권	필사본	
文苑黼黻	12권	활자본(壬寅字)	1787년(정조 11)
武藝圖譜通志·總譜6권(통지5권/총보1권)		목판본	1790년(정조 14)
顯隆園志	12권	필사본	1791년(정조 15)
周易講義	5권	필사본	
尙書講義	8권	필사본	

서명	권수	판본 상태	편찬 연대
大學講義	3권	필사본	
論語講義	5권	필사본	
孟子講義	4권	필사본	
左傳講義	1권	필사본	
樂通	1권	필사본	
資治通鑑綱目講義	10권	필사본	1791년(정조 15)
莊陵配食錄	2권	필사본	
詩經講義	9권	필사본	1792년(정조 16)
詩觀	560권	필사본	
奎章全韻	2권	목판본	1794년(정조 18)
城制圖說	3권	필사본	
人瑞錄	4권	활자본(生生字)	
朱書百選	6권	활자본(丁酉字)/ 목판제작	
咸興本宮儀式	2권	목판본	1795년(정조 19)
永興本宮儀式	2권	목판본	
整理儀軌通編	10권	활자본(整理字)	
史記英選	6권	활자본(丁酉字)/ 목판제작	
軍旅大成	5권	필사본	
三軍摠攷	10권	필사본	
歷代行表	6권	필사본	1796년(정조 20)
鄒書敬選	1권	필사본	1797년(정조 21)
星壇享儀	1권	필사본	
道里摠攷	2권	필사본	
陸奏約選	2권	활자본(丁酉字)/ 목판제작	
五經百選	5권	刊本	1798년(정조 22)
中庸講義	6권	필사본	
三禮手圈	6권	刊本	
兩京手圈	4권	刊本	
五子手圈	10권	刊本	
陸稿手圈	2권	刊本	

서명	권수	판본 상태	편찬 연대
八家手圈	8권	刊本	
杜律分韻	5권	활자본(整理字)	
陸律分韻	39권	활자본(整理字)	
二家全律	15권	필사본	
太學恩杯詩集	6권	활자본(乙卯字)	
重訂四書輯釋	38권	필사본	1799년(정조 23)
大學類義	20권	刊本	
類義評例	2권	필사본	
司勳攷	1권	필사본	
城圖全篇	10권	필사본	
俎豆錄	2권	필사본	
監茲	1권	필사본	
顧諟	1권	필사본	
雅頌	8권	활자본(壬辰字)/ 목판제작	1799년(정조 23)
杜陸千選	8권	활자본(丁酉字)	
律英	4권	필사본	
梵字攷	1권	필사본	
周公書	9권	필사본	1800년(정조 24)
人物考	130권	필사본	
朱子書節約	20권	필사본	
宮園展省錄	1권	필사본	逐年增修
審理錄	26권	필사본	
日省錄	675권	필사본	
日得錄	18권	필사본	
綸綍	237권	필사본	
賡載軸	48권	활자본(整理字)*	
臨軒題叢	1권	필사본	

＊ 병진년에 활자로 간행했고, 이후 만들어진 것은 뒤에 차례로 추가했음.

2. 命撰書

서명	권수	판본 상태	편찬 연대
易學啓蒙集箋	4권	활자본	1772년(영조 48)
朱子會選	48권	필사본	1774년(영조 50)
宮園儀	4권	刊本	1776년(정조 즉)
穀簿合錄	10권	필사본	
原續明義錄	4권	활자본(壬辰字)	1777년(정조 1)
奎章韻瑞	8권	필사본	1779년(정조 3)
南漢志	2권	필사본	
奏議纂要	8권	필사본	1780년(정조 4)
名臣奏議要略	16권	필사본	
奎章總目	4권	필사본	1781년(정조 5)
館閣講義	3권	刊本	
國朝寶鑑	68권	활자본(丁酉字)	1782년(정조 6)
(국조보감)別編	7권	활자본(丁酉字)	
璿源系譜記略	8권	刊本	
千歲曆	3권	목판본	
弘文館志	1권	활자본	1784년(정조 8)
列朝羹墻錄	8권	활자본(丁酉字)	1785년(정조 9)
大典通編	6권	刊本(芸閣刊印)	1785년(정조 9)
太學志	14권	필사본	
兵學通	2권	목판본	
兵學指南	5권	목판본	1787년(정조 11)
春官通考	96권	필사본	1788년(정조 12)
度支志	22권	필사본	
章箚彙編	60권	필사본	
新法漏籌通義	1권	활자본(丁酉字)	1789년(정조 13)
新法中星紀	1권	활자본(丁酉字)	
金忠壯遺事	5권	목판본	
秋官志	10권	필사본	1791년(정조 15)
訥齋集	6권	활자본(丁酉字)/ 목판제작	
林忠愍實紀	5권	활자본(丁酉字)	

서명	권수	판본 상태	편찬 연대
瓊林聞喜錄	3권	활자본(壬寅字)	
嶠南賓興錄	2권	刊本(목판본*)	1793년(정조 17)
協吉通義	22권	刊本	
關東賓興錄	5권	목판본	
耽羅賓興錄	1권	활자본(壬寅字)	1794년(정조 18)
增訂把翠軒集	4권	목판본	1795년(정조 19)
李忠武公全書	14권	활자본(丁酉字)	
豐沛賓興錄	2권	활자본(壬寅字)	
正始文程	3권	활자본(壬寅字)	
春秋左氏傳	28권	刊本	1796년(정조 20)
莊陵史補	10권	필사본	
增訂文獻備考	246권	필사본	
鏤板考	7권	필사본	
增修無寃錄	2권	활자본(活印)	
增修無寃錄諺解	2권	활자본(活印)	
鄉禮合編	3권	활자본(活印)/ 목판제작	1797년(정조 21)
五倫行實圖	5권	활자본(整理字)	
七政步法	1권	刊本	1798년(정조 22)
廟謨彙編	75권	필사본	1799년(정조 23)
海東輿地通載	60권	필사본	
濟衆新編	9권	목판본	
春秋註解考異	2권	필사본	1800년(정조 24)
尊周彙編	20권	필사본	
梁大司馬實記	10권	목판본	
關北賓興錄	3권	刊本(목판본*)	
關西賓興錄	3권	刊本(목판본*)	1800년(정조 24)
籌謨類輯	75권	필사본	逐年增修
同文彙考	129권	활자본	
公車文叢	93권	필사본	
祥刑考	28권	필사본	

서명	권수	판본 상태	편찬 연대
育英姓彙	34권	필사본	
植木實總	1권	필사본	
植木便覽	4권	필사본	
臨軒功令	156권	필사본	

《군서표기》는 정조가 세손으로 있던 1772년부터 사망한 1800년까지 직접 지은 어제御製와 신하들에게 명을 내려 편찬하게 한 명찬命撰으로 나누어져 있다. 151종 3,960권에 달하는 책들은 정조 시대 학문의 규모를 잘 보여주고 있다.

*표시는 목판본으로 추정.

■ 자료 2. 오대산 사고의 궤짝별 실록 보관 상황

궤	봉입실록 책수(권수)	궤별 책수(권수)	실록별 책수(권수)	비고(권수)
1	태조 1-3(1-15), 정종 1(1-6), 태종 1-16(1-36), 세종 1-14(1-47)	34	태조 3, 정종 1, 태종 16	태조-명종실록 책수(권수) 기재
2	세종 15-54(48-150)	40		
3	세종 55-67(151-163), 문종 1-6(1-13), 단종 1-5(1-14) 부록 1, 세조1-18(1-49)	43	세종 67, 문종 6, 단종 6, 세조 18	1706년 노산군일기 단종실록으로 개명, 부록 1책 추가
4	예종 1-3(1-8), 성종 1-27(1-180)	30	예종 3	
5	성종 28-47(181-297), 연산군 1-10(1-39)	30	성종 47	
6	연산군 11-17(40-63), 중종 1-21(1-42)	28	연산군 17	
7	중종 22-47(43-93)	26		
8	중종 48-53(94-105), 인종 1-2(1-2), 명종 1-21(1-34)	29	중종 53, 인종 2, 명종21	
9	선조 1-15	15		이후 권수 뒤에 간지(干支) 표시
10	선조 16-30	15		
11	선조 31-45	15		
12	선조 46-60	15		
13	선조 61-75	15		
14	선조 76-89	14	선조 89	
15	선조수정 1-8	8	선조수정 8	戊戌修正實錄으로 기재
16	인조 1-13	13		
17	인조 14-25	12		
18	인조 26-37	12		
19	인조 38-50	13	인조 50	
20	효종 1-11	11		
21	효종 12-22	11	효종 22	

궤 봉입실록 책수(권수)	궤별 책수(권수)	실록별 책수	비고 (권수)
22 현종 1–12	12		
23 현종 13–22 행장 1	11	현종 23	
24 광해군일기 1–48권	(48)		
25 광해군일기 49–94권	(46)		
26 광해군일기 95–131권	(37)		
27 광해군일기 132–187권	(56)	광해군 39	권수 187권
	39		책수40은정족산본 참조
28 현종개수 1–10	10		
29 현종개수 11–20	10		
30 현종개수 21–28, 행장 1	9	현종 개수 29	
31 숙종 1–11	11		
32 숙종 12–18	7		
33 숙종 19–28	10		
34 숙종 29–35中	7		
35 숙종 35下–43	8		
36 숙종 44–52	9		
37 숙종 53–65	13	숙종 65	
38 경종 1–7	7	경종 7	권별 장수 표시
39 경종수정 1–5	3(5)	경종수정 3	1책(60장) 2책(58장)
			3책(20장)
			책별 장수 기재
40 영조1–14권	12(14)		영조실록 책별 장수 표시
41 영조 15–30권	11(16)		
42 영조 31–46권	11(16)		
43 영조 47–58권	9(12)		
44 영조 59–70권	9(12)		
45 영조 71–88권	10(18)		
46 영조 89–107권	10(19)		
47 영조 108–127권	11(20)	영조 83(127)	책수는 타 사고와 같음

궤 봉입실록 책수(권수)	궤별 책수(권수)	실록별 책수	비고 (권수)
48 정조 1-7	7		정조실록 책별 장수 표시
49 정조 8-15	8		
50 정조 16-23	8		
51 정조 24-31	8		
52 정조 32-39	8		
53 정조 40-47	8		
54 정조 48-54 부록 1 부록속편 1	9	정조 56	
55 순종 1-11	11		순조실록 책별 장수 표시
56 순종 12-23	12		
57 순종 24-34 부록 1 부록속편 1	13	순조 36	
58 헌종 1-8 부록 1	9	헌종 9	권수만 표기
59 철종 1-9 부록 1	9	철종 9	
합	788		

서명	도서번호	제작연대	책수
光海君日記纂修廳儀軌	규14157	1634년(인조 12)	1책
仁祖大王實錄纂修廳儀軌*	규14158, 규14159	1653년(효종 4)	1책
宣祖大王實錄修正廳儀軌*	규14155, 규14156	1657년(효종 8)	1책
孝宗大王實錄纂修廳儀軌*	규14160	1661년(현종 2)	1책
顯宗大王實錄纂修廳儀軌*	규14161, 규14163	1677년(숙종 3)	1책
顯宗大王實錄改修廳儀軌*	규14162, 규14164	1683년(숙종 9)	1책
端宗大王實錄附錄撰集廳儀軌	규14153	1704년(숙종 30)	1책
肅宗大王實錄纂修廳儀軌	규14167, 규14168, 규14165, 규14166	1731년(영조 7)	2책
景宗大王實錄纂修廳儀軌*	규19357, 규19358	1732년(영조 8)	1책
英宗大王實錄廳儀軌*	규14171, 규14172 규141731781	(정조 5)	2책
正宗大王實錄廳儀軌*	규14174, 규14175 규14176	1805년(순조 5)	1책
純宗大王實錄廳儀軌*	규14177, 규14178 규14179, 규14180	1838년(헌종 4)	1책
憲宗大王實錄廳儀軌*	규14181, 규14182 규14183	1852년(철종 3)	1책
哲宗大王實錄廳儀軌*	규14184, 규14185 규14186	1865년(고종 2)	1책

* 표시는 장서각에도 소장되어 있는 《실록청의궤》다.

자료 4. 실록 제작에 필요한 물품과 수량(전거: 《영종대왕실록청의궤》)

품목	수량	품목	수량
眞紛	1량 5전	菖蒲末	40두
磻朱紅	4근 7량	黃鹿皮	1/2장
阿膠	1근 7량 5전	油遮日	1浮
二寸丁	33개	全柒	2두
一寸丁	12개	每柒	4승 1합
法油	6升 4合 5夕	白綾花	6권
空石	245立	正鐵	151근
網兀	60개	鍮鐵	15근(俑還)
尾箒	795柄	豆錫	10량
鹽	3두	含錫	2량
馬鬐	29근 13량	熟銅	8량 9전
家猪毛	1근 1량	炭	16석 8두
三寸丁	28개	沙魚皮	1/4장
沙譽鎖排目具	4部	魚膠	45장
木鼎盖	1坐	骨灰	4두 6승
土火爐	28좌	太末	4두 2승
條所	161艮衣	常綿子	8량 5전
紅條所	116간의	松烟	1근 3량
別三甲所	38간의	燒木	16丹
唐朱紅	1량	白休紙	2근 1/2
長松板	2립	災傷休紙	105근
小條里	2립	木賊	5량
小小綠木	10개	正絃綿絲	1량
乫迪耳	2部	硼砂	8전
丁粉	1량	砒霜	2전
塡空竹	13絶	三甫	半月乃
竹箸次竹	36절	紫的中鹿皮	1片
細繩	11량	(長 1척 5촌, 廣 5분)	
川芎末	40두	白磻	2량

품목	수량	품목	수량
黃丹	1량	紅方紬	6척
黃楊木	27개	厚白紙	7장
生麻	1근 13량	膠末	1두 5합
補板	4립(還下)	多紅廣的	5척
紅眞絲	4근 1량 5전	藍廣的	5척
明油	1승	紅鼎紬六幅袱	1건
監試落幅紙	2度	紅鼎紬四幅袱	1건
庭試落幅紙	2張	紙金	10장
白細木	4尺	磻紅鼎紬	4척
甲岱	80件	塡空紙	21근(還下)
紅紬四幅袱	40건	半眞墨	27개

■ 자료 5. 형지안에 기록된 실록의 보관 상태

제1궤(櫃)	태조대왕실록(1권~15권)
제2궤	공정대왕(정종)실록(1권~6권)
제3궤	태종대왕실록(1권~13권)
제4궤	태종(14권~25권)
제5궤	태종(26권~36권)
세종대왕실록	(1궤:1권~21권), (2궤:22권~41권), (3궤:42권~56권), (4궤:57권~75권), (5궤:76권~92권), (6궤:93권~110권), (7궤:111권~128권), (8궤:129권~148권), (9궤:149권~163권)
문종대왕실록	(1궤:1권~13권)
노산군일기	(1궤:1권~14권)
세조대왕실록	(1궤:1권~16권), (2궤:17권~32권), (3궤:33권~49권)
예종대왕실록	(1궤:1권~8권)
성종대왕실록	(1궤:초권~38권), (2궤:39권~76권), (3궤:77권~110권), (4궤:111권~152권), (5궤:153권~180권), (6궤:181권~214권), (7궤:215권~243권), (8궤:244권~274권), (9궤:275권~297권)
연산군일기	(1궤:1권~22권 共13책), (2궤:13권~45권 共12책), (3궤:46권~63권 共12책)
중종대왕실록	(1궤:초권~11권 11책), (2궤:12권~22권 11책), (3궤:23권~33권 11책), (4궤:34권~44권 11책), (5궤:45권~55권 11책), (6궤:56권~65권 10책), (7궤:66권~75권 10책), (8궤:76권~85권 10책), (9궤:86권~95권 10책), (10궤:96권~105권 10책)
인종대왕실록	(1궤:초권~2권 2책)
명종대왕실록	(1궤:초권~8권 8책), (2궤:9권~17권 9책), (3궤:18권~25권 8책), (4궤:26권~34권 9책)

자료 6. 전주사고 형지안에 나타난 실록 이외의 서책

궤짝	보관된 서책
천자궤天字樻	수시력授時歷(曆이 아닌 歷자로 기록됨)立上一冊, 선명력요일책 宣明歷要一冊 등 역법 관련 서적 34책
지자궤地字樻	역대병요歷代兵要 3건
현자궤玄字樻	고려사열전 36책, 진법陣法 2건 2책, 북정록北征錄 2건 4책, 역 학계몽易學啓蒙 2건 8책, 초학자회初學字會 2건 2책, 정관정요 貞觀政要 2건 14책 (66책)
황자궤黃字樻	고려사목록 연표 세가 27책, 지志 25책, 열전 18책(70책)
우자궤宇字樻	고려사절요 25책, 국조보감 3건
주자궤宙字樻	고려사목록 연표 세가 27책, 지志 25책, 열전 18책(70책) → 황자궤黃字樻와 같음
홍자궤洪字樻	고려전사목표高麗全史目標 43책內 1책 無
황자궤荒字樻	공안貢案 8
일자궤日字樻	고려전사검표高麗全史劍標 47책
월자궤月字樻	고려사 35권, 교식추보交食推步 2건 2책, 제범帝範 1책, 삼국사 절요 1건 7책
영자궤盈字樻	고려사절요 1건, 자표字標 35권, 1건 근표斤標 25책
昃字樻(二)	實錄五函及雜書樻六開金幷入一樻, 御製兵將說 3건, 訓辭 3건, 射候詩 3건, 御製教書付觀音現相記 3건
진자궤辰字樻(二)	각년형지안各年形止案

사진 및 그림 자료 출처

●

규장각한국학연구원
국립중앙박물관
국립중앙도서관
궁중유물전시관
삼성출판박물관
서울대학교박물관
서울역사박물관
육군사관학교박물관

권태균
신병주

《조선고적도보》, 조선총독부 간행
《사진으로 보는 서울》, 서울특별시사편찬위원회, 2002.
《서울의 문화재》, 서울특별시사편찬위원회, 2003.
《조선 왕릉 답사수첩》, 문화재청, 2006.

●

규장각에서 찾은 조선의 명품들

1판 1쇄 2007년 8월 27일
1판 3쇄 2013년 10월 10일

지은이 ┃ 신병주
펴낸이 ┃ 류종필

편집 ┃ 천현주, 박진경
마케팅 ┃ 김연일, 이혜지, 노효선

표지 디자인 ┃ 이석운

펴낸곳 ┃ (주)도서출판 **책과함께**
　　　　주소 (121-896) 서울시 마포구 서교동 444-17 덕화빌딩 5층
　　　　전화 335-1982~3
　　　　팩스 335-1316
　　　　전자우편 prpub@hanmail.net
　　　　블로그 blog.naver.com/prpub
　　　　등록 2003년 4월 3일 제25100-2003-392호

ISBN 978-89-91221-28-4(03900)